U0744454

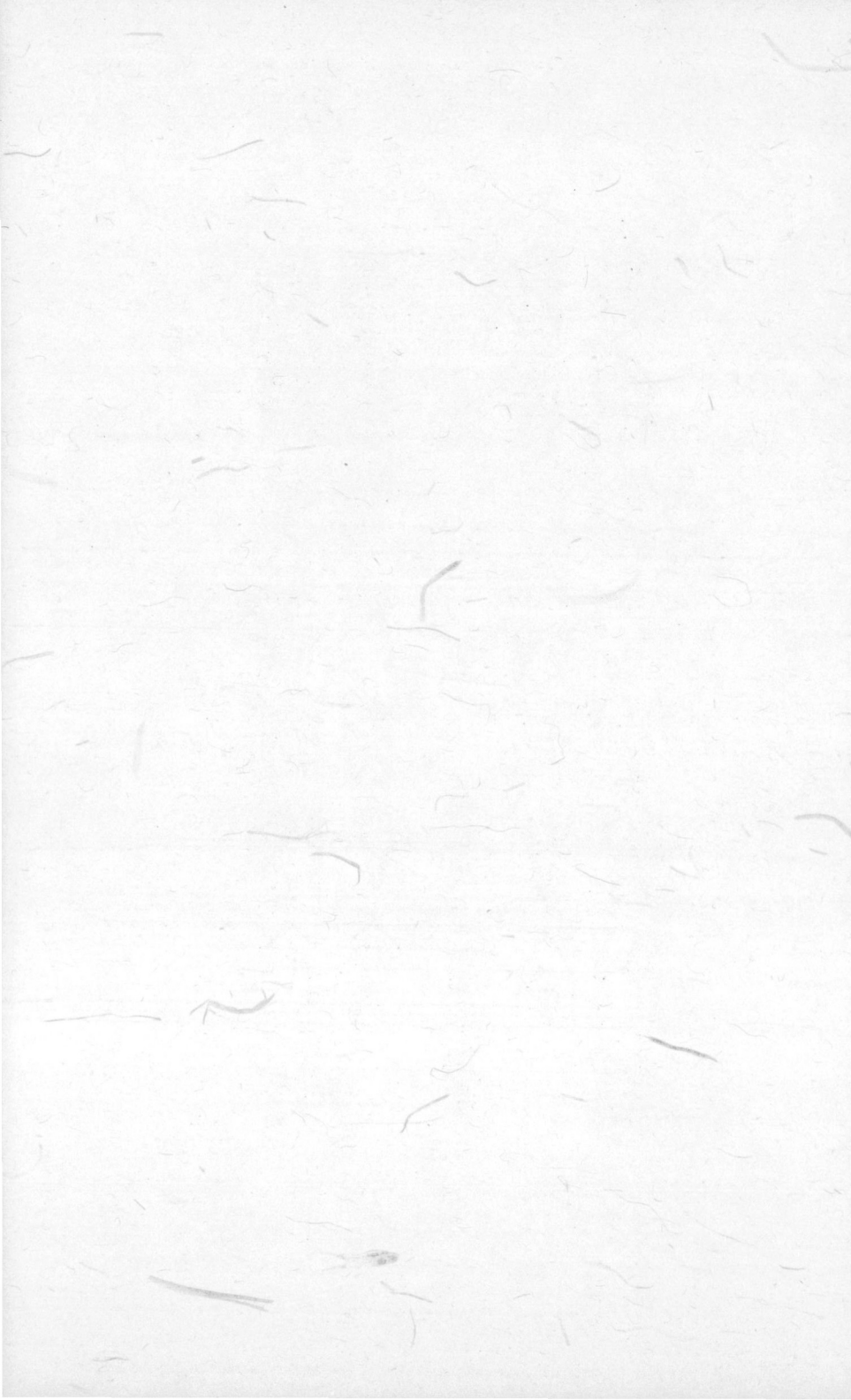

中国印象

丛书主编　张玉金

汉字与数目

刘书芬　著

中国·广州

图书在版编目（CIP）数据

汉字与数目/刘书芬著. —广州：暨南大学出版社，2015.7（2019.6 重印）
（汉字中国）
ISBN 978-7-5668-0998-8

Ⅰ.①汉… Ⅱ.①刘… Ⅲ.①汉字—研究②数字—文化研究—中国
Ⅳ.①H12②G122

中国版本图书馆 CIP 数据核字（2014）第 081229 号

汉字与数目

HANZI YU SHUMU

著　者：刘书芬

……………………………………………………………………

出 版 人：徐义雄
策划编辑：杜小陆　刘　晶
责任编辑：刘　晶　陈波先　孙柯贞
责任校对：华文杰
责任印制：汤慧君　周一丹

出版发行：暨南大学出版社（510630）
电　　话：总编室（8620）85221601
营销部（8620）85225284　85228291　85228292（邮购）
传　　真：（8620）85221583（办公室）　85223774（营销部）
网　　址：http://www.jnupress.com
排　　版：广州良弓广告有限公司
印　　刷：佛山市浩文彩色印刷有限公司
开　　本：850mm×1168mm　1/32
印　　张：11.25
字　　数：232 千
版　　次：2015 年 7 月第 1 版
印　　次：2019 年 6 月第 2 次
定　　价：42.80 元

总　序

当人类从野蛮跨入文明，一些民族发明并使用了文字。如巴比伦人的楔形文字、埃及人的象形文字、玛雅人的图形文字等。我们的先人，同样也发明并使用了象形文字。

然而到了今天，其他几种古老的文字体系都消亡了，只有我们的汉字至今还存活着，并呈现出勃勃的生机。在可以预见的将来，它都不太可能被废弃。这是为什么？

传说汉字是四目的仓颉所造的。他创造文字之后，“天雨粟，鬼夜哭”，真是惊天地、泣鬼神的壮举。即使在今天，还有人把汉字的创造看成是中国人的第五大发明。的确，汉字对中华民族的贡献，怎样评价都不过分。

汉字具有超时代性，使我们后人很容易继承先人所创造的伟大文明。中华民族生生不息，中华文明薪火相传，绵延不绝。汉字居功至伟。

汉字具有超地域性，使得居于不同地域、操不同方言的人们能顺利交流，维系着我们国家的统一和民族的团结。汉字功不可没……

汉字身上，蕴藏着无穷无尽的奥秘，等待着我们去探究。

然而以往对汉字的研究，多是就汉字研究汉字，如研究汉字的本义和形体结构，探究汉字的起源、发展、结构等。有时就汉语研究汉字，探讨汉字与汉语的关系。

近些年来，一些学者开始研究汉字自身所具有的文化意义，探讨汉字与中国文化的关系。

但是，到目前为止还没有人从中国文化生态系统的角度来研究汉字。本丛书就是从中国文化生态系统的角度来研究汉字的。

所谓中国文化生态系统是指由影响中国文化产生和发展的自然环境、科学技术、经济体制、社会组织及价值观念等变量构成的完整体系。人类的活动是社会的主体，人类的文化创造可以划分为科学技术、经济体制、社会组织及价值观念四个层次，这些因素构成文化生态系统的结构模式。与自然环境最近、最直接的是科学技术一类智能文化；其次是经济体制、社会组织一类规范文化；最远是价值观念。对人类的社会化影响最近、最直接的是价值观念；其次是社会组织、经济体制；最远的是自然环境，它对人类社会化的影响是通过经济体制、社会组织及价值观念等中间变项来实现的。

汉字是一种文化现象，所以可以从中国文化生态系统的角度来研究汉字。把汉字与中国文化生态系统联系起来，考察汉字所赖以产生的整个文化生态系统及其对汉字的影响，考察汉字中蕴含的中国社会结构、经济土壤、文化系统和自然环境等各方面的信息。

本丛书的创新点，不是仅就汉字论汉字、仅就汉语论汉字，也不是仅就中国文化来论汉字，而是联系它所赖以产生的整个文化生态系统，从而达到对汉字的更为深入全面的剖析。

本丛书从汉字与人、汉字与社会、汉字与经济、汉字与文化、汉字与自然五个大的角度来研究汉字，共提出39个研究子课题，每个子课题都写成一本小书。这些子课题如下：

一、人：汉字与人体。

二、社会：汉字与婚姻家庭、汉字与宗法、汉字与职官、汉字与战争、汉字与汉语。

三、经济：汉字与农业、汉字与渔猎、汉字与手工业、汉字与贸易。

四、文化：

（一）物质文化：汉字与饮食、汉字与服饰、汉字与建筑、汉字与交通、汉字与玉石、汉字与文房四宝。

（二）制度文化：汉字与刑法、汉字与度量衡。

（三）精神文化：汉字与乐舞、汉字与书法艺术、汉字与神话、汉字与对联、汉字与数目、汉字与医疗、汉字与色彩、汉字与经典。

（四）心理文化：汉字与民俗、汉字与姓名、汉字与避讳、汉字与测字、汉字与字谜、汉字与宗教、汉字与道德、汉字与审美、汉字与思维。

五、自然：汉字与植物、汉字与动物、汉字与地理、汉字与天文。

本丛书的读者对象是具有高中及以上学历的学生和一般国人，也包括学习汉语汉字的海外华人、外国学生和一般外国人。

全面揭示汉字所蕴含的中国文化生态系统信息，可以让普通民众和大中学生对我们天天使用的汉字有更为深入的了解，有利于提高基础教育和高等教育的水平，有利于提高中华民族的科学文化水平；还可以让学习汉语的外国学生和一般外国人对汉字及其背后的文化生态系统，特别是两者的关联有更多的了解，这有利于汉字汉语汉文化走向世界。

张玉金

2014. 12

前　言

我们的世界是数字的世界，因为我们已经进入了信息时代。现在人们离不开数字，电话有数字，电视有数字，排队也有数字，生活中处处是数字，要是人们离开了数字会怎样呢？

早在原始人时代，人们在生产活动中注意到一只羊与许多羊、一匹狼与整群狼在数量上的差异，并随着时间的推移慢慢地产生了数的概念。大约在30万年以前，形成了数的概念，可能与火的使用一样古老，它对于人类文明的意义绝不亚于火的使用。有了数的概念，之后产生了计数方式，人类历史上采用过“实物计数”、“结绳计数”、“刻痕计数”和“书契文计数”。计数系统的出现使人类文明向前迈进了一大步，随着生产力的不断发展，计数系统不断得到完善，已经有了几套数字系统，有的有大小之分。

汉字是表意体系的文字，具有集形象、声音和词义于一体的特性；汉字也是中国传统文化的重要载体，体现出中国文化的基本精神和基本特征。汉字“祘、筭、算、数”等体现了计数工具和方式。尽管表数的文字多不能见“形”知“义”，但是学者们还是尝试从不同的角度来探讨这些数字“形”与“义”之间的理据性。

本书主要谈到数的起源，中国数字的基数词和序数词、干支，阿拉伯数字和罗马数字，国人对数字的崇拜和禁忌，数字与隐语等几个方面。书中利用图片和表格形象、系统地对表示数目的汉字的形音义及其运用加以解说，尽量做到知识性和趣味性相结合，雅俗共赏。数目文化博大精深，涵盖历史、人文、地理、科学、逻辑、哲学、战争、宗教等诸多方面，本书立足于基础知识的写作，虽然如此，但在写作过程中感到可写的东西还是不少，取舍之难，时有体现。因为时间和笔者水平有限，难免有不足之处，恳请专家和读者指教。

本书参阅了大量的有关数字方面的书籍和资料，数量之多不能一一提及，书后只列出一些主要的参考文献。图片和表格多来源于网络，限于体例，未能一一标出，在此一并向有关作者表示诚挚的敬意和衷心的感谢！

刘书芬

2014 年 2 月 24 日

目　录

一、数的起源

数字的起源与汉字的起源一样，是中国文化史上的未解之谜，但可通过计数方式及相关的文字符号对其进行一定程度的探究。

（一）计数方式

在数字产生之前，应先有数的概念。丹齐克说过："一种比鸟类高强不了多少的原始的数觉，就是产生我们数概念的核心。"数的观念要通过一定的形式表现出来。在生活和生产中，人们不断寻求计数的工具和方法，来帮助记忆枯燥、易忘的数字。

远古人类表示数量的方法有物体计数法、实物图形计数法、图形加记号计数法、刻记计数法、绳结或线结计数法，这些方法最后发展为书契文字计数法。从文献记载来看，我们祖先曾用过石子、结绳、算筹（蓍、筮）等方式来计算，后来用算盘等工具计算。

1. 实物计数法

人类具有数的概念之初，是用实物来计数的，即用一堆石

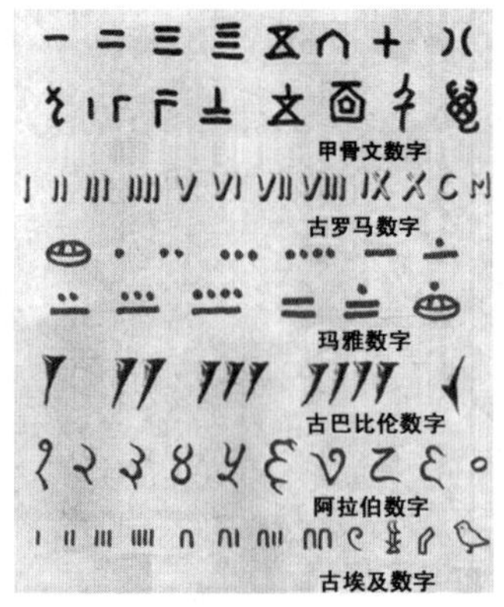

世界几大古国的书契计数文字

头、贝壳、树枝或竹片表示数量。这种计数方法是远古人类最初表示数量所使用的方法，目前一些文化较落后的乡村仍使用实物计数法，如黑龙江赫哲族计算每月的时间，将三十根小木片（或竹片）中间穿孔，串成一串平挂起来，每过一天，向另一端移动一根，移动三十根，即知过了一个月，下个月再从头开始计算。计算自己的年龄，则用鲑鱼头，每过一年，挂一个鲑鱼头。云南哈尼族计日也用木片，但只有十二个，上面涂上不同的颜色，分别代表十二支，如红色代表鼠日，土色代表牛日等。每过一天翻动一片，周而复始，看木片是什么颜色，即知今天是哪一天。但这些东西容易散乱，于是人类自然会想到用结绳的办法来计数。

2. 结绳计数法

在中国古籍上屡有结绳记事、计数的记载，如《易经》："上古结绳而治，后世圣人易之以书契。"三国虞翻说："事大，大结其绳；事小，小结其绳。结之多少，随物众寡。"

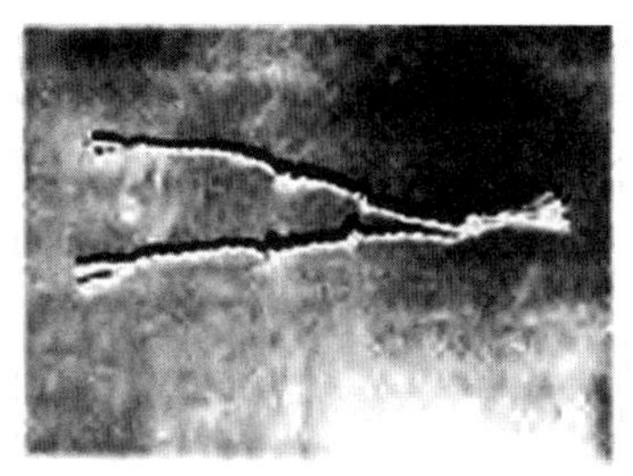

台湾原住民的结绳图

（原件藏台湾中央民族大学）

“苏州数码”中的结绳计数图

“结绳而治”一般解释为“结绳记事”或“结绳计数”。“苏州数码”中保留了结绳计数的形象。

横列结绳一条为“一”，两条为“二”，三条为“三”，四条为“四”，交叉结绳为“五”；竖列结绳一条为“一十’，两条为“二十”，依此类推。

结绳计数这种方法，不仅在远古时候使用，而且被有些文化落后的民族一直沿用至今。宋朝人在一本书中说：“鞑靼无文字，每调发军马，即结草为约，使人传达，急于星火。”这是用结草来调发军马，传达要调的人数。其他如藏族、彝族等，虽都有文字，但在不识字的人中仍长期使用这种方法。世界上的所有民族很少例外，汉民族也是这样。

3. 图画记号计数法

（1）图形计数法：即用实物的图形表示数量。如某家有五只羊，便画上五只羊的图形；某部落有六个人上山打猎，则画上六个人的图形。他们用太阳的图形表示白昼，用月牙的图形表示月份。若想表示三天，便画上三个太阳；若想记载三个月，则画上三个月牙。

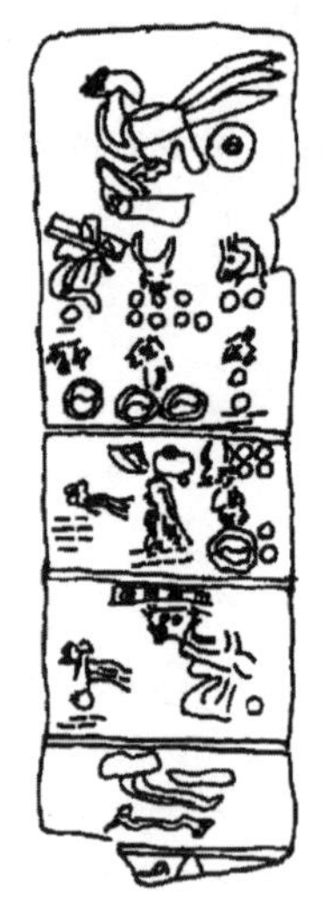

云南石寨出土的计数图

（2）图形加记号计数法：即画上一个图形，用以表类，后在其旁边画上表示数量的记号（线、点、图像等）。如表示五个月，便只画一个月牙，再画上五个记号；表示六只羊，则只画出一只羊的图形，再画上六个记号。这种计数方法是“图形计数法”的进一步发展。

新中国成立之初，云南省晋宁县石寨山出土的一批文物中有一块青铜片，由上到下尚存四层，第五层以下残缺。据考证，这是由远古时期发展而来的一种计数和记事的牌子。第一层最上面画的是一只大鸟，尾下有一个大圆圈，圆圈里面还有两个同心小圆，可能是一种纪年方法。下面画着被枷和被锁的人、人头、牛头、马头、山羊头、绵羊头和老虎头等。

在这些形象的下面有三种计数符号：“一”、“0”和“◎”，分别代表“1”、“10”和“100”，这是一种十进制系统。铜片上层的下半部分一个带枷人像下边有一个“0”和三个“一”，代表

13 个；牛头下边有七个“0”，代表 70 头牛；绵羊下边有两个“◎”，代表 200 只绵羊等。我国少数民族在没有文字或虽有文字但没有掌握文字的情况下，都普遍使用这种计数方法。

4. 书契计数法

和结绳几乎同时或者稍后的一种计数方法，要算是书契。书契，就是在竹、木、龟甲或者骨头、泥版上刻划留下记号。刘熙《释名》卷六说：“契，刻也，刻识其数也。”意思是在某种物件上刻划一些符号，用以计数。

（1）原始零星的数字刻符。

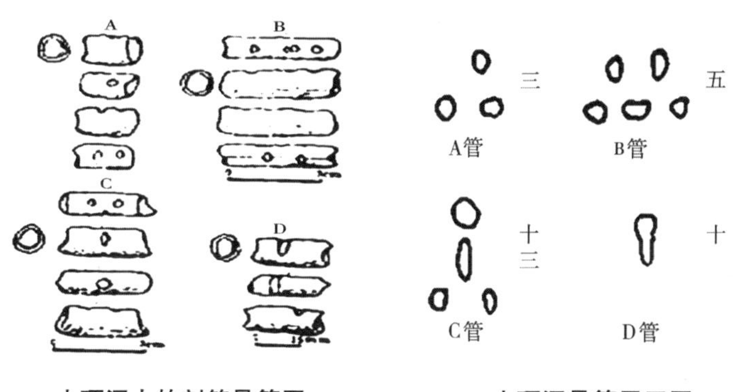

山顶洞人的刻符骨管图　　山顶洞骨管展开图

考古发现的某些石器、骨器和角器上的刻符可能有数目意义。例如在山顶洞遗址中出土了四个带有磨刻记号的骨管，其上的记号为横向磨制，形状多数为圆点，有两个长圆形。

骨管 A，相对的两个侧面分别有一个圆点和两个圆点，共三个；骨管 B，相对的两个侧面，一面三个点，一面两个点，共五个；骨管 C，相对的两个侧面，一面两个点，一面一个点，在另外一侧又加一个长点，共四个；骨管 D，只有一个长条形符号。根据这些符号的排列方式，可以推测出“山顶洞人”已有了一些数目的观念。

“山顶洞人”最基本的数目是“1”，用一个点表示；两个点表示“2”；三个点表示“3”。骨管对应两侧的符号，从数目上来看，有累计的意义。一个加两个是三个，两个加三个是五个。长圆形可能代表“10”。

而在山西宿县峙峪出土的骨片上刻划的条痕则有“分组”的特点，可能具有数目的含义。从刻痕数目的多少，可看出其所代表的数目，如“1”、“2”、“3”……这些骨片的时代属于旧石器时代晚期，距今有 28 000 年左右，比山顶洞文化要早 1 万多年。

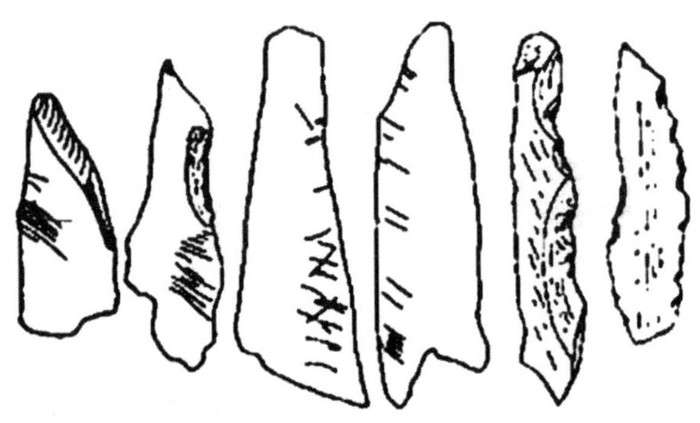

山西宿县峙峪出土的刻痕骨片图

根据这些资料来看，在旧石器时代的晚期，人们对数目已有一定的认识，并用某种方法表示出来。

河姆渡遗址出土的新石器时代的木耜、骨耜上都有两个孔，可穿绳拉着走，必然有“二”的概念。在许多地方出土的陶器是三足，说明具有“三”的概念。在半坡出土的陶器上出现排列整齐的点子，由一个到八个或到九个横向排列，且间隔倒立，即由八个或九个到一个，清楚地说明了当时人们的数目观念。

半坡出土陶器上的点子

又如柳湾出土的带刻口骨片和佤族的刻竹也显示了数目的概念。

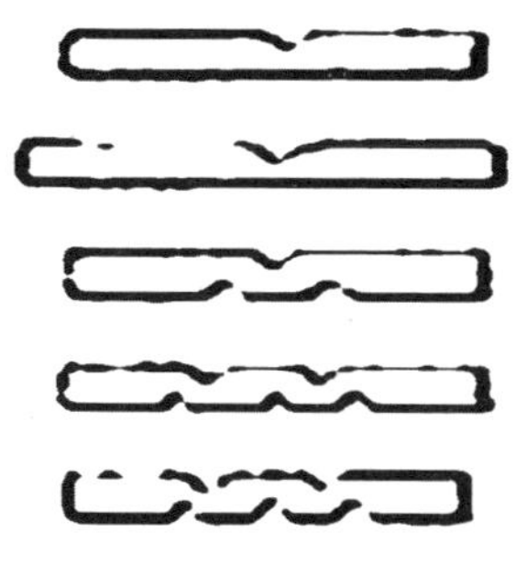
柳湾出土的带刻口骨片

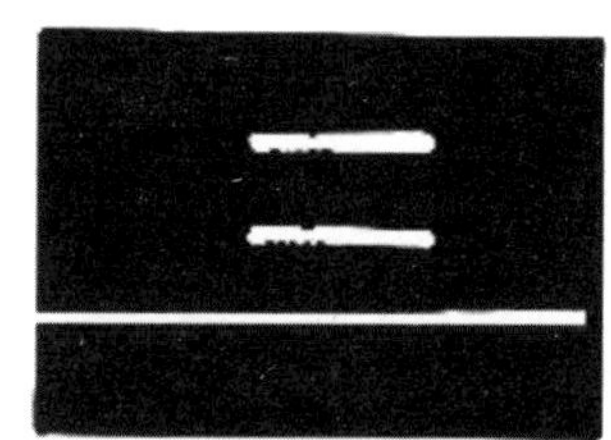
佤族的刻竹

（2）殷商时代的甲骨文数字。

殷墟中书契所用的材料是天然兽骨、已经刮治过的肩胛骨和龟壳。这些材料上刻有一套完备的计数符号。

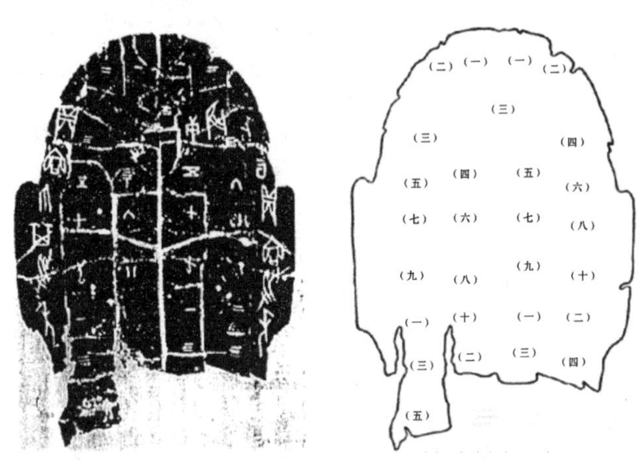

殷墟甲骨文计数图

甲骨文是高度发展和成熟的文字，表现数的观念的符号在甲骨文中已出现。我们据此推测，数的符号表达之前必定经过较长时间的发展，其形成大约在新石器时代末期和文明时代之初的那一段时期。

对殷墟甲骨文数字的考证和整理表明，甲骨文有 35 种数字符号。这些数字表明，商人所用的计数法已很完备。最大的数目是三万，计数的原则是十进制。

商代殷墟甲骨文的数字符号

西周时期，铸于铜钟和鼎上的数字（即金文数字）与甲骨文基本相同，仅有少数差别，计有 17 种。

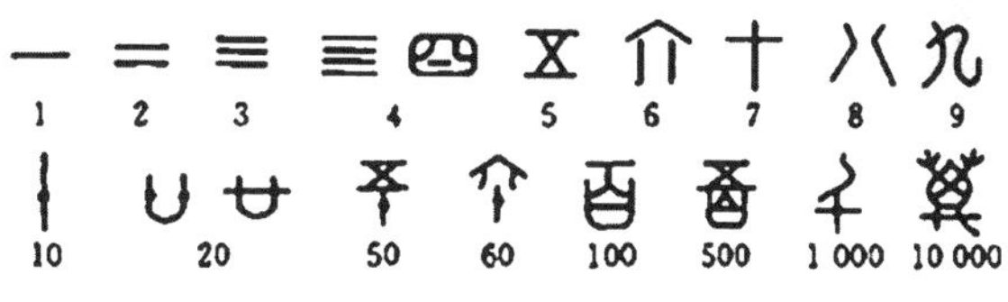

西周金文数字符号

以上材料表明，最迟在我国商代，数字概念与符号就已经成熟，形成了以商代的甲骨文数字、西周的钟鼎文数字为代表的中国数字。它与汉字一样，经过不断演变，到唐代前后定形为现在的汉字数字。

5. 算筹计数法

算筹的发明是在结绳、书契这些计数方法的历史发展中逐渐产生的，是中国古代所特有的一种计算工具。算筹计数起源很早，大约可以上溯到公元前 5 世纪，至少在公元前 3 世纪至公元前 2 世纪已普遍使用，后来写在纸上便成为算筹计数法，最早见于甘肃省敦煌发现的唐代《立成算经》。

《老子》中曾提到“善计者不用筹策”，这是说会计算的人可以不用筹，用心算即可。《仪礼》中有几篇都提到“筭”，如《乡射礼》和《大射》两篇都有用“筭”来计数射箭的记载。筹算应该完成于春秋战国时期，那时的人们已经可以熟练地运用算筹计算了。

算筹是用几寸长的小竹棍（或用木、玉、金属制造），摆在平面上进行计算，有纵横两种方式。计算时个位常用纵式，其余纵横相间，如𝍫𝍦𝍮𝍣 = 3 764，空一格表示零，如𝍫𝍦 𝍣 = 3 704，𝍫𝍦𝍮 =3 760。

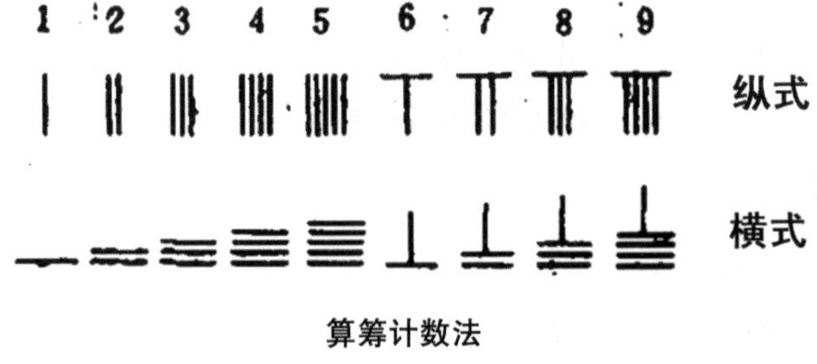

算筹计数法

由于纵横相间，且个位必定是纵式，所以空位不致看错。除了数字形式不同之外，和现在的十进位制并无两样。

算筹计数在 13 世纪（或更早）常常写成相当紧凑的形式，如 1、955、119、680，写成如右图所示的形式：

普通汉字计数法，如“五万六千三百二十四”，省略单位名称万、千、百、十，写成“五六三二四”，就和现代十进位值制计数完全一致。如在梅文鼎《梅氏丛书辑要》（1874）卷二十四中圆周长写成“三一四一五九二六五”（原为直行）。

除此以外，中国还有两种计数的字体，一种是商业用事数字，另一种是大写数字（壹、贰、叁、肆、伍、陆、柒、捌、玖、拾、佰、仟、万）这是为了避免涂改而使用的，从唐代开始，流行至今。

6. 珠算计数法

我国的穿珠算盘极具生命力，它制作简单，价廉物美。汉文一字一音，运算法则编成歌诀，流利顺口，配合小九九和十进位制计算法，就能运算如飞。即使在电子计算器已经普及的今天仍然盛行不衰。但它起源于何时，至今未有定论。最早的说法是汉代（2 世纪），最晚的说法是元代末期（14 世纪），各家的说法有一千多年的出入。

最早出现“珠算”的书是《数术记遗》，书中载有：“珠算，控带四时，经纬三才。”其中有“太乙”、“两仪”、“三才”和“珠算”四种计算方法，它们有一个共同的特点，就是用圆珠代替了长筹；并用柱贯穿着算珠，以游动代替了散筹搬弄。“珠算”是否用柱把珠穿起来，原文和相关注释没有提到，据“太乙”等计算方法推测，应该是有柱把珠穿起来的。这样的珠算板实际上与现在的算盘基本相同，所不同的只是无梁、色珠两点，应该属于珠算的范畴。

据考证，1954 年发掘的沂南古墓画像石属于东汉末年。在画像拓片第 6 幅景物中见到两处珠算之类的算具，形状是一个长方形的盘子，盘中有三格，每格有八颗散的圆珠放在一个小几案上。图中的圆珠没有用柱穿珠。可见，东汉时代已有珠算盘是毋庸置疑的。

西汉中期到隋初是珠算的萌芽期。这一时期算盘的基本特点是由长筹改进为圆珠，由散筹搬弄改进为串珠拨动，已经形成了无梁珠算板。

隋初到唐末时期算盘的改进主要是从无梁向有梁发展。因为无梁算盘的缺点是拨动算珠游于三方之中，快了就可能超越刻道，容易引起错误。这段时间的相关著书都失传了，但从后代记录的旁证中，有学者推测有梁（线）算盘应该是唐代的产物。

北宋初钱易的《南部新书》曾提及“鼓珠之术”。所谓“鼓珠”，可能是因算盘珠为鼓形；或“鼓”作“拨”字解，即拨动算珠之术，说拨动就可能是有梁算盘了。

宋代《谢察微算经》："算盘之中……横梁隔木。"这里明确提出是有梁算盘了。

最早以珠算为题的诗文是元代刘因的"算盘"诗；元末明初人陶宗仪《辍耕录》（1366）中"井珠"条亦提到"算盘珠"。可知元代珠算已在民间普遍使用，算盘的出现，不会晚于元末明初。

明洪武四年辛亥（1371）印的儿童识字读本《魁本对相四言杂字》中载有现代形式的十档算盘，旁边标有"算盘"二字，这是现存最早的算盘绘图。

《魁本对相四言杂字》中载有最早的算盘图式

中国算盘

总的来说，穿珠算盘是中国独立创造的，它经历了漫长岁月的演变，在14世纪就已具有现代的形式。算盘的大小是随意的，当代收藏家陈宝定半个世纪以来收集了各式算盘300多种，最大的200档，长4米，最小的7档，长12毫米，真是洋洋大观。

（二）计数工具及相关汉字

人类的计数发展大约都经历了实物计数→结绳计数→刻痕计数→数字符号计数阶段。石子、树枝、绳子、竹子等都曾经做过计数的工具，作为计数工具的绳子和竹子还反映在与计数相关的汉字上，如“祘”、“筭”、“算”、“筹”、“数”等。

祘

> 祘（suàn），《说文解字》：“祘，明视以筭之。从二示。《逸周书》曰：‘士分民之祘。均分以祘之也。’读若筭。”戴君仁认为《说文》“祘”字，当本结绳而造，为象形字，非会意字。“[illegible]”即“祘”之异体。

古字从一从二，往往不定，如卜辞之“[illegible]”或作“[illegible]”，“[illegible]”或作“[illegible]”，“[illegible]”或作“[illegible]”。“筭”之古文应该是“[illegible]”。“[illegible]”联其上画作“[illegible]”形，象结绳之形。

西汉末年，新莽布文“九”为“𝍨”，“八”为“𝍧”，“七”为“𝍦”，“六”为“𝍥”。盖上以一为“五”，下以“𝍣”为“四”，“𝍢”为“三”，“𝍡”为“二”，“𝍠”为“一”。古之结绳，为绳与绳相结，并不是在一绳上作结。绳结于绳，极可能与秘鲁结绳之法相同。

秘鲁结绳，横绳为纲，而骈垂细者于其下

最初人们有了数的观念，应是从手指开始的，“屈指可数”就说明了手指计数的便利性，从五以上，就得用两只手了，像小孩学算数一样。用绳子计数，乃横纲以代一手五指，垂纪“|”、“||”、“|||”、“||||”于其下，而成“六”、“七”、“八”、“九”。莽布中的字形，说其像算筹是没有问题的，但“祘”最原始的字形，应是一个表结绳计数的象形字，“祘”可作名词，表示数目，也可用作动词，表示计算的意义。

筭

筭（suàn），《说文》：“筭，长六寸。计历数者。从竹，从弄。言常弄乃不误也。苏贯切。”许慎说的从“弄”似乎不确切。居延汉简“筭”字或作[illegible]、[illegible]等形（《居延汉简甲编》一一三、一三八七），张迁碑“筭”字作“[illegible]”。一号汉简作“[illegible]”。包山楚简作“[illegible]”

（《包山楚简》图版一三三）。

汉简中“林”形与祘的祘、祘形相似，疑汉简所从的“林”与“祘”本为一字。“祘”是用结绳计数，“艹”头，可看成是早期用过草、木头、骨棒和竹子等做算筹的材料。我国盛产竹子，古代黄河流域一带竹子丛生。“艹”用“⺮”取代，反映了当时的算筹多用竹条。后来小篆把“筭”、“筭”等字形，统一规范为“筭”。“筭”既可作名词，表数目，也可作动词，表计算义。

算

算（suàn），《说文》：“算，数也。从竹，从具。读若筭。”“算”字是什么时候开始使用的？甲骨文或金文中没有发现“算”字，“算术”这个名称在汉代已通行，《周髀算经》最早正式用这个词。《周髀》卷上：“昔者荣方问于陈子曰：今者窃闻夫子之道，知日之高大，光之所照，一日所行，远近之数……陈子曰：然。此皆算术之所及。”

算为计数工具，《礼记·投壶》云：“算长尺有二寸。”大致与今通用计数竹筹相似。

汉唐的数学著作大都以算术为名，如《九章算术》、《孙子算术》等，算术指的是数学全体，和现在算术的意义不同。后来大概是为了提高地位，改称“算经”。

其实，“算”与“筭”这两个文字都未见于甲骨文与金文。小篆“筭”是一个会意字，是指中国古代计算用的一种工具。“算”字则从“竹”从“具”，也是一个会意字，《说文解字》：“竹谓运筭以计者，具谓计算明确无错误，以筭明确计数为算。”段玉裁说：“筭为算之器，算为筭之用。”这种区别也许在造字之初存在，但在以后的运用中就不区分了，因为文献中两者的作用是相同的，既可作名词，表示“数目”，也都可作动词，表示“计算”义。

“算”与“筭”古书上通用，细分则筭是算的工具，算是筭的运用。摆弄这些筭有一套技术和学问，所以后人称这学问和技术为“算学”或“算术”。现“算”通行而“筭”不用。

筹

筹（chóu），《说文》：“筹，壶矢也。从竹，寿声。”指古代投壶所用之竹矢，故从竹，又以“寿”为年岁多者之称。“筹”字也未见于甲骨文与金文。《急就篇》有“投筭”。《汉书 · 五行志》称“筹，所以计数”，可见，

"筹"与"算"二字或许都从秦汉时期开始行世，并且互相通用乃至联用。"筹"究竟是什么，根据《汉书·律历志》的记载："其算法用竹，径一分，长六寸。"汉制一尺合今日 27.65 厘米，六寸合 16.59 厘米，一分约为 2.8 毫米。所以，一根算筹比起一支普通铅笔稍短且细一点。由上述说明可知，中国古代将"算筹"联称而成为一个复合词，宋元时代也开始俗称"算子"，是很有道理的。无怪乎它传到朝鲜之后，朝鲜人也称作"算子"，至于传入日本之后，则称为"算术"。

唐代段成式的笔记《酉阳杂俎》中有一"乌贼"条称："昔秦王东游弃算袋于海，化为此鱼，形一如算袋，两带极长。"清人亦曾称"墨鱼"为"算袋鱼"。可见最晚到了唐代，"算筹"是装在像墨鱼状的袋子之内。这可以印证《旧唐书》所记载的"一品以下文官，并带手巾、算袋"。

"筹"亦称"策"或"算"，是有固定长度的一种竹木棒或骨棒，其实物在陕西千阳汉墓及湖北江陵第 168 号墓已有发现。千阳骨筹共 31 根，长 12 ~ 13 厘米，正与文献记载"汉筹"的长度（六寸）相符。

这样讲究的算筹自然是后来发展成的，它的前身应是稻草秆、细树枝之类。远古时期人们必是用手边可以拿到的小物件来计数，并没有专用的计数工具。《方言》："木细枝谓之杪……燕之北鄙，朝鲜洌水之间谓之策。”可见筹策之“策”即得名于细枝。

最近数十年来，在全国各地陆续有算筹的实物出土。如1971年在陕西省千阳县一座西汉古墓中出土了30余根骨制的算筹，在陕西省宝鸡市温家寨东汉早期墓（1979）、西安东郊三店村西汉墓（1982）、陕西旬阳东汉初期墓（1983）中也发现了算筹。1975年湖北省江陵市凤凰山168号西汉墓中，与笔、削、牍等文具一道，出土了一束数十支算筹，长13.5厘米，径约0.3厘米。这是最早发现也是最古的算筹实物。

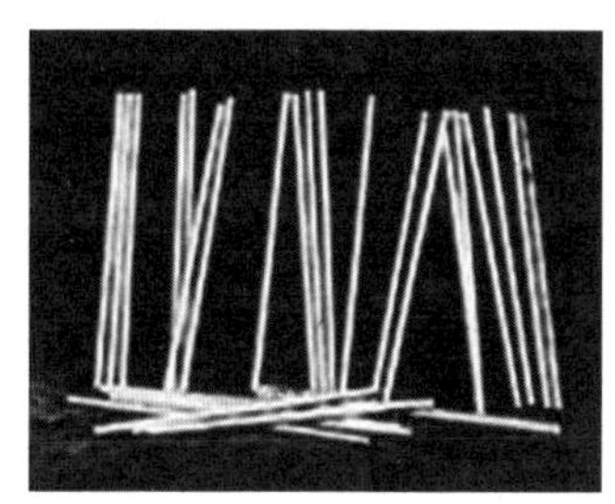

西汉算筹

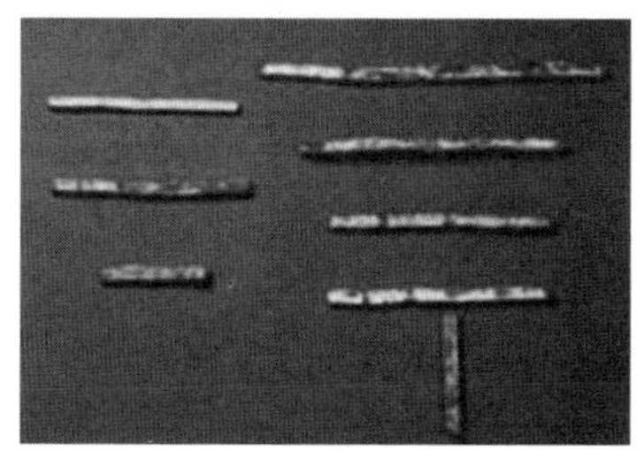

西安市东郊出土的铅质算筹

《律历志》云：“数者一十百千万也，所以算数事物，顺性命之理也……其算法，用竹径一分，长六寸，二百七十一枚，而成六觚，为一握。”此竹制之物，即是算筹。说“祘”像筭筹纵横排列之状，是根据竹来言说的。实际上，其原始义是表示结绳研比并列的形状，后来用竹制成长条形的算筹，可以在庙堂、几筵等上面布筹，比结绳方便得多，且灵活、易于运筹，可以变化成码，便于推算。

数

数（shù），《说文》：“数，计也。从攴，娄声。所矩切。”

《中山王错鼎》中的“[古文字]”，从言“𦥯”声，读为数，鼎铭“方譿百里”、“刺城譿十”，即方数百里，列城数十。《说文》中的“娄”声，上部的“米”篆文、古籀各不相同，诅楚文从“[古文字]”，马王堆帛书《老子》甲乙本数从“[古文字]”，这些结构皆不明确，唯此处“[古文字]”字形完备，与三体石经《春秋》古文“娄”从“[古文字]”合。唐兰说：“‘譽’象两手持角，以象意字声化例推之，当为从臼角声。《尔雅·释器》‘角谓之觷’，《说文》无‘觷’字，徐铉新修十九文有之，云‘治角也’，疑本当作‘𦥯’矣。”其说甚是。“𦥯”从角声，角与数古音同在侯部，故“譽”应读为数。

“[古文字]”（望山简）、“[古文字]”、“[古文字]”（包山简）诸形，后籀文“[古文字]”字。睡虎地秦简“数”字作“[古文字]”、“[古文字]”等形，马王堆汉墓帛书作“[illegible]”、“[illegible]”、“[illegible]”，银雀山汉墓竹简作“[illegible]”等形，诅楚文作“[illegible]”形。形成了篆文“[illegible]”，从“[illegible]”到“[illegible]”的演化过程还是较清晰的。

从“数”的字形“[illegible]”可推断，它的原始义是与言语相关的，因此，责备、列举过错或罪状应是“数”的原始义。如《左传·昭公二年》：“郑公孙黑将作乱……使吏数之。”杜预注：“责数其罪。”引申为数、计算义。

宋元两代，我国数学的发展达到高峰时期。那时“数学”与“算学”这两个词并用。例如在朱世杰《四元玉鉴》（1303）的序中就同时使用这两个词：“松庭朱先生以数学名家，周游湖海二十余年矣。四方之来学者日众……方今尊崇算学，科目渐兴，先生是书行将大用于世。”

秦九韶《数书九章》（1247）也叫作《数学大略》，在序中说：“又尝从隐君子受数学。”而朱世杰的另一部著作叫作《算学启蒙》。

“算学”、“数学”并用的情况一直延续了几百年。1933 年，当时由专家学者组成的“数学名词审查委员会”专就两词的统一问题进行讨论，意见分歧，没有结果。

1935 年 9 月，委员会对数学名词重新复审，全稿顺利通过，唯独“算学”、“数学”两个名词仍主张并存。

1939 年 6 月，有关部门进行民意测验，两种意见各居一半，仍无结果。最后教育部决定用“数学”而废“算学”。理由如下：

（1）我国古代六艺之教，“数”居其一，“数”字沿用已久，顺从历史习惯，宜保留“数”字；

（2）“数理”或“数理化”并称，已渐为人们所接受；

（3）全国高等学校中，以“数学”、“数理”、“数学天文”为系名的远较以“算学”、“算理”或“天文算学”为名的为多。

1939 年 8 月，教育部通令全国一律使用“数学”一词，以此为 mathematics 的译名。

概而言之，远古人类表示数量的最初形式，是用有形的方式，即实物、结绳、筹码、单一的记号系统和书契，认识由模糊到清晰，经历了渐次发展的漫长过程。关于古代计数方法最有实例的是殷代卜辞图形，后来才有了用筹计数的方法。十进位值制计数法的起源时期倾向于殷代，甲骨文和金文中每到十的倍数就有专门的符号标记就是最好的例证。珠算应该是从古人筹算中产生的。这些数文化都是在人类社会的日常生活和生产实践活动中产生的智慧结晶。

二、系数词及相关汉字

基数词包括系数词和位数词，基数词是表示数目的词，是基本的数字。一般来说，人们认为“百”、“千”、“万”和“一”、“二”、“三”、“四”等具体数字一样，都是表示基数的词。其实与“一”、“二”、“三”等具体数字并列的，应当是“一百”、“一千”、“一万”，而不是“百”、“千”、“万”。从意念上说，“一百”、“一千”、“一万”表示的是数量的多少，而“百”、“千”、“万”、“亿”等只是计数单位，本身并不表示数。所以“百”、“千”、“万”与“一”、“二”、“三”、“四”等是不同的，“一”、“二”、“三”、“四”等是系数词，表示的是数字；“百”、“千”、“万”等是位数词，表示的是数位，不能直接表示数，只有附在系数词之后，才能表示具体数目。

系数词有大小写之分。自唐朝产生账簿数目字的大写之后，直至清朝晚期以前，人们把“壹贰叁肆伍陆柒捌玖拾”称为大写，而把“一二三四五六七八九十”称为小写。如宋朝洪迈《容斋随笔》：“其前有两高松，因为诵《蓝田壁记》，命之曰‘二松’。其季请曰：‘是使大贰字否?’”这是洪迈为友人新居起名“二松斋”时友人问洪迈的话。清朝平步青《霞外捃屑》卷十：

“今俗称数目等字，多笔曰大某字，省笔曰小某字。”

清末民初之后，人们又把阿拉伯数字“1 2 3 4 5 6 7 8 9 0”称为小写，把汉字“壹贰叁肆伍陆柒捌玖零”称为大写。清朝末年，西方通行的借贷复式记账方法传入我国，并且在清末民初得到推行发展。

小写的长处是笔画少，书写便捷，适应人们交际“省时”的需求，但缺点也是显而易见的，例如只要在“一”字上加一笔，就可能变成“二”、“七”或“十”，这就不能满足人们对表意准确的要求了。据说2 500 年前的春秋时期，孔子带领弟子周游列国，穷困无援，身上只有一文钱了。他们途经一家元宵店，见招牌上写着：“元宵一文钱一个”，孔子拿笔在“一”字上添了一竖，改为“元宵一文钱十个”。从这一传说可以看出，汉字的“一、二、三……”被人窜改的事情，可能早就发生过，而大写笔画多，不容易改写。

（一）小写的系数词及相关汉字

小写系数词包括“〇”（另章论述）、“一”、“二”、“三”、“四”、“五”、“六”、“七”、“八”、“九”。

1. 一

在十个基数词里，“一”的字音和字形看似简单，但词义却最为复杂。如《现代汉语词典》收入“一”开头的词有260多个，《中国成语大词典》收入了420多条。可见“一”用法的复杂性。

（1）“一”的字形。

> 甲骨文作“一”（铁一四八·一）；金文一作“一”（我鼎）、“一”（舀壶）；战国简帛文字作“一”（A云梦·答问9）、“一”（B随县2）、“一”（B信阳2·2）、“弌”（B郭店·缁衣17，《说文》：“弌，古文一。”）、“弌”（B郭店·穷达14）、“弌”（B郭店·六德39）等形。

“一”的写法都是一横，在甲骨文中写作“一”，用一画表示数目“一”，有“弌”、“弌”等变体，发展成现代的汉字还是一横。同别的汉字相比，“一”字是从古至今变化最小的字之一。

“一”的由来，主要有三种说法：①郭沫若认为，古人用手指表示数目，逐渐形成了汉字的数字；②徐中舒认为，当出于古之算筹；③于省吾认为，“一”、“二”、“三”、“亖”，皆由线条“一”积画而成，为一系，而从“五”开始，则由两笔之线条错画而成，为另一系。

“一”溯其本源，应该是指事字。也就是说，先民在造字的时候，用一横或一竖表示整数“一”或“数之始”。造字本义为表示最小原始单位，最小的正整数。

（2）“一”的常用语词义。

①表确数。

“一”表基数词。清代段玉裁引《汉书》说：“元元本本，数始于一。”“一”在数学中是最小的正整数，这是“一”通常的用法。《史记·廉颇蔺相如列传》：“以一璧之故逆强秦之欢。”巴金《家》：“我已给你看定了一门亲事。”

“一”表示序数，与“第一”义相同。主要有两种形式：一种是“一”直接放在表示处所、单位或机构的名词前，如“一楼”、“一中”为“第一楼”、“第一中学”；另一种形式往往有“再”、“二”等数词与它配合，如《左传·曹刿论战》：“一鼓作气，再而衰，三而竭。”又如一误再误、一清二楚、一不做二不休等，其中的“一”均有“第一”的意思。

②表全数、满数、整体、一体。

“一”表全、满时，是对整体人和事物的强调，具有突出语义的作用。如《庄子·知北游》：“故万物一也，是其所美者为神奇，其所恶者为臭腐。”所以万物是一体的，这是把所称美的视为神奇，把所厌恶的视为臭腐。

这类意义的“一”后一般跟名词、动词。

a. “一” +名词。

如《国语》：“灵不顾于民，一国弃之，若遗迹焉。”

王安忆《作家文摘·关于家务》:“回来之后,便见他在奔忙,一头的汗,一身的油。”“一国”、“一头”、“一身”中的“一”表全、满、整的概念。

b.“一”+动词。

如《史记·曹相国世家》:“参代何为汉相国,举事无所变更,一遵萧何约束。”

③表示事物的数量的小、少。
这类意义的“一”后可跟名词和量词。
a.“一”+名词。

如《左传·僖公三十三年》:“且吾不以一眚掩大德。”说的是:我不会因为你们的一点小错误就掩盖你们的大功劳。清朝姬文《市声》第二十六回:“这回破釜沉舟,远行一趟,却指望收它个一本万利哩。”“一本万利”指用极少资本牟取最大利润,形容本轻利重。

b.“一”+量词。

南宋《古尊宿语录》:“若有一丝毫不是处。”例中的“一”后带量词“丝毫”，表示量小。

④表示动作时间持续的短暂。

“一”后跟动词，有“V + 一 + V”、“ 一 + V”形式。

a. “V + 一 + V”式。

如试一试、瞧一瞧、歇一歇等。

b. “ 一 + V”式。

如王树增《禁止忧郁》：“他知道，只要一按，门马上就打开，只要一说，警车就会风驰电掣。”老舍《爱的小鬼》：“他一晃儿走了八年了，一听说他来我直欢喜得像个小鸟。”例中的“一按”、“一说”、“一晃”、“一听说”中的“一”表示动作持续时间的短暂。

⑤表示逐一、每一、一个接一个、多（个）或大义。

这类意义的“一”后一般跟量词或“一”的重叠，一般有四种形式：“一 + 量词”、“一 + 量词 + 一 + 量词”、“一 + 量词 + 量词”或“一 + 一”的形式。

a. “一” + 量词。

如《祖堂集 · 洛浦》：“三尺灵蛇覆碧潭，一片晴光莹寒月。”例中的“一片”表范围大义。

b. “一 + 一”。

如六朝《佛经 · 佛说观无量寿佛经》：“有百万亿那由他恒河沙化佛，一一化佛，亦有众多无数化菩萨以为侍者。”“一一”，表示一个个、多义。《韩非子 · 内储说上》：“宣王死，湣王立，好一一听之，处士逃。”“一一”表示逐一义。

c. “一 + 量词 + 一 + 量词”、“一 + 量词 + 量词”。

如五代《敦煌变文集新书》：“其魔女者，一个个如花菡萏，一人人似玉□殊。”明《醒世姻缘传》：“他娘掀开一张，指着一个一个的叫他认。”例中的“一个个”、“一人人”和“一个一个”表示逐一、每一、一个接一个义。

⑥“一”的其他意义。

“一”是一个较复杂的词，除了上面诸多语义之外，还有以下意义。

a. 表示统一、一致、一律。

如《阿房宫赋》：“六王毕，四海一。”又如：言行不一、一概而论、始终如一、步调一致。

b. 表示同、相同、同样、一样。

如《赤壁之战》："同心一意，共治曹操。"又如：一样、一式两份、长短不一、一脉相承、如出一辙。

c. 表示专一。

如《劝学》："上食埃土，下饮黄泉，用心一也。"

d. 表示一旦、只要……就……。

如一成不变、一鸣惊人、一蹶不振。

e. 表示出乎意料、竟然。

如一至于此、一贫如洗。

(3)"一"的哲学、政治、经济、思想文化概念。

在先秦，"一"除了是个数词外，它还是哲学的、政治的、经济的、思想文化的多义概念。如《尚书》中"一"的概念，不仅在内容上有别于《荀子》、《韩非子》，而且在对象上，亦各有所指，非其最初含义了。但比较一下不同学派对"一"的运用、发挥，也许能说明"一"这个纯一的或模糊的哲学概念，最后是怎样演变为政治、经济、文化一统的概念的。

①纯一、一贯之“一”。

古文《尚书 · 大禹谟》曰：“惟精惟一，允执厥中。”这“一”即纯一，也含有无私的意思。

②多义的模糊哲学概念。

a. “一”表示天地万物形成前的浑朴一体。《老子》：“天下之物生于有，有生于无。道生一，一生二，二生三，三生万物，万物负阴抱阳，冲气以为和。”“一”指天地万物形成前的浑朴。

b. “一”即道，又似天地万物形成前的形。《老子》：“视之不见名曰夷，听之不闻名曰希，抟之不得名曰微。此三者不可致诘，故混而为一。”“一”即道。

c. “一”指大公无私。《管子》曰：“无德无怨，无好无恶，万物崇（宗）一，阴阳同度，曰道。”这里的“一”意味着“废私立公”，像道那样公平，无偏无倚。

d. “一”表示事物的共同性。如《庄子 · 德充符》：“自其异者视之，肝胆楚越也，自其同者视之，万物皆一也。”即言任何事物不仅有差异的一面，更有着相同的一面，甚至截然对立的万事万物也存在同一性、一致性。

e. “一”表无私无欲。《庄子 · 天地》曰：“《记》曰：‘通于一而万事毕’，无心得而鬼神服。”《庄子》把“得一”理解为侯王的无私为、无私欲、渊静、无心得。

这些典籍中的“一”，似道非道，令人捉摸不定。于是有人在“一”字前加了个“泰”（或“太”、“大”）字，如此，“太一”即道。

③政治、经济、思想、文化概念。

到了战国中后期，“一”的内涵更有了质的变化。原先那种大同的、为公的、守道的、济世的思想，已经演变为一统的，政治、经济、思想、文化的，实现君主专制中央集权的同义语了。如：

a. “一”指君主专制。《孟子 · 梁惠王上》：“卒然问曰：‘天下恶乎定?’吾对曰：‘定于一。’”意味着大一统君主专制的“一”，已为全政治的概念。

b. “一”指“本事”。《管子 · 五行》：“一者，本也。”即首要的、基本的大事是农、桑这样的“本事”。

c. “一”指人主之大务、治国之道。《管子 · 治国》：“是以民作一而得均，民作一则田垦，奸巧不生，田垦则粟多，粟多则国富。”这里的“作一”也是指务本事，但它是作为第一“大务、王之本事”提出来的，可见分量不轻。

d. “一”指合政治、经济、军事为一的概念。《商君书 · 农战》：“凡治国者，患民之散，而不可抟也。是以圣人作一，抟之也。国作一岁者，十岁强；作一十岁者，百岁强。”所谓“作一”，即一于农与战，也指一统。其重点在“令民归心于农”，既是经济问题，又是政治、军事问题。可见法家商鞅的“一”已变为一种合政治、经济、军事为一的概念了。

（4）“一”的常用义与哲学义的关系。

“一”的常用义和哲学义的关系，我们可以通过几部字书的解释窥见一斑。

许慎《说文》：“惟初太极，道立于一，造分天地，化生万物。弌古文一。”

段玉裁《说文解字注》引《汉书》曰：“元元本本，数始于一。”

《辞源》（修订本）“一”字的第一个义项：数之始也。

《辞海》（1979 年版）“一”字的第一个义项：数目，最小的正整数。

《汉语大词典》“一”字的第一个义项：数词。大写为“壹”。最小的正整数。常用以表示人或事、物的最小数量。

上面五种字书辞书的说法，揭示了常用义和哲学义的关系。许慎把“一”解释为一个整体，意即开天辟地之前，天地是一个混沌的整体，后来才“造分天地，化成万物”，而“万物”都是从这个整体中分化出来的。每分化一物，均为某物“数之始”。所以段玉裁引《汉书》：“元元本本，数始于一。”《辞源》本此称“数之始也”。从整体分化出来的事物，对于整体来说，也就是个别。《辞海》（修订本）和《汉语大词典》所说的“最小的正整数”就是这个意思。“一”字既包含了“整体”的意义，同时也包含了“个别”的意义。也就是说，“一”字本义包含着相对应的两极——字义相反相成的两系。

“一的一切，一切的一”是这种关系的最好注脚。

“一的一切”和“一切的一”中的“一”和“一切”之概念，最早出现在古希腊唯物主义哲学家赫拉克利特的一个哲学观点里。赫拉克利特说：“一切产生于一，而一产生于一切。”赫拉克利特是辩证法的奠基人之一，他认为“世界是包括一切整体的一”。

2. 二、两、双、再

从《15 字讲了 1.2 万年》文章中得知，美国密歇根大学一位语言学家对欧亚两大洲 40 多种语言调查后发现，“二”经过了一万两千多年的使用，是现今仍然在使用的 15 个词之一，同时也是唯一一个仍然为大众服务的数词，并被排在第二的位置。

（1）二。

①“二”的字形。

甲骨文作“二”（甲五四〇）、“二”（粹四一六）、“二”（后一·二七·四）、“二”（菁三·一）；金文作

“二”（我鼎）、“二”（秦公簋）、“二”（散盘）、“弍”（[illegible]君鉼）；战国简帛文字作“二”（A 云梦 · 效律 2）、“二”（A 青川木牍）、“二”（B 包山 4）、“弍”（B 郭店 · 五行 48）“弍”（B 郭店 · 语丛 3 · 67）。

“二”的形态在文字的发展中，没有什么变化，仍是两条长度相等的平行直线。“二”是个会意字。其变体有“弍”和“贰”。《说文》“弍，古文二”，即认为“弍”是“二”的古体字，从戈。

②“二”的语词意义。

a. 表确数。

卜辞积画为数，“二”作“二”，其义甚明，即表示平行二物，其本义是数目，一加一所得，作基数词，如：《书 · 皋陶谟》：“一日二日万机。”《战国策 · 齐策》：“文车二驷，服剑一。”表序数，如《史记 · 刘焉袁术吕布列传》：“将军伐之，令术复明目于遐迩，功二也。”《老子》：“我恒有三葆……一曰慈，二曰俭，三曰不敢为天下先。”两例中的“二”都表第二义。

b. 表双数、两样等义。

“二”是偶数，且居于“一”之后，因此有下列的引申意义：

第一，双、并列、比、独一无二。如《史记 · 淮阴侯列传》：“此所谓功无二于天下。”

第二，两样、不同、别的。如《荀子·富国》："故曰上一则下一矣，上二则下二矣。"

第三，再次、两次。如《宋史·吴璘传》："此孙膑三驷之法，一败而二胜也。"

第四，次、副，与"正"相对，同"贰"。如《礼记·坊记》："君子有君不谋仕，唯卜之日称二君。"

第五，间接的、二手资料。

第六，哲学用语。《老子》："道生一，一生二，二生三，三生万物。"

第七，怀疑、不确定。《吕氏春秋·应言》："视昂如身，是重臣也；令二，轻臣也。"

第八，二心、不遵从。唐陈子昂《上军国机要事》："若纵怀二，奸乱必渐。"

第九，傻里傻气、不成熟、冒失、分不清场合、分不清轻重、说话不经过大脑、做事不考虑后果。如二怂、二锤子、二货、二把刀。

c. "二"与其他数词连用。

(a)"二"与相邻的"一"、"三"连用。

第一，"二"与"一"、"三"连用，可表虚指的约数少或多、逐一、不专一等义。

表示少或多，虚指的约数。

如《国语·楚语上》:“闻一二之言,必诵志而纳之,以训导我。”《孔雀东南飞》:“未至二三里,摧藏马悲哀。”《汉书·张敞传》:“久者不过二三年,近者数月一岁。”例中的“一二”、“二三”表少义。又如《左传·昭公十六年》:“二三君子请皆赋,起亦以知郑志。”《国语·晋语一》:“二三大夫,其戒之乎!”例中的“二三”修饰君子、大夫等称谓,表多数,相当于今天的“诸位”、“好几个人”。现常说“二三事”,指“一些事”或“很多事”。

第二,表逐一、一一。

这类意义的“二”一般与“一”连用。如司马迁《报任少卿书》:“悲夫!悲夫!事未易一二为俗人言也。”《汉书·扬雄传下》:“仆尝倦谈,不能一二其详,请略举凡,而客自览其切焉。”例中的“一二”表示整个事件的次第、顺序或始末,逐一、一一义。

第三,表不专一。

这类意义的“二”一般与“三”连用,表示人的道德。如《尚书》:“德惟一,动罔不吉;德二三,动罔不凶。”《潜夫论·德化》:“不恒其德,二三其行。”例中的“二三”表不专一、改变、反复之义。

(b)“二”与不相邻的数词连用。

第一，表示相乘的关系。

如王僧铭《月夜咏陈南康新有所纳》：“二八人如花，三五月如镜。”《国语·晋语三》：“岁之二七，其靡有征兮。”《齐民要术》：“至二七日，一例侧之。”

例中的“二八人如花”、“岁之二七”指十六和十四岁，“至二七日”指十四天。

第二，表分数。

如《文心雕龙·隐秀》：“凡文集胜篇，不盈十一；篇章秀句，裁可百二。”“百二”表百分之二。

第三，其他意义。

如董解元《西厢记诸宫调》：“及至如今放二四。”“二四”引申为“不认账”、“耍赖皮”之义。

③“二”表地之数。

“二”表地之数的哲学意义。《说文》：“二，地之数也。从偶一。凡二之属皆从二。弍，古文。”古人认为偶数属阴，因以“二”指地数之始，或指卦中的阴爻（– –），或指臣道等。《易·系辞上》：“天一，地二。”

在中国传统文化中，“二”具有涵盖天地万物的意义。《说文》以“二”为意符的文字有“亟、恒、亘、竺、凡”等，释“亟”：“敏疾也。从人，从口，从又，从二。二，天地也。”意思是人生存在天地之间，手、口并用，敏捷成事。“恒，常也。从心，从舟，在二之间上下，心以舟施恒也。”意思是心以舟在天地之间往复而经久不衰。“凡，最括也。从二。二，偶也。”是说“凡”从“二”从“及”会意，意思是无所不包、无一例外。“亘”、“竺”中的“二”也都表示天上地下之意。

“二”的这一内涵是古代哲学思想的体现。古代哲学思想首先把天地万物分为阴阳两大对立面。认为“阴阳二气”是构成天地万物的本原。《黄帝内经·阴阳应象大论》中说：“阴阳者，天地之道也，万物之纲纪……故清阳为天，浊阴为地，地气上为云，天气下为雨。”

一切事物都蕴含着阴阳这两种对立势力，这两种对立势力在看不见的气中得到统一。《周易》以阳爻“—”和阴爻“– –”这两种线条组合排列而成乾、坤等八卦，以象征天、地等八种自然现象。古人对世界万物的认识和对阴阳的极其抽象的分析，体现在汉字字符上，便赋予了“二”这一涵盖天地万物的特殊意义。

在汉语数词中，最复杂的大概要数“二”，因为还有“两”、“双”和“再”等几个与“二”相关的表数之词。

（2）两。

①“两”的字形。

商代甲骨文中有“丙”字，又写作“丙”，旧释为“丙”，向无异说。“丙”字大多数是出现在表示日辰的干支字里，如“丙午”、“丙寅”之类，释“丙”是正确的。但这个字有时还与数字结合，组成数量词组，用在“车”、“马”之后，如“车二丙”（《合集》3648）、“马二丙”（《合集》21777）、“马二十丙”（《合集》1098）等。

甲骨文作车马单位词使用的丙，形体与“丙”相合，但并非一字，它可能是“两”，即“辆”字的初文。

周代金文中有“两”字，其形有：“[illegible]”（盠驹尊）、“[illegible]”（守簋）、“[illegible]”（蔺簋）、“[illegible]”（圅皇父簋）。

《说文·㒳部》：“㒳，再也，从门，阙。《易》曰‘参天㒳地’，凡㒳之属皆从㒳。”又云：“两，二十四株为一两，从一、㒳，平分，亦声。”许慎将“两”、“㒳”视为两个字是不对的。

于省吾指出：“甲骨文尚未见两字，金文两字作㒳，其所从的[illegible]，即由甲骨文车字上部的[illegible]形所演成，本象辀及衡……早期金文车字上部有的作[illegible]形，即两字作㒳形的由来。”两字所从的

“丨”象单辀（辕），“冂”象辀前横木，即所谓“衡”，而“从”则取象于衡上的两軛。这就是说，“两”字乃车之两軛。由于当时车马总是联系一起，无论二马、四马、六马之乘，其衡上之双軛只驾二马，即所谓“两服”，故“两”直接引申出“同驾一车之二马”义，再泛指成对之物，可见它与“二”在用法上有分工：“两”表对称或对立二物，“二”表平行二物。

商代甲骨文中的“车”及商代的马

把甲骨文的“丙”和金文的“㒳”作一对比，不难看出，甲骨文只取一衡一軛，用来代表一辆车，与金文取一辀一衡两軛代表一辆车，仅仅是繁简有别，造字原理实无二致。

商代卜辞中的马。绝大多数是用“两”来计算的，尚未发现有“匹”字。马以“两”计，应该跟商代一车驾二马的事实有关，以往考古发现的商代军马遗迹，都是一车与两马相配，如1953年安阳大司空村发掘的一座，1958—1959年在安阳孝民屯发掘的两座殷代车马坑，都是一车与二马伴出。《诗 · 郑风 · 大叔于田》“两服上襄，两骖雁行”的四马制，考古发掘实践证明创始于西周，而殷代盛行两马制，即仅用两服而没有两骖。西周以后，四马与两马并行。周代金文常常记载赏赐马匹，除特殊情况之外，一般多以“马两”（大簋）、“马乘”（吴方彝）、“马四匹”（噩侯鼎）为赐，应该就是当时一车所驾的马数，与考古发掘所见适相一致。殷人卜辞马以两计，显然也是商代一车两马的客观反映。

②“两”的意义。

“两”的本义是以介开二“人”的字形来表示分而为二的意义，表示对称或对立的二物。

“两”是会意字。从一，两平分。两亦声。在上古时代，“两”表示天然成双的事物。如《书·吕刑》：“两造具备。”

后来，“两”字用法进一步发展，除了表示天然成双的事物，还可以表示相匹配、相并列的事物，如《左传·成公二年》：“且惧奔辟，而忝两君。”

“两”还可表概数，主要“言其少”。如《史记·平原君虞卿列传》：“从之利害，两言而决耳。”“两言”指三言两语，即少量的话。

③数词“两”与其他数词的组合。

数词“两”可与“一”、“三”连用，这与数词“二”的用法相同，但数词“两”还可以重叠使用。当数词“两”与数词组合时，一般都有“言其少”的倾向。

a. “一两”。

这种格式产生的时间较晚，与“一”、“二”连用表概数同义，有“言其少”之意。如《史记 · 匈奴列传》：“贰师闻其家以巫蛊族灭，因并众降匈奴。得来还千人一两人耳。”

b. “两两”。

第一，表少量义。

数词“二”不可以叠用，但在古代汉语里，数词“两”可以叠用，大多时候“两”连用时有少量义。如王安石《次韵王禹玉平戎庆捷》：“天子坐筹星两两，将军归佩印累累。”

第二，有成双成对义。如孔颖达《尚书 · 顾命》疏：“四辂两两相配。”

c. “两三”、“三两”、“两两三三”、“三三两两”。

第一，“三”、“两”连用一般含有少量的意义。如皎然《舟行怀阎士和》：“相思一日在孤舟，空见归云两三片。”

第二，“两三”还可以表量多，但这种情况比较少见。如朱鉴《诗传遗说》卷三：“此《诗》只有一句，（朱熹）集注中却反复说两三段。”“两三段”等于说“很多段”。

④“二”与“两”的联系。

“二”与“两”都可以作数词，用来计量。随着“两”的进一步发展，“两”、“二”在很多情况下都可替换。如《荀子 · 解蔽》：“天下无二道，圣人无两心。”例中“二道”与“两心”对照，“两”与“二”形成互文，都是“不同的”、“相异的”意思。

现代“二”和“两”有时可以互换，例如：在“百”、“千”、“万”、“亿”的前边，在“零”字的后边，“二”、“两”都能用，如“二（两）百首诗”，“八点零二（两）分”。连续使用时，头一个可以用“两”，后面只能用“二”，如可以说“二万二千二百二十二”或“两万二千二百二十二”，但不能说成“两万两千两百两十两”。在表示度量衡单位的量词前面可以通用。例如，“二尺”可以说成“两尺”，“二斤”可以说成“两斤”，但“二两”不能说成“两两”。连续使用时，前一个可以通用，后一个只能说“二”，不能说“两”，如可以说“二斤二”或“两斤二”，但不能说“二斤两”或“两斤两”。表示倍数时，二者可以通用。例如，由二增加到六，可以说增加了两倍，也可以说增加了二倍。

⑤“二”与“两”的区别。

在现代，“两”多用于口语，表示成对的人或事物，如“两副”、“两兄弟”。要是说成“二副”、“二兄弟”，就会产生歧义。因为“二副”是指：轮船上船员的职务名称，职位次于船长的主要助手、驾驶工作的负责人，而“二兄弟”则指排行老二的兄弟。

在以下语境中，“二”和“两”不能互换。用“二”不能用“两”的：①两位数以上的一般量词前边，如：民国二十八年、二千二百。②十的前后，如：十二、二十。③表示次序时，如：二叔、二等奖。④表示小数、分数时，如：零点二（0.2）、三分之二。在数字的比中，只用“二”不用“两”，如一比二。⑤在数学里作数字用时，如：一元二次方程。⑥表示两样时，如：不二价。⑦在成语和专名中，如：不二法门、二氧化碳。

用“两”不能用“二”的：①表示个体相加时（限于基数、单用），如：我有两本书、一本国语、一本算术。②表示不定的数目，相当于“几”时，如：我同你说两句话。③指称某些成对的亲属时，如：两口子。④表示双方时，如：两相情愿。⑤作量词时，如：三两糖。

基数可以用“两”，也可以用“二”。“二”和“三”连用时，一般用“两”不用“二”。如“两三个”不说“二三个”；当超过二十时，一般用“二”不用“两”，如“二三十”。在动词前作状语，只能用“两”不能用“二”，如：势不两立。

有时“二”、“两”对换会产生歧义，如“二楼”（指第二层楼）和“两楼”（指两座楼）、“二班同学”（第二班同学）和“两班同学”（两个班的同学）。

有时“二”、“两”虽作实数，但都从引申义解，下例中之“二”、“两”一般不能互换：一不做二不休、一佛出世二佛升天、说一不二、独一无二、数一数二、一身二任、一刀两断、一举两得、一身两役。

（3）双。

①“双”的字形。

望山楚简中才出现双，字形作“[illegible]”（望山二·

六)，会手持两鸟之意。双的繁体写作“雙”，《说文·雔部》：“雙，隹二枚也，从雔，又持之。”又云：“雔，双鸟也，从二隹。”又《隹部》：“隻，鸟一枚也，从双持隹。持一隹曰隻，二隹曰雙。”《玉篇·雔部》释“雙”为“偶也”。

甲骨文中的“隻”作“”（甲二六五），象捕鸟在手之形，即“获”之初文，“鸟一枚”实后起义。元李文仲《字鉴》：“隻，俗作雙。”可以看出“隻”和“雙”之间有着密切的关系。

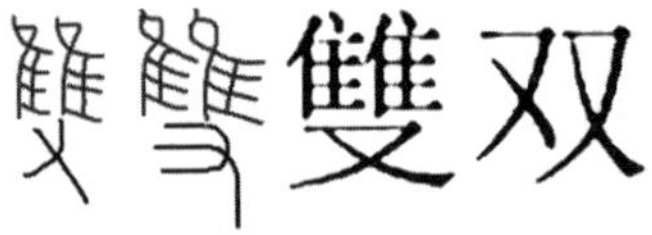

“双”字之演变：“隹”是鸟，“又”是手，手持两只鸟

②“双”的意义。

作为数词的“双”在古代汉语中运用广泛，先秦时期，“双”就有指向个体数量为“二”的意义了。如《诗经·齐风·南山》：“葛屦五两，冠緌双止。”《韩非子》：“道无双，故曰一。”

“双”表成对或合为一体的二义，在现代汉语里还用。如：双十节、双人舞、双打（冠军）、双学活动、双坐垫、双手用力等。

“双”多作量词用，用于称量人体成双的部件，如《捣衣曲》：“夜深月落冷如刀，湿著一双纤手痛。”例句中的“双”用于天然形成的左右对称的人的肢体。

数词“双”重在强调所计量的物体的“非单一性”，隐含着“相配成对”的意义，王力《汉语史稿》：“在多数情况下，‘双’并不是纯粹的数词，而是带形容词性质。”但古代汉语中的数词“双”最终没有发展成纯粹的数词，作数词时，附带地具有“成双成对”的修辞性作用。

数词“双”不能与其他数词共现，但数词“双”可以重叠，单独作句子成分，重叠后“双双”在数量上仍然表“二”。

（4）再。

①“再”的字形。

> 甲骨文作“[illegible]”（前七 · 一 · 三），金文作“[illegible]”（屭羌钟）、“[illegible]”（陈章壶）、“[illegible]”（陈喜壶），战国作“[illegible]”（A 云梦 · 封诊 65）、“[illegible]”（B 郭店 · 穷达 15）、“[illegible]”（D 陶汇3 · 9）。
>
> 再，《说文 · 冓部》：“一举而二也，从冓省。”

从“再”的字形看，“[illegible]”更似简化之鱼形，[illegible]（再）义为“以手提鱼”已成定论，其下部正同“[illegible]”。刘兴隆先生谓：“[illegible]

（合集 7660），从二从鱼，引申作一再、重复之义。”此说似乎更合乎“再”的形义。

②“再”的意义。

“再”的本义为二鱼，这是它寓有“二”义的充足语义条件。“再”表“两次”或“又一次”时，应视为副词，而表数量“二”时，作数词。如《周礼 · 春官宗伯》：“王之五路，一曰玉路，锡樊缨十有再就，建大常，十有二斿，以祀。”《史记 · 平准书》：“于是弘羊赐爵左庶长，黄金再百斤焉。”

看来，在古汉语中，“再”是数词，属于实词。“再”的这一语义传承下来，在现代汉语中仍有，如“一而再，再而三地申明纪律”、“一鞠躬，再鞠躬，三鞠躬”。“再”作为一个语素与其他语素组合成词时，有的也还保留了这一语义，如“再次”就是第二次，“再版”一般指第二版，有的语义已引申扩大了，如“一再”、“再三”这两个词就是“多次”的意思了。

作为副词的“再”，语义也有了变化，比较虚化了，如《骆驼祥子》：“他嘱咐自己不要再闭上眼，也不要再乱想。”“再"表示动作活动的“重复”，是“再”的“两次”、“第二次”语义的引申。《说文解字注》也说“凡言‘再’者，重复之词，一而又有加也”。在“重复”的意义上可引申出继续义，如《黎明的河边》：“我用手触了一触老杨，劝他不要再说下去。”还可引申为“添加”、“然后”等义。

“再”的几个语义之间的联系如下图所示：

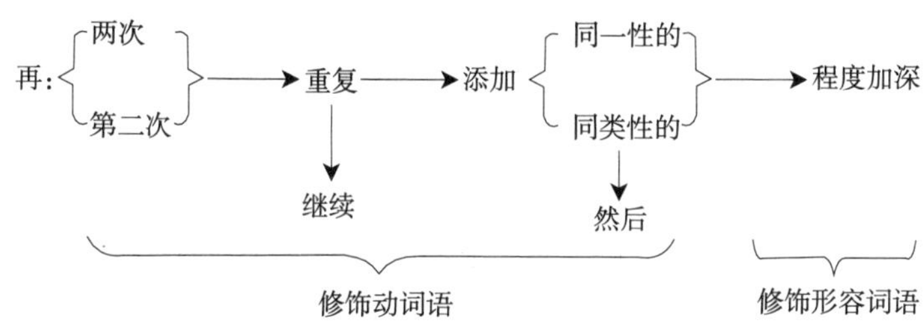

“再”之语义示意图

从“两”、“再”的字形析之，可见二者在上古汉语中都引申表数量“二”，也就是说它们与“二”并不存在谁挤占谁的问题，而是在某一用法上谁战胜谁的问题，即主流与支流的关系。“二”、“两”、“再”在上古汉语中都适用于“动量”的格式。至于它们彼此的消长关系，则是语言简洁性与明确性相互作用的结果。语言的简洁性要求表示“二”的数词尽量统一，而“二”因易书写，表义清晰，语法功能强大，自然成了最佳选择，所以在表“二”的数词群中始终处于主流。但这也造成了其负担过重，故“再”、“两”就兼有数词的部分职能，作为分流，而不是附加义变体。

一般来说，副词修饰动词是颇易理解的，而“再”可作程度副词，自然就逐渐地取代了“二”这方面的用法。但因其语义倾向于向“重复”发展，故“两”也常常挤占进来，最终取得统治性地位。

“二”、“两”、“双”、“再”四者在句法与语义层次上的异同列表如下：

数词	句法						语义
	主语	谓语	宾语	定语	状语	补语	
二（基数/序数/分数）	+	+	+	+	+	+	平行并列
两（基数/分数）	-	-	+	+	+	-	对称或对立
双（基数）	-	-	+	+	-	-	匹配成对
再（基数/序数）	-	-	+	+	+	-	先后顺序

注：“+”表有，“-”表无；“双”非数词，仅为便于比较而列于表中。

（5）“两”、“双”、“再”的关系。

从来源上看，“二”的本义为平行二物；“两”本义指车之两轭，后直接引申出“同驾一车之二马”义，再泛指成对之物；“双”最初很可能作动词，后引申指二鸟，再泛指成对事物；“再”本义为二鱼，后引申出“一再、重复”之义。从性质上看，“二”、“两”是数词，这是无疑的；“双”在表“二+单位词”时暂作形容词较好；“再”看作兼类词较为合适，表“两次”或“又一次”时，应视为副词，表数量“二”时，看作数词。从用法上看，“二”和“再”、“二”和“两”的区别不应集中于“二”能否作状语，“再”能否作基数词，“两”能否作分子上。“两”和“再”在上古汉语中都引申为表数量的“二”，因此它们与“二”并不存在谁挤占谁的问题，而是在某一用法上谁战胜谁的问题，即主流与支流的关系。

3. 三

(1)“三”的字形。

甲骨文作“三”(前1·7·2)、“三”(前6·2·3);金文作“三”(天亡簋)、“三”(明公簋)、“三”(趞尊)、“三”(中乍且癸鼎);战国简帛文字作“三”(B帛书乙)、“三”(B郭店·老甲1)。

“三”用三横长短及形状一致的三条横线来表示。“三”的或体有“弎”或“弎”。

(2)“三”的意义。

“三”的作用大致有三类,即表确数、约数和成数等。

①“三”表确数。

“三”,二加一的和。如《左传·僖公二十三年》“晋公子有三焉”,其中的“三”作“三个”解;《左传·晋楚城濮之战》“楚一言而定三国”中的“三”表序数;《左传·曹刿论战》中“一鼓作气,再而衰,三而竭”中的“三”作“第三次”解。

②“三”表约数。

a.“三”表多义。

在日常生活中经常使用的“三令五申”、“三番五次”、“三推六问”等，都是用来形容次数多的。《论语》“季文子三思而后行”，《庄子 · 逍遥游》“水击三千里”句中的“三”均作多义解。

古汉语数词“三”具有“多”的意义，这种语言现象也体现在古人的造字方法中，如用三个“人”字合成“众”字，表示“人多”的意思（引申为泛指事物众多），用三个“木”字合成“森”字，表示“树木多”的意思等。

清代学者汪中《述学 · 释三九》：“生人之措辞，凡一二之所不能尽者，则约之三，以见其多；三之所不能尽者，则约之九，以见其极多。”

在一些原始民族的语言中数词很少，往往只有“一”和“二”，有的是只有“一”、“二”和“三”，而没有“三”以上的数词。当事物的数量超过“三”的时候，他们就用“很多”之类的词来表示。

b. “三”表少义。

“三”可表次数之少，数量之小。如《孟子 · 公孙丑》：“三里之城，七里之郭，环而攻之而不胜。”《史记 · 项羽本纪》：“楚挑战三合，楼烦辄射杀之。”

③“三”表成数。

清人汪中在《述学 · 释三九》篇中说：“一奇，二偶，一二不可成为数；二乘一则三，故三者，数之成也。”他认为单单有个“一”，只是一个奇数，单单有个

> “二”，还只是一个偶数。唯有一乘加（乘）二得出三，包容了奇与偶，这才是一个完满的数，即成数。
>
> 《老子》曰：“道生一，一生二，二生三，三生万物。”“三生万物”意谓万物至“三”而生成，“三”为万物生成之度数。《史记 · 律书》：“数始于一，终于十，成于三。”“三”标志着“始”的阶段完成。董仲舒《春秋 · 繁露》概括说：“三而一成，天之大经也，以此为天制。”

为什么成于三呢？所谓数成于三是指：无论客观世界的事物本身，还是主观世界对事物的认识，起先都是从一开始，或者是从混沌开始，然后显露出对立的两端，或者是认识上的首先注意到两端，这就是二，进而因两端而有中间而知中间，事物演化完成或被完全认知，此之谓成于三。抽象为具体数字，便是由一而二而三，到了三，告一段落。

所以，敬酒三杯也是主人宴客的礼数：三杯为度，不可少，亦不必多。礼数不限于敬酒。《周礼》、《礼记》记古代礼数都以“三”为度，如“三揖三辞”、“三揖三让”、“三请三进”、“三献”、“三飨”、“卜筮不过三”等。《礼记 · 曲礼上》“卜筮不过三者”，王肃云：“礼以三为成也，上旬，中旬，下旬，三卜筮不吉，则不举也。”这里“三（次）”成为卜筮求吉的限度。古今种种以“三”为度的礼数，所根据的就是“礼以三为成”。俗语所谓“事不过三”。

> 《春秋公羊传·僖公三十一年》：“三卜，礼也；四卜，非礼也。”《荀子·礼论》：“三年之丧，人道之至文者也，夫是之为至隆……三年，事之犹未足也，直无由进之耳。”这段话从具体的方面道出人为到“三”而不过“三”，即“三而一成”的道理，也就是“三”为有限之极，无限之始，举“三”而一切“数”俱可包括其中。

春秋时代讲治政有“三年有成”的话，后来形成官吏三年考绩的制度，一直延续到清代，甚至权臣打着“禅让”的旗号篡位，也要被废黜的皇帝三“让”。

“事不过三”作为一般处事处世的原则，是提醒人做事要审时度势，不要蛮干。

4. 四

(1)“四”的字形。

> 甲骨文作“亖”（甲318）、“亖”（甲504）、“亖”（馀16·2）、“亖”（前4·29·5）；金文作“亖”（保卣）、“亖”（矢方彝）、“亖”（“卯”卣三）、“四”

（邾王子钟）、“”（郸孝子鼎）、“”（郘钟）、“”（大梁鼎）；战国简帛文字作“”（A 陶汇 5 · 384）、“”（B 玺汇 0316）、“”（B 先秦 277）、“”（B 包山 254）、“”（B 包山竹牍）、“”（B 郭店 · 老甲 9）、“”（B 郭店 · 穷达 10）、“”（B 郭店 · 性自 9）、“”（B 郭店 · 六德 3）、“”（B 帛书乙）、“”（B 随县漆书）、“”（C 令瓜君壶）、“”（C 郸孝子鼎）、“”（中山圆壶）、“”（E 陶汇 4 · 6）、“”（E 燕下都 463. 11）。

从上文中可以看出，“四”的字形较丰富。最初作“”，“四”较晚出。古“三”、“四”皆积画成形，古籍多误混。

对于“四”的字形，熊国英认为“四”为“泗”的本字，《说文》古字中的“”最像鼻涕，至春秋战国时，借用作涕泗的“四”。但绝大多数学者认为“四”为“呬”的本字，假借作数词“四”。林义光认为：“四古作（《郘钟》），不象四方，即喙之古文，兽口也，象口鼻相连之形，象两鼻腔，象口腔。喙、四古同音。兽虫口鼻相连，其息以喙，故引为息。《方言》‘呬，息也’（呬实即四之或体）。”丁山分析“”从“”，象口形，或作“”者，兼口舌之气象也；其中之八盖犹“”下从八象气下引，“”上从八气象越于。《说文》口部

“呬，东夷谓息曰呬，从口，四声。诗曰，犬夷呬矣”。今《左传》引作“喙矣”，《广雅》“喙，息也”，《国语》“余病喙矣”，韦注云：“喙，短气貌。”以呬义证四形，是相符的，可以断言四、呬为一字。据自造字原则言之，四即呬之本字。盖自周秦之际借气息之四为数名之亖。

（2）“四”的字义。

①表确数。

表实际的数量，三加一的和。《玉篇·四部》：“四，数也，次三也。”《字汇·口部》：“四，倍二为四。”《尚书·舜典》：“流共工于幽州，放驩兜于崇山，窜三苗于三危，殛鲧于羽山，四罪而天下咸服。”又表序数第四。《书·洪范》：“五行：一曰水，二曰火，三曰木，四曰金，五曰土。”

②表空间、时间概念的模式数。

> 《说文解字》：“四，阴数也，象四分之形。”《易经·系辞》：“易有太极，是生两仪，两仪生四象，四象生八卦，八卦定吉凶，吉凶成大业。是故法象莫大乎天地，变通莫大乎四时。”何为“四象”？一般认为“四象”既包括东南西北的四方空间，又涵盖春夏秋冬的四时意义。“四”在古代哲学中代表的应该是四方和四时。《管子·四时》：“唯圣人知四时。不知四时，乃失国之

基……是故阴阳者，阴阳之大理也。四时者，阴阳之大经也。”

古人常用“四”来描述时间概念，这尤为突出地表现在“四时”观念上。如《周易·彖传》：“日月得天而能久照，四时变化而能久成。”《墨子·天志中》：“制为四时春秋冬夏，以纪纲之。”

此外，“四”还与古人对空间的认识有关，它主要表现在中国古代先民的宇宙观——“四方说”上。如《淮南子·览冥训》：“往古之时，四极废，九州裂，天不兼覆，地不周载。”“四极”，是我国古人空间意识的表现。《管子·霸言》：“宾属四海，时匡天下。”《淮南子·齐俗训》：“往古来今谓之宙，四方上下谓之宇。”

就“四季”、“四方”而言，“四”模式的运用应该说是准确地反映了客观事物本身具有的结构状况。

如世界各民族都将一年分为四季，虽然其具体划分由于地带寒温而颇有差异，但并没有哪个民族将一年分为三季或五季。这显然因为分成四季既能简洁地概括全年，又能集中表现各季的特征。而抓住特征正是进行概括的根本着力之点。如四方与四季虽然有别（一指空间，一指时间），但就四方的每一方各有特征这一点而言，却与四季有相通之处。四方如改为五方、三方，未尝不能概括全方位，但究竟不如东南西北四方更能清晰而不混淆地显示各个方位的特征。

社会生活和文化领域中有许多同空间相关的词语都和“四”

相联系，如志在四方、扬名四海、眼观四处、危机四伏、四山五岳、四海为家、四面八方、四面楚歌、四通八达、四海承风、家徒四壁、烽火四起等。“四”的广泛运用，构成一个模式。如一张桌子，装上四条腿，的确是最为完整、稳当而简洁地支撑全面：三条腿不稳当，五条腿不简洁。由此可见，“四”是一个较有概括力度、适于架构整体的数字。

正如恩格斯所说的：“因为一切存在的基本形式是时间和空间，时间以外的存在和空间以外的存在，同样是非常荒诞的事情。”我国古代很早就已形成时间和空间相统一的完整的时空观。

在古代，人们认为“数”是一种沟通天人、把握世界的哲学观念。古人信奉“天圆地方”之说，认为圆的天和方的地二者周径之比为三比四，于是“三”、“四”便成为天、地和圆、方的象征数字。“天三地四”为《周易 · 系辞》所说的两个真正的“天地之数”，蕴含“天地交泰”、“阴阳合德”，造化宇宙万物之义，具有十分神圣而神秘的色彩。

5. 五

（1）“五”的字形。

甲骨文作“亖”（林一 · 一八 · 一三）、“X”（林一 · 一八 · 二）、“X”（宁滬一 · 二一七）；金文作

“𠄡”（宰椃角）、“𠄡”（伯中父簋）、“𠄡”（尹姞鼎）、“𠄡”（酓章作曾侯乙镈）、“𠄡”（鄂君启舟节）；战国简帛陶汇文字作“𠄡”（A 陶汇 5 · 403）、“𠄡”（B 玺汇 3084）、“𠄡”（B 包山 173）、“𠄡”（B 郭店 · 尊德 26）、“𠄡”（C 玺汇 0353）、“𠄡”（D 陶汇 3 · 662）、“𠄡”（D 陶汇 3 · 663）。

“五”字构造可分两个体系：一为积画义之五，一为相交义之五。最后相交义的五取代了积画义的五。

丁山认为𠄡之本义为“收绳器”，引申为“交午”。两绳相交谓之互，纵横相交谓之五，𠄡古文互，《说文》：“互，可以收绳。”𠄡象器尚未收绳，所以见其交横之辐，后借𠄡为亖，𠄡的收绳义失去而造“互”字。

“𠄡”实象绕线之具，不仅为收绳，也可收丝或其他线状物。

这种“𠄡”由于材料是竹制或木制，不易长久保存。1979 年在江西贵溪崖墓（距今 2 595 年左右，属春秋战国时期）中发掘出一批纺织工具，其形制恰似“𠄡”或“工”之形。形体为“工”者，长 73 ~ 62 厘米，系整块木料制成，外表光滑；为“𠄡”者，中间交叉处用竹钉拴住，两头则用榫头嵌入，制作相当讲究，长度为 36. 7 厘米，相关专家认定为当时的绕纱板和绕纱框。其为“𠄡”者正与甲骨文“𠄡”同。

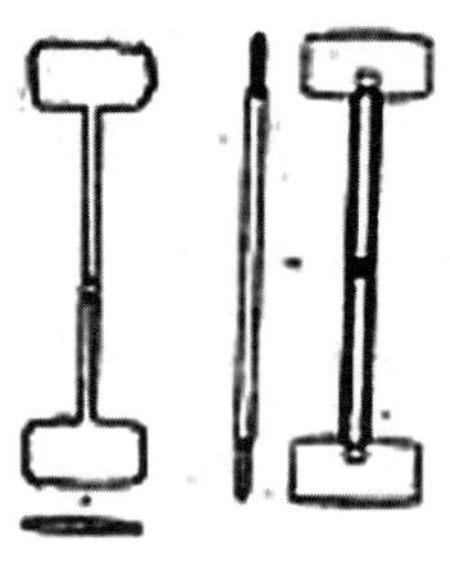

贵溪崖墓出土 H 形绕纱板图（江西博物馆提供）

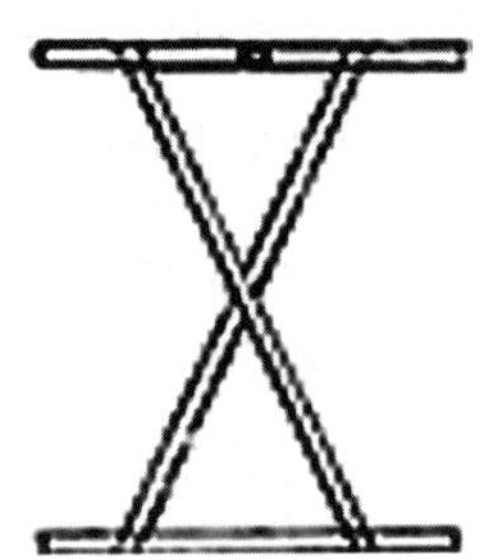

贵溪崖墓出土×形绕纱框图（江西博物馆提供）

湖北天门农村 20 世纪五六十年代仍用此器以绕丝线，几乎户户有之。其器高约 50 厘米，宽约 15 厘米，材料为竹制，其中“X”为细薄之竹片为之，上下之“二”为稍厚之竹条，竹条两端凿成榫眼，竹片两端制榫头，榫头榫眼相接则成“X”形，竹片之交叉处以竹钉固定。绕线时，手握竹片之交叉处，左右旋绕摇动，丝线则上下相绕而缠在“X”之竹条上。其器天门俗呼“互线［xu^{55}］耙子”或“线耙”。其形亦正像甲骨文“五”之形“X”。

“五”字之形“X”的取象从甲骨文到小篆乃至今天，应该说没有发生太大的变化，其所象之物为收绳之器的结论应该是可信的。人们之所以未能发现其本义，原因大致有两点：一是“五”在甲骨文时代已借作数目字，取代了其本义；二是没有很好地利用考古发掘材料和现今的地域器具名物，人类的有些东西，只要其器物文化赖以生存的环境未变，其形制也可能就千百年不变。

也有学者认为甲骨文计数字自五至九与《洛书九星图》（见下图）有直接对应性，《洛书九星图》充分证明这几个计数是完全依靠象形而来。

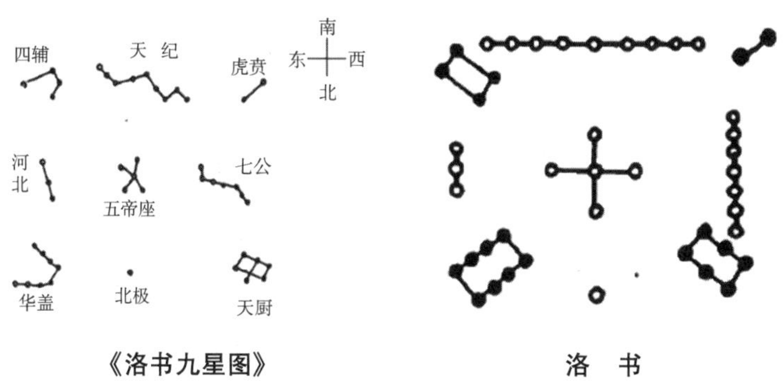

《洛书九星图》　　洛　书

“五”对应的星图是“五帝座”（“⁙”）。当星之间以短线两两相连时，即成“X”和“⧖”形。

②“⧖”、“X”的关系。

“⧖”与“X”的关系，究竟是从“⧖”减省为“X”，还是从“X”增益为“⧖”？下面从取象和用字两方面稍作分析。

第一，“⧖”当为比较原始的形体，古今的收丝绳具，大致如此。“㐅”大概是出于书写简便的需要而采用的简体写法，由于这种简便写法与“乂”易混，因此终未能通行开来。

第二，甲骨文之“五”字均作“𠄡”，偶有作“㐅”者，“𠄡”当为通例，“㐅”为变例，这似乎也暗示，“𠄡”先出，“㐅”省作。因为从目前的研究和认识水平看，尚未发现与甲骨文一脉相承的更早的有定论的古文字形体。

《说文》把“㐅”看作“𠄡”的省写形式，有一定的道理。

《说文·五部》：“𠄡，五行也。从二，阴阳在天地间交午也。”把“五”解释为“交午”义，这种解释显系附会。“𠄡”为“收丝之具”，“㐅”象相交，因此滋生了“交午”义。从字形的角度分析其滋生义，还是比较可靠的。

“𠄡”、“𠄡”当是“𠄡”之异写。

(2)“五”的意义 。

①表确数。

“五”为四加一的和。《玉篇·五部》：“五，数也，次四也。”《尚书·五子之歌》：“厥弟五人，御其母以从。”《孟子·告子下》：“居下位，不以贤事不肖者，伯夷也；五就汤，五就桀者，伊尹也。”这里的“五”表示次数。“五”表序数，如《孟子·告子下》：“初命曰，诛不孝……五命曰，无曲防，无遏籴，无有封而不告。”

②表虚数。

“五”有“多”义或“杂”义。如“五色”原来指青、黄、赤、白、黑五种颜色，后来只指“多而杂”的颜色。刘向《新序·杂事》有“失其魂魄，五色无主”，“五色无主”即“惊慌失措”。如江淹《丽色赋》：“五光徘徊，十色陆离。”“五光十色”形容光彩和色彩极多。

《国语·越语》：“与我争三江五湖之利者非吴耶？”《礼记·文王世子》：“遂设三老五更群老之席位焉。”此两例中的“五”都是虚指。

一些成语中的“五”多系虚指，如“五谷丰登”、“学富五车”、“五世其昌”、“五彩斑斓”、“五花大绑”、“五大三粗”、“五荤三厌”、“三令五申”、“三番五次”、“五颜六色”、“五脏六腑”、“五花八门”、“五行八作”、“五光十色”等。

③表神秘数。

“五行”是我国传统“五文化”的核心，是中国古典哲学的精粹，显示出“五”的神秘性。

《说文·五部》：“五，五行也。从二，阴阳在天地间交午也。”“二”，据徐铉、徐锴、段玉裁等的分析，是指“天地”。段玉裁更是作了完整的分析说明：“古之圣人，知有水火金木土者，而后造此字也。”段玉裁不脱许慎之樊篱，硬将“五”的构形与“水火木金土”学说牵连起来。阴阳五行之说盛于东汉，其起源亦不甚早，先民造字之时计数之字当为早出，其时必无此等观念也。

“五”逐步走向神秘，体现了先民的宇宙观。《淮南子·原道训》注：“四方上下曰宇，古往今来曰宙。”先民宇宙观的形成，也即是对空间与时间有了自己的认识。商代晚期，已经存在五方的观念，虽未在甲骨文中见到“五方”一词，但可以看到数字“五”的神秘化在商代晚期已显端倪。

作为神秘数字的“五”，深深地渗透到中国文化中，几乎达到无意识崇拜之境。有关数字“五”的组合在文献中随处可见，举不胜举，如“五材”、“五行”、“五瑞”、“五礼”、“五刑”、“五品”、“五教”、“五服”、“五典”、“五言”、“五色”、“五福”、“五过”、“五岳”、“五方”、“五达道”、“五达德”、“五帝”、“五霸”、“五音”、“五官”、“五味”等。数字“五”在中国文化中的突显同阴阳五行思想密切相关。

对日影的测量，最终确定了方向与时间，在这样的时空观指导下，五行体系开始建立。随着对五大行星规律的掌握，地上的五行与天上的五星相结合，从而构成一个相互影响的体系。此后阴阳五行思想渗入到中国社会的各个方面，成为中国传统思想中最重要的思想之一。顾颉刚曾说：“五行，是中国人的思想律，是中国人对于宇宙系统的信仰；二千余年来，它有极强固的势力。”

五行说是古人对客观事物多样性的一种概括。远古时期，人们发现日常生活中最常见又最为生活所用的金、木、水、火、土五种物质，称之为五行。

五行说影响最大的是它的“相生相胜”理论。相生，即相互促进：“木生火，火生土，土生金，金生水，水生木。”相胜即互相排斥：“水胜火，火胜金，金胜木，木胜土，土胜水。”这种天人合一、人与自然对立统一的认识，使许多五个一组的事物都以五行为核心相匹配，形成了一个严整的对应关系，成为古人的思维模式。

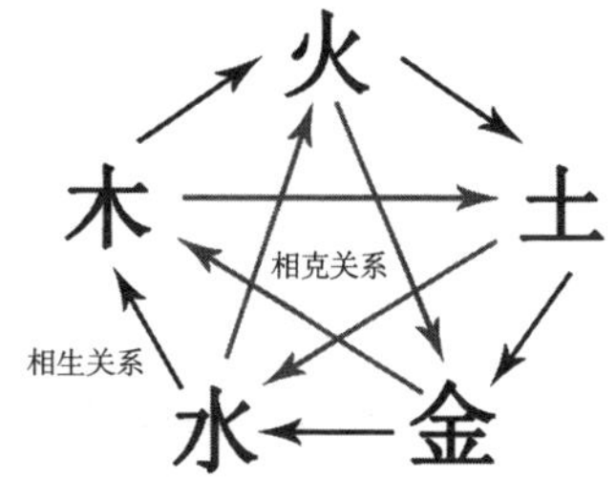

五行相生相克图

根据这种五行生克的对应关系，还能解开许多汉语、汉文化

玄武门——唐代皇城的北大门

之谜。如我国一些古都城池皆有朱雀门、玄武门等，若知道跟五行的对应关系，便可确定朱雀门即南门，玄武门必是北门。倘以此作为路名，朱雀路绝不会在城东、城西或城北，而一定在城南，南京的玄武湖则必位于城北。再如紫禁城东部的一些宫殿都是绿色琉璃瓦顶，而珍藏《四库全书》的文渊阁的房顶却是黑色琉璃瓦，这是因为方位东对应春和青色，而黑色在五行中属水，水能灭火，故黑色屋顶意在可避火灾以保文库安全。

古代还将五行之理用于实际生活中。如按五行相生的次序给不同辈分的男性家族成员起名，至晚盛行于宋代。理学大师朱熹，其父朱松，三个儿子朱野、朱埜、朱在，即依次而立名；权奸秦桧，养子秦熹、孙子秦埙，亦为这种关系；朱元璋二十多个儿子都以“木”字旁起名，以后世世沿袭三百余年，几万人的皇族取名一直坚守此五行相生原则。

（3）“五”与其他数字连用。

①“三五”连用。

a.“三五”表数的意义种类。

第一，“三五”表示乘积关系，意为“十五”。

归有光《项脊轩志》：“三五之夜，明月半墙，桂影斑驳，风移影动，珊珊可爱。”《古诗十九首 · 孟冬寒气至》：“三五明月满，四五蟾兔缺。”例中的“三五”是“十五”，即月半。

第二，“三五”表概数。

如《国语 · 晋语一》：“是以谗口之乱，不过三五。”《围城》：“我们这位企业家不过在名称上轻轻地加上三五个字，果然迎合了一般人爱受骗的心理，把父亲给他的资本翻了几倍。”

b.“三五”相关的概数表达。

与“三五”相关的概数表达有“五三”、“三三五五”、“五五三三”、“三×五×”、“五×三×”等。

第一，“五三”。

“五三”义同“三五”，表示的是一个大概的跟“五”和“三”相近的不确定的数目。例如《敦煌变文》卷五十一：“礼居士，五三回，瞻仰尊颜问大才。”

第二，“三三五五”、“五五三三”。

“三三五五”、“五五三三”分别是“三五”、“五三”的重叠式，表示“三个一群、五个一群”，重叠式模糊程度更高。例如《敦煌变文汇录 · 汉八年楚灭汉兴王陵变》：“三三五五暗中啼，各各思家总拟归，诸将相看泪如雨，莫怪今朝声哽咽。”《子夜》：“当下曾沧海父子被拖着推着到了大街上，就看见三三五五的农民。”

第三，“三×五×”、“五×三×”。

“三五”连用一般表示数量少或时间短的含义，但“三”、

“五”组合成的模式词语却能表达“多”之义，其中“三”、“五”均为虚指。“三”、“五”都可表示“多”义，故“三”、“五”组合成的词语含“多”义。《西游记》中有“三皈五戒”、“五荤三厌”、“五更三点”、“五拜三叩”、“三界五司”。“三”、“五”组合也可以表示不太大的数量，与“三五”用法相似，如《水浒传》中“三年五载”、“三朝五日”，这里的“三×五×”应该是“几年”、“几天”之义。

②“五七”连用。

a. “五七”表示“五”和“七”的乘积。如《红楼梦》第六十八回：“亲大爷的孝才五七，侄儿娶亲，这个礼，我竟不知道。”“五七”指人死后三十五天。

b. “五七”表概数。

“五七”比“三五”出现得晚。如《文献通考》：“桓轻脱残忍，昵比小人，腹心阉竖五七辈错立其侧。”《金瓶梅词话》第一回：“武松已有五七分不自在，也不理他。”刁晏斌《初期现代汉语语法研究》：“原来一点，两点……五七点萤火虫儿飞飞飞，有趣得紧。”

③“三五七”连用。

在“三五”和“五七”同出并互相影响的情况下还曾出现“三五七”这种形式。如《杂病证治准绳》：“今病噎者，三五七日不便，乖其度也。”《金瓶梅词话》第三回：“如今身边枉自有三五七口人吃饭，都不管事。”

6. 六

（1）“六”的字形。

> 甲骨文作“”（铁一三五 · 三）、“”（拾一 · 三）、“”（前七 · 三九 · 一）；金文作“”（免卣）、“”（几父壶）；战国简帛等文字作“”（B 包山 118）、“”（B 随县石磬）、“”（C 金头像饰）。

在甲骨文中，“六”字有时作“”，往往与“入”字没有分别。但“入”字则从来不作“”或“”形。尤其在“入”与“六”字同见于一条卜辞中的时候，绝不相混。古文“六”字之演化，由“”而“”、“”，而“”、“”。从其形体的演变过程看，“六”作为数词，应该是“入”的借字。

星象图是由六颗星组成的“天厨星”构成，在规定观察方向上呈“”形，可见甲骨文“六”的各种写法并未脱离这一基本星象。

（2）“六”的意义。

①表确数。

> 五加一的和。《易 · 系辞下》：“兼三材而两之，故六。”《九章算术 · 方程》：“四羊二犬六鸡三兔，直钱一

千一百七十五。”表序数，如《师毛父簋》：“隹六月既生霸戊戌，旦，王各（格）于大（太）室。”

②表示多。

“六”与“五”、“三”连用时，有“多”或“多而杂”义。如《易林·睽之随》有“五心六意，歧道多怪”，“五心六意”指“多而杂”。“五颜六色”也是“多而杂的颜色”。又如“三推六问”、“三当六面”、“三头六臂”、“三亲六戚”、“三姑六婆”等中的“六”都表示多。

③表易之数。

《说文》：“六，易之数，阴变于六，正于八。从人八，凡六之属皆从六。”段玉裁注：“此谓六为阴之变，八为阴之正也。……凡阴不变者为八也。”《易·坤》：“初六，履霜坚冰至。”孔颖达疏：“六，阴爻之名。阴数六老而八少，故谓阴爻为六也。”后因以为阴之称。

④统天下的规范之数。

中国有一说：“六”与“五”俱是统天下的规范之

数，但“六”数属阴柔，“五”数属阳附，所以治国用“六”，以示文治、教化；养军为伍（“五”、“伍”通用），杀戮威严用五，要五马分尸，推出午（“午”、“五”相通）门斩首。《汉书·律历志上》：“天之中数五，地之中数六，而二者为合。六为虚，五为声，周流于六虚。……《传》曰‘天六地五’，数之常也。天有六气，降生五味。夫五六者，天地之中合，而民所受以生也。故日有六甲，辰有五子，十一而天地之道毕，言终而复始。”

六合指东、西、南、北四方，再加上天和地。

唐朝李白曾写下著名的“秦王扫六合，虎视何雄哉”的诗句。《淮南子·地形训》：“地形之所载，六合之间，四极之内。”即世上所有地方，无不在六合之内。

与之对应的“六”是春、夏、秋、冬，加上日月，即人们以星象为坐标，将日出日落、月圆月缺的方位变化，与特定的季节轮回，认同为一体，构成年月日的时序，也是六。

⑤“六”与官制。

“六”与“禄”同音，所以数字“六”自然与官场制式相联系，成为自古以来每个王朝必遵的制式之数。从尧舜起至明清，中国历朝历代无不以六为宗设制，《管子·五行》中甚至专有“天道以九制”、“人道以六制”的说法。他们说六是天数，皇帝是天之子，所以他用的每种东西都必遵以六：天子之乘叫“六龙”（古代天子的车驾为六马，马八尺称龙，因以为天子车驾的代称），天子之食叫“六膳”，天子之军为“六军”，天子之佑有“六相”，天子之德有“六守”，包括天子住的宫殿也叫“六门”。据说当初舜在太庙接受尧的禅让时，祭祀膜拜的就是六宗、六神，而后制定的用人制度也叫“六制”。

六龙：天子之乘

六制，上古叫六卿，以天、地、春、夏、秋、冬为名。《史记·秦始皇本纪》载，秦时官制不但严格“以六为纪”，连戴的冠冕也是六寸长六寸宽。这种六的制式汉代沿袭为“六官”，唐以后改为“六省”，下设六部。明以后连乡绅财主戴的瓜皮帽，也叫“六合统一帽”，用六片罗帛拼合而成。这种帽子自朱元璋时兴起，一直沿袭到清朝、民国，足足为世人戴了五六百年之久。

汉以后完成的《周礼》还把典订为六典，乐订为六乐，书订为六书，教育内容订为六艺。后来有人试图突破六围，进行修改压缩，但因六的制式魔力太强大了，始终无法改变。“六”几乎成了中国传统制式的不二法门。

⑥四六话。

“四六”是骈文的别称。柳宗元合成“骈四俪六”，李商隐在《樊南甲集序》中提炼为“四六”，“四六”概念在晚唐出现后迅速流行。

“四”与“六”只是数字。中国古代单纯用数字来指称文体很少。

事实上，齐梁时期的骈文，四字句和六字句确实成为骈文的句式主体，刘勰标示出四字句和六字句是骈文的句式主体。

“四六”到了宋代更是成为最流行的词语。作家四六结集更多。宋代作四六结集的，据《宋史》卷二八〇记载，有“郑昌士《四六集》一卷”、“象台《四六集》七卷”，这是宋代四六作家的结集状况。

宋代四六的流行，是官场需要，崇尚浮华的形式也决定了文坛盛行四六的风气。

唐代科举取士及官场的形式主义作风，造就了文人行文和公文崇尚形式、浮华的四六文风，助长了四六的流行和四六作品的结集。宋代官场陈习未改。

由于四六创作的兴盛，宋代诞生了专门的四六批评，即“四六话”，这是骈文批评的最早形态。《四库全书》收录了宋代两部四六话，也是最早的两部四六话，即王铚《四六话》和谢伋《四六谈麈》。

宋以后直至明代，四六成为官场必备的文字技能，这样，

“四六”指代应用性骈文成为所有人的共识。

由于四六基本上是官场公务文书，所以王铚《四六话》和谢伋《四六谈麈》基本上谈的是字词句法对偶等琐碎问题，而对文章内容主题避而不论。明代还产生了两部四六总集，即王志坚的《四六法海》和托名杨万里编的《四六膏馥》。这些总集的出现，其内容应该也是以宋四六为主。

⑦身怀六甲。

十天干与十二地支中，阳干配阳支、阴干配阴支，形成六十种组合，六甲即指这六十组合中的“甲子”、“甲戌”、“甲申”、“甲午”、“甲辰”、“甲寅”。

《汉书》说：“日有六甲，辰有五子。”这样就合于五六为变的趋势了。变化带来的是化生，古代传说天帝造物，也当依循此理，所以六甲所代表的是一种演化趋势。

六丁、六甲，本来是道教传说中的护法神将。六丁为阴神，六甲为阳神。六甲既为阳神，由择日看六甲日胎神占门，而称六甲为胎神，现客家仍有此称法。《指南汇笺·孕产第二》：“胎者。五行之胎神是也。如胎神生气子爻等神发用，及见年命上，主有孕。”母体受胎达到百日，胎儿即有思想，有思想即有灵，胎神随日游走，与胎儿的成长安危息息相关。

《隋书·经籍志三·六甲贯胎书》说：“六甲乃上帝造物之日，是日杀生，上帝所恶。”传说中认为这六个甲日，是上帝创造万物的日子，也是妇女最易受孕的日子，故称女子怀孕为“身怀六甲”。

7. 七

（1）“七”的字形。

甲骨文作“十”（前二·二〇·四）、“十”（前五·二八·四）、“十”（后一五·九）、“十”（林二·二六·二）；金文作“十”（井鼎）、“十”（伊簋）、“十”（乙簋）；战国简帛货币文字作“十”（A 云梦·答问）、“十”（B 随县 210）、“十”（B 信阳 2·12）、“十”（B 包山 110）、“十”（B 包山 118）、“七”（燕明刀、货系 1130）、“七”（平肩空首布、货系 82）、“七”（燕明刀、货系 3288）、“七”（方足小布、先秦编 247）、“十”（圆足币、货系 2436）。

甲骨文中的“七”，有的竖画较横画长，且竖画不是中分，看来似三七分的比例；有的横竖画差不多长，与“甲”（“十”）形同，大体而言，“甲”字横画与竖画等长，而“七”则横画较长，竖画较短，实际上唯依辞例加以区别。金文中绝大多数为横竖一样长，中分，少数是横画长或竖画长。战国文字中出现的横画特长，竖画特别短，或者横画有弯曲状，或者竖画有弯曲状，这些字形与“甲”形分化。货币文字中的“七”字形丰富，既有甲骨文、金文、战国文字中的各种形体，也有与篆文相似的

“七”，还有与现在的“七”形体相似的“乂”。

因为秦时“十”同表示“十”，所以秦《会稽刻石》始变“十”“为从中衺出”作“七”，衺七之“丨”以别之。

“七”古作通“十”者，切物为“二”，自中切断之象也，是指事字。也有学者认为“七”字的起源是出于手势，它可能是象两手各伸一指纵横相交之形。但从整体来看，“七”为切断义更合理。

《说文》刀部：“切，刌也，从刀，七声。”今之作切者，古或可省刀旁为“七”矣。“十”本象当中切断形，自借为七数专名后，不得不加刀于七，以为切断专字，是形声字。

星象图是由七颗星组成的“七公星”。在规定观察方向上的形状是“𠂉”，为避免与甲骨文“乂”近形相混，故作“十”。

（2）“七”的词义。

①表确数。

数词“七”指六加一的和。《六书故·疑》：“七，数。六而加一为七。”《诗经·召南·摽有梅》：“摽有梅，其实七兮。”表序数第七，《诗经·豳风·七月》：“七月流火，九月授衣。”《红楼梦》第十二回：“三日起经，七日发引。”

②阳之数。

《说文解字·七部》："七，阳之正也，从一，微阴从中衺出也。"这是七被赋予的文化意义。汉人视七为抱阳而负阴的数字，这与从先秦以来流行的阴阳五行说有关，且对后世影响颇大。

③表示"多"。

既然七为正阳，主南方，为壮盛之始，那么作为数字，就具有极数、大数的特征，似乎和"九"相同。然"九"常与君王沾边，故缺少普泛意义。所以"七"就升居为臣下的、大众的极数，可以与表众多的三相当，然较三更具有特殊意义，这从先秦典籍中可以看得出来。闻一多《七十二》云："在十为足数的系统中，五是半数，五减二得三，是少数；五加二得七，是多数。古书中说到'三'或'七'，往往是在这种意义下，作为代表少数或多数的象征数字。"

《诗经·邶风·凯风》："爰有寒泉，在浚之下。有子七人，母氏劳苦。"此"七"极言子数之多，烘托母亲的劳苦。《诗经·小雅·大东》："跂彼织女，终日七襄。虽则七襄，不成报章。"言织女星一日移位七次，故织出的布不多。这里的七亦为极数，带夸张意味。《左传·成公七年》："子重、子反于是乎一岁七奔命。"谓其一年内疲于王命。"七奔"便成为成语，"七"亦非实数。

(3) 神秘的数。

虽然从"一"到"十"的十个基数都充满神秘性，但"七"恐怕是最神秘的。在中国数字文化中，"七"比其他数字具有更大的神秘性，因为中国人认为它与时间、灾变、祸福及人命等大事有关。中国有"正月初七日为人日"、"山中方七日，世上已千年"、"七日者，祸之阶者也"之说。《易经》中"反复其道，七日来复，利有攸往"说的是阳气循环往复以七天为一个周期；数字"七"在《黄帝内经》中还被用来指一个女子生命周期中各个阶段，从七岁到四十九岁，每七年为一个生命阶段，共要经历七个生理现象变化的阶段。"七"的影响广及天文、地理、人事、社会等各个方面：天上每个方位有七宿，人有七情，音乐有七音阶，光谱有七色，民间传说中有七仙女下凡的故事。

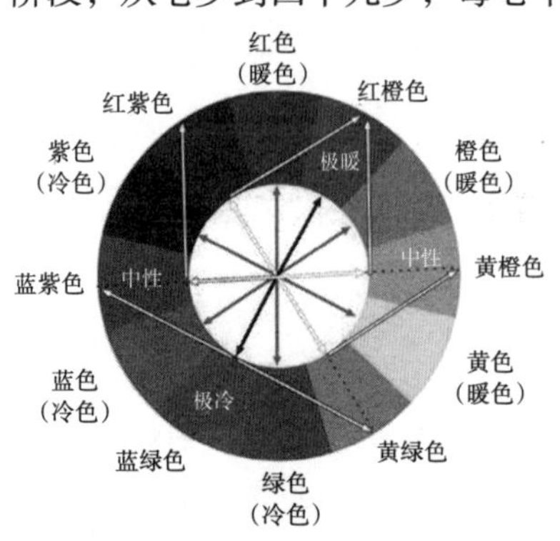

七色光谱图

在心理学中，"七"是一

个被学者称为“不可思议”的数字，多数人的短时记忆容量最多只有七个，超过了“七”，就会发生遗忘，因此多数人都把记忆内容归在七个单位之内。

七日创世的神话，《庄子 · 应帝王》：“日凿一窍，七日而混沌死。”这是著名的寓言故事：倏与忽二帝为混沌凿七窍，世界在第七天创造。中国古代有女娲“七十化”而生成世界的神话。“七十”、“七百”不过是“七”的夸张变体形式。这样，我们就可以下结论说：宇宙之道的运动是以“七”为时间循环界点的，“七”是用来象征无限时间的常用数字。

我们现在所采用的七天一周（星期或礼拜）的制度是从西方引进的，它也来源于西方古代的创世神话。

叶舒宪在《中国神话哲学》中说：“以‘七’为数字模式的创世神话的原始文化心理根源是由原始先民借助神话思维所获得的全方位空间意识的具体数字化；即一、二、三、四、五、六、七分别代表东、西、南、北、上、下、中七个方位。而中间方位的七是由于已经达到极限无法再增加而成为一个循环极限数字，同时在象征中间方位之外产生了魔法、禁忌意义。”

8. 八

(1)“八”的字形。

甲骨文作“)(”（甲二九七）、“)(”（乙一三〇）、

"八"（铁一四五·四）；金文作"八"（夨方彝）、"八"（吊鼎）、"八"（鄦侯簋）；战国简帛陶文作"八"（A 秦陶 119）、"八"（B 包山 36）、"八"（C 陶汇 6·230）。

在甲骨文、金文、战国等文字中"八"与楷书"八"的字形基本相似。《说文》："八，别也，象分别相背之形。"就字形来看，许说与初文之义不相违背。但也有学者认为《说文》的解释是可疑的，甲骨文"北"字象两人相背之形，"八"则不象。其实"八"与"北"意义是有区别的，"北"为相背之形，表示两个人方向相反；"八"象背离之形，表示分别、分开。

"八"究竟是象形字还是会意字，王筠《说文释例》云："八下云象分别相背之形。案指事字。而云象形者。避不成词也，事必有意，意中有形。此象人意中之形，非象人目中之形也。凡非物而说解云象形者皆然。"这种解释是合理的，"八"应是指事字。

星象图对应的是"华盖八星"构图为"八"，其象形性尤为明显。

"八"用以表数，一般都认为是假借。但也有学者认为"八"用以表数，是本义的引申。高名凯根据《说文》从"八"的字，推断出"八"的意思是"分半"。"分半"为什么是"八"呢？

他认为古代的数目系统里曾经有过十六进制的系统。古书中有“寻常”两字，各家注释都认为寻是八尺，常是十六尺。“半常为寻”，也就是“八”，“八”是“分半”，这正是十六的半数。我国的重量度量衡以斤为单位，旧制一斤也正是十六两。根据高名凯的推断，我们可以看出，在十六进制的系统中，“分半”之“八”正好引申为表示十六的半数之“八”，这是顺理成章的。

（2）“八”的意义。

①表确数。

七加一的和，如《玉篇 · 八部》：“八，数也。”《战国策 · 齐策》：“邹忌修八尺有余。”表序数，如《诗经 · 豳风 · 七月》：“八月在宇，九月在户。”

②表极数。

《论语 · 八佾》：“八佾舞于庭，是可忍也，孰不可忍也。”佾，指古代乐舞的行列。在中国古代的皇权政治中，“八”是个极数，为皇帝所垄断，只有皇帝的个人行为与行政活动，才能以“八”为数，如祭祀用“八簋”（礼器）；驾车用铃为“八鸾”；驾驭群臣的权术为“八柄”；统率万民用“八轮”；行政事务称为“八则”、“八政”；天子之印有八种，称为“八宝”等。

③表虚数。

“八”表虚数，如：《诗经·小雅·伐木》：“於粲洒扫，陈馈八簋。”这里的“八”是表示多的意思。朱熹《诗集传》就指出：“八簋，器之盛也。”《尚书·周书·旅獒》：“惟克商，遂通道于九夷八蛮。”旧题孔安国传：“四夷慕化贡其方贿，九、八言非一，皆通道路，无远不服。”孔颖达疏：“遍检经传，四夷之数参差不同。”由此可见，这里的“九”、“八”都是“言非一”的虚数，表示服者众多的意思。

古人还有一种习惯，常常以“八”计人，而实际人数往往不是“八”人，“八”也表虚数。“八仙”是中国人民甚为熟悉的神仙。神仙本是虚构的，可多可少，为何以“八”计？浦江清《八仙考》指出：“牟融论中所言‘八仙之篆’，八仙似泛指列仙……而八为多义。”可见“八仙”的“八”表虚数。

《唐摭言》：“八百孤寒齐下泪，一时南望李崖州。”《汉语成语词典》解释：“八百，形容众多；孤寒，指清贫的读书人……八百孤寒，表示众多寒士。”“八百孤寒”今天已是成语。

“八”为何会表虚数呢？从十六进制的系统看，“八”是中间的一个数，而中间的数常常可以表示虚数。吕叔湘《语文杂记》：“从三到七，是比较居中的几个单位数，所以常常在这里边连缀两个数字来表示一个不太大也不太小的概数，如‘二三’、‘三四’、‘四五’，而跨过一数说‘三五’或‘五七’正是增加这个数目的泛概性，是很有用的一种说法。”可以看出，中间的数两个数字连缀能表示虚数，而且中间的数单独能表示虚数。因此，在十六进制的系统中，中间的“八”也可以表示虚数。从十进制的数目系统看，“八”能作虚数，表示为数之多，更是明显的。俗话说，“八九不离十”，“八”同“九”差不多，离足数“十”很近，可见其多。当人们对某事物有了比较大的把握时，常常说“八成数”，也是这个道理。

古人为什么既用“三”、“九”等数字来表示虚数，又用“八”来表示虚数呢？从修辞的角度看，原来是各有千秋。“三”、“九”是奇数，“八”是偶数，它们的修辞效果，一是有参差错落之美，一是有整齐均衡之丽。

古人以“八”表虚数这一语言现象，在今天还在运用的成语中可以体现，如“四通八达”、“五花八门”、“七手八脚”、“一方有难，八方支援”、“八面玲珑”、“八面来风”等。方言中的“八世不得翻身”、“倒了八辈子霉”等说法中的“八”也表虚数。

9. 九

（1）“九”的字形。

甲骨文作“”（前三·二二·七）、“”（前四·四〇·三）、“”（前二·六·六）、“”（前二·二三·二）；金文作“”（戍[illegible]鼎）、“”（盂鼎）、“”（扬簋）、“”（[illegible]镈）、“”（东周左师壶）、“”（[illegible]壶）、“”（召卣二）、“”（[illegible]伯簋）、“”（曾伯[illegible]匿）、“”（者[illegible]钟）；战国简帛陶文作“”（秦陶130）、“”（B随县121）、“”（B包山36）、“”（C东周左官壶）、“”（C货系2477）、“”（C陶汇6·231）、“”（C玺汇1551）、“”（D陶汇3·656）、“”（玺汇5407）。

“九”的字形多数与“”近似，尾部弯曲变形灵活，多为横卧，竖立的不多。战国陶文和竹简上的字形与“九”形相近似的字较甲骨文和金文多。

有的学者认为，“”前半与“”（又）同，延长中画象臂形而屈曲之以示肘之所在。数字“九”假借“肘”字，作为数名，因此另造形声之“肘”字。“肘”字古作“肒”，“九”与“又”近，与寸通。有的学者认为“九”象“虺”形。仰韶文化陶文有蜥蜴图形，其身形婉转走势与“九”字神似，而古音与“虺”同，则“九”字本义为虺。从考古的材料看，“九”象虺有更充分的理据，如龙山文化彩陶上的龙绘画和二里头夏文化的龙绘画都是弯曲的形状，并且上部都有和九字上部一样的旁出构形。

仰韶文化陶文蜥蜴图

星象图对应“天纪九星”构图，从向地面投影的《洛书九星图》上按规定方向看，呈 形状，但若在地面朝北站立仰面观天，则可得到 的形状。

（2）“九”的意义。

①表确数。

八加一的和。《六书故》：“九，数。八而加一为九。”《淮南子·天文训》：“三三如九。”又表序数第九，《左传·僖公五年》：“其九月、十月之交乎？”《周礼·地官》：“八日以誓教恤，则民不怠；九日以度教节，则民知足。”

②表虚数，泛指多数。

作为虚数，只用来表多数而不用来表少数。如郦道元《水经注·河水一》："昆仑，九流分逝。"高启《京师同宿左掖朱尝约至江上见访》："还乡何事翻离阻，春树暮云隔九峰。"例中"九流"、"九峰"的"九"都是虚数，泛指多数。

③表全数。

九也可表全数，如"十拿九稳"，就是十拿十稳，也就是全稳的意思，不能理解成有九成是稳的，一成不稳。

④表极数。

《广雅·释诂四》："九，究也。"刘师培《古书疑义举例补》："盖'九'训为'究'，又为极数，凡数之指其极者，皆得称之为九。"《楚辞·离骚》："虽九死其犹未悔。"刘良注："九，数之极也。"

"九"是数中最大数，唯独九有资格代表数之极。"九"体现多、大、广、高的词义更是不胜枚举："九霄"，指天空之极高处；"九渊"，指水中之极深处；另有"九天"、"九州"、"九域"、"九重"、"九品"、"九庙"、"九派"、"九归"、"九夷"、

“九皋”、“九九归一”等。

⑤阳爻为九。

《说文》：“九，阳之变也。”《周易·乾》：“初九，潜龙勿用。”孔颖达疏：“以其阳爻，故称九。”东汉的王逸《九辩章句》：“九者，阳之数，道之纲纪也。故天有九星，以正机衡；地有九州，以成万邦；人有九窍，以通精明。”王逸认为天有九星，地有九州，人有九窍，说明“九”是经纬天地人伦之道的一条纲纪，人应该是“与天地合度”的。这一哲学思想与中国古代“与天地合德”、“天人合一”的观念是一脉相承的。

⑥时令名。

从冬至起每九天为一“九”，共九个“九”。如：今日进九；数九寒天；九尽寒尽。《五灯会元》也有“一九与二九，相逢不出手”的民谚。《镜花缘》第六十四回：“一日，正值腊月三九时分，天气甚寒。”可作“九九”的简称。又作为

九九消寒图

九月初九重阳节这一天的简称。纳兰性德《卜算子·五日》："青鬓长青自古谁，弹指黄花九。"古代又称每月的二十九日为上九，初九日为中九，十九日为下九。下九日时妇女常群集嬉戏，称为阳会。《孔雀东南飞》："初七及下九，嬉戏莫相忘。"

九九歌

一九二九不出手，
三九四九冰上走，
五九六九，河边看柳，
七九河开，八九雁来，
九九加一九，
耕牛遍地走。

⑦模式数。

模式数字又称神秘数字或魔法数字，是一种世界性的文化现象，它在哲学、宗教、神话、巫术、礼仪、诗歌、乐舞和习俗诸方面作为结构语素反复出现，具有神秘或神圣性。

"九"是神圣之数，在中华民族传统文化中，凡与帝王有关的事物多用九计。帝王和帝位被称为"九五之尊"。帝王铸"九鼎"，代代相传；立"九庙"，以祀祖先。帝王所用的器物、所穿的衣服、所戴的饰物，也多和"九"有关，比如，帝王的座椅叫

“九龙椅”，帝王征战、阅兵的旌旗叫“九旒”，帝王上朝头戴“九龙冠”，外出乘坐“九龙舆”，回到寝宫住在“九龙帐”中，饮宴用“九龙壶”、“九龙杯”。

九龙冠

清乾隆影青瓷九龙杯

“九”作为玄数，被赋予了与“天”、“道”相符的神秘性质，古人驰骋想象，通过变易，使之显示出事物的千品万类，使之无处不在，运用到自然和社会的各个方面。这样，玄数衍变为囊括宇宙万物的“数字模式”，即“套数”，把“九”和帝王、礼法、术数、礼仪、伦理、职官、机构刑律等联系起来，使得这一普通的数字变得神秘而神圣。

（二）大写的系数词及相关汉字

数目大写字是汉字使用过程中出现的一种重要文字现象，在今天的经济生活中，其作用不可或缺。从秦汉时期的历史文物资料看，秦汉时期还未产生系统的金额大写数字。

出土的唐朝文物及唐朝经济活动事项记录等历史资料表明，唐朝已采用了系统的金额大写数字。新中国成立前后，在敦煌和吐鲁番出土了大量唐朝文书，其中有不少是反映当时经济活动的会计记录。在这些会计事项记录中，从壹到拾的大写数字一应俱全。如《吐鲁番出土文书》第十册，关于唐朝天宝十三年（754）交河郡经济活动的记录：

郡坊贴马陆匹，迎官，八月廿十四日食麦肆斗伍升……

帖岑判官马柒匹，共食青麦叁斗伍升……

敦煌出土的唐代天宝四年（745 年）河西豆卢军的会计事项记录：

绵等总壹万肆仟陆佰柒拾捌屯匹……壹仟玖佰贰拾屯壹拾铢大绵……

顾炎武《金石文字记》:“凡数字作壹贰叁肆捌玖等字，皆武后所改。”“武后”指唐朝武则天。日本汉学家池田温《中国古代籍账研究》:“数字的大写，壹贰叁拾等繁体字（大写），是为了防止窜改而用于重要处的数字。武后以前的西州籍，只是各人的年龄及应受田的合计额使用大写，其他用小写，但开元四年（716 年）以后，所有的数字却全用大写。”据此可知，唐朝武则天是我国推行金额大写的重要人物。唐朝以后，金额大写被沿用下来。

汉字金额大写始于明朝初年的说法由来已久。明朝陆容《菽园杂记》:“壹贰叁肆伍陆柒捌玖拾仟佰等字，相传始于国初刑部尚书开济……盖钱谷之数用本字，则奸人得以盗改，故易此以关防之耳。”这一说法不可靠。

1. 壹

> 《说文》:“壹，专壹也。从壶，吉声。”秦《诅楚文·咸巫》作“”,《秦骃玉牍乙·背》作“”。

“壹”在先秦著作中用作“专”或“专一”解较常见，如《左传·庄公三十二年》:“神聪明正直而壹者也。”孔颖达疏之为“壹者，言其一心不贰意也”。又可表示“一致”义，如《商君书》:“圣人之为国也，壹赏，壹刑，壹教。”

《广雅·释诂》："壹，弌也。"《仪礼·士冠礼》："宾盥，卒，壹揖，壹让，升。"郑玄注："古文壹皆作一。"《睡虎地秦简》日甲59背叁："不出壹岁，家必有恙。"日甲111背："行至邦门困，禹步三，勉壹步。"由壹为语素构成的词有壹切、壹是、壹统、壹饭、壹郁、壹民、壹刑，其中除"壹郁"为连绵词外，其他的"壹"通"一"。

"壹"常作数词用，与数词"一"义同。

2. 贰

"贰"在金文中作"[illegible]"（五年召伯虎簋），"[illegible]"、"[illegible]"（琱生尊），"[illegible]"（中山王厝方壶）等形。会意兼形声字。金文从鼎从弍，会二鼎相匹配的意思。"弍"兼表声。由于古文字中"鼎"与"貝"形近，因而隶变后楷书写作"貳"。

贰（貳），《说文》："副、益也。从贝，弍声。弍，古文二。"段注："副益，一句数读，当云'副也，益也'。"

先秦"贰"本不是数词，可作副、益解，表示"不一"、"二心"、"两属"之意，和"壹"恰恰相辅相成。如贰令，是副本的意思；贰车就是副车；贰室是天子的副宫。贰相对于为主要者而言居于次要者的地位。后引申为两属，如《左传 · 隐公元年》："既而大叔命西鄙北鄙贰于己。"注曰："鄙郑边邑贰两属地。"既而引申为不专一、疑心、二心。如《尚书 · 大禹谟》"任贤勿贰"，即是讲任用贤德的人就不要疑心他，并不是说贤者两属，有了贰心，这种意义的"贰"可以和"二"相互替换（如"二心"等同于"贰心"）。但"贰臣"万万不可写作"二臣"，因为"贰臣"指在前一朝代做了官，投降后一朝代又做官的人。

"贰"有"增益"义，如《周礼 · 天官 · 酒正》："大祭三贰，中祭再贰，小祭壹贰。"句中的"贰"为增益义。进而引申为再、又、重复。例如，《论语 · 雍也》："不迁怒，不贰过。"

有学者认为"贰"作数词最早见于出土于吐鲁番的东晋文书；其实，在西周金文中"贰"就已用作数词。如《五年召伯虎簋》："公庈（宕）其参（叁），女则庈（汝则宕）其贰，公庈（宕）其贰，女则庈（汝则宕）其一。"句中的"宕其参、宕其贰、宕其一"的意义为超额叁份、超额二份、超额一份，这里的"一"、"贰"、"叁"都是表数之词。金文中也有表示不专心义的，如《中山王厝方壶》："不贰其心。"

有人认为"贰"是个错字，因为古今字书中根本查不到这个字形，据文献看，"贰"的俗体较多，有"貮"、"貳"、"貮"、"貳"、"貮"、"貮"、"戝"、"戝"、"貳"、"贰"、"戝"。敦煌吐鲁番文书，就有较多"贰"的俗体。在敦煌写本斯514号背面的

《沙州敦煌县悬泉乡宜禾里大历四年手实》中，“贰”字出现50余次，大多写作“貮”或“貳”，也作“貮”，如“妹桃花年貮拾叁岁”；“合应受田貮顷陆拾貮亩”。这大概就是“貮”字的早期用例，也是人民币“貮”字的源头所在。由于俗书“二”常写成“工”、“ユ”或“丅”、“ㄱ”，所以“貮”又常常写成“貮”或“貮”。伯2567号背面《莲台寺出纳账》为癸酉年（793）写卷，“贰”作“貮”；伯2838号《中和四年算会呈报都僧统之账目》“贰”字出现多至30次，字形为“貳”（俗书“弋”、“戈”相乱）；又由于汉字俗体“二”、“一”相乱，所以“贰”也常常写作“貳”（貳）或“貳”（貳）。

新中国发行的前三套人民币中（包括纸币和硬币），“贰”均采用将“二”移到“弋”左上方。从第四套人民币开始，“贰”中“二”回归原位，同时“贝”也作了简化处理。“贰”作为“二”的大写，是借用关系。

20世纪90年代初期，人民币选用了一个当代字书皆无的“貮”字，应该是受到抗日战争和解放战争时期我国解放区纸币文字的直接影响。例如，冀南银行1939年发行的20元，同时就有“貮拾圆”和“貳拾圆”两种。北海银行1940年也同时发行了“貮角”和“貳角”。当时因为汉字尚未整理与规范，所以“贰”字字形颇为混乱。更有甚者，“貳”、“ 貳”、“貮”、“貮”兼而有之，如华中银行发行的“貳佰圓”（1946）、“貮百圓”（1946）、“貳仟圓”（1948）、“貳仟圓”（1947）、“貮仟圓”

(1947) 等。至 1948 年 12 月 1 日，中国人民银行在石家庄宣布成立，同时发行了第一套人民币。这套人民币，由于在时间上跨越了两个不同的历史时期，因而在货币文字上也有着明显的继承痕迹，如同时发行“貳拾圓”和“贰拾圓”、“貳佰圓”和“贰佰圓”等币种。及至 1955 年发行新币，则袭用“貳”字作“貳角”、“貳圓”。

1945 年华中银行贰圆纸币

1990 年第四版贰圆纸币

中国人民银行四川省分行期票存根
0667746
户　名：
面　额：人民币贰元正
到期日期：1962年　月　日
经办行：
经手人：　　　（盖章）
出票日期：1961年　月　日
备　注：

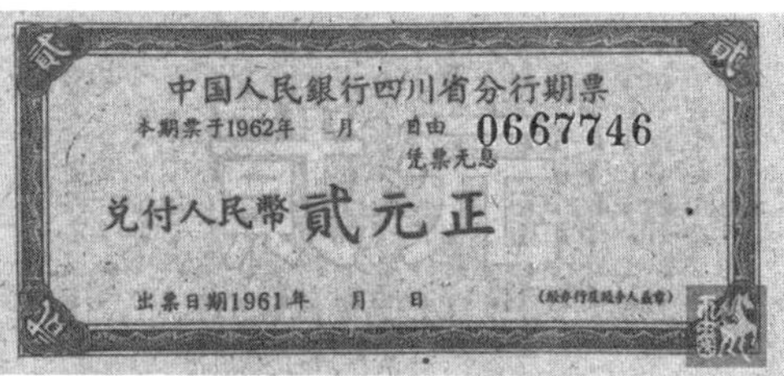

中国人民银行四川省分行期票
本期票于1962年　月　日由　0667746
凭票无息
兑付人民币贰元正
出票日期1961年　月　日

1961 年中国人民银行四川分行期票贰圆纸币

从文字学角度论，“貮”、“貳”、“貳”都是“贰”的俗字，其源头至迟可以追溯到8世纪左右的唐代。特别是“貳”字，的确是一个流行极广，人尽皆知的俗字，大型字书理应收录。

“弍”也用作数字“二”的大写数字形式，可看作“贰”的简写形式。如吐鲁番阿斯塔那364号墓所出《高昌延昌二十八年某人从□□崇边夏镇家菜园券》中有“罚银钱弍文”。

3. 叁

《说文》中有“参”字而无“叁”字，“叁”是根据“参”的字形改变而成。

“参”字形本作“曑”，星名。

殷商金文作“”（荀参父乙盉），西周金文作“”（五年召伯虎簋）、“”（盠方彝）等。

> 《说文》：“曑商，星也。从晶，㐱声。所今切（shēn）。”段玉裁注：“（曑）今隶变为参。”《诗经・小星》：“嘒彼小星，维参与昴。”

“参”同“三”。《广雅・释言》：“参，三也。”《诗经・唐风・绸缪》“三星在天”，毛传：“三星，参也。”“参”是三星，《天官书》、《天文志》皆云“参”为白虎三星。三星即参宿，二十八宿之一，西方白虎七宿的末一宿，即猎户座的七颗亮星。

“参”可省作“晶”，表“三”义。郭店楚竹书《周易》中的“三”字均作“[illegible]”形，如：“六晶（三）：勿用取女。”（《周易·龙（蒙）》）与甲骨文“晶”等字形，象三星形。甲骨文、简文“晶”当“参”之本字。

“参”有“三”义，后来自然可作“三”的大写。《左传·隐公元年》：“先王之制，大都不过参国之一，中五之一，小九之一。”从汉魏六朝碑刻字形可以考察由“参”到“叁”的演进过程。北魏《赵阿欢造像记》作“参”，北齐《徐显秀墓志》作“叁”，北魏《元珍墓志》作“[illegible]”，东魏《崔鹂墓志》作“[illegible]”，北魏《郑君妻墓志》作“[illegible]”，东魏《李祈年墓志》作“叁”。其演变如下：

参→[illegible]→[illegible]→[illegible]→叁

很明显，“参”的构件分两步变化，一是构件“厽”的演变，一是构件“彡”变成“三”。“彡”变成“三”，笔画改变置向即可，北齐《徐显秀墓志》作“叁”即是。关键在于构件“厽”的演变：首先是两个“厶”字分别变成两点，“[illegible]”变成“灬”；“灬”再减省为两点，两点相连成横，“[illegible]”变成“[illegible]”，“叁”字形成。现在“叁”是数词“三”的专门大写符号。

4. 肆

“肆”，《说文》：“极、陈也，从长、隶声。”即穷极、陈列的意思。古文“肄”、“肆”实为一字，只是字形的变化，后人分为二。如毛公鼎“□”[肄、肄（□）]皇天亡斁（斁）”，假肄为“肆”字。甲骨文中的“肄”作“□”、“□”（□）：甲骨文象手操刀割肉，亦是肉祭，即祭祀时杀牲解体陈尸以祭为基本义。

“肆”字在甲骨文和金文中的意思是整治、陈列屠宰后的牲畜。《广雅·释诂二》：“肆，陈也。”《古今韵会举要·寘韵》：“肆，既刑，陈尸曰肆。”《周礼·秋官·掌戮》：“凡杀人者，踣诸市，肆之三日，刑盗于市。”郑玄注：“踣，僵尸也。肆，犹申也，陈也。”《诗经·大雅·行苇》：“肆筵设席。”引申为行列义。《左传·襄公十一年》“歌钟二肆”，杜注：“肆，列也。”即陈设歌钟为两列。又引申为作坊、铺子之义，如《庄子·外物》：“曾不如早索我于枯鱼之肆。”现代则把不顾一切、任意妄为的行为叫“放肆”。

“肆”假借为“四”的大写，应该是其发音与“四”相同。如《高昌延昌二十七年六月兵部条列买马用钱头数奏行文书》：“都合买马壹匹，用银钱肆拾伍文。”《清泰三年观司法律愿清等净土寺算会出唱账牒》：“……又壹件衣物唱得布肆阡捌佰壹拾尺。……计又得布捌佰肆尺。”其中的“肆”都是数词“四”的大写。

5. 伍

> 《说文》：“伍，相参伍也。从人、五。”段注：“参，三也。伍，五也。”《古钵》作“伍”，《云梦杂抄》33 作“伍”，《玺汇》0135 作“伍”。

“伍”是古代最小的军事编制单位，五人为伍。《左传 · 桓公五年》：“为鱼丽之阵，先编后伍，伍承弥缝。”《韩非子 · 显学》：“猛将必发于卒伍。”现可泛指军队，如“行伍出身”。古代户籍管理以五户为一个单位，也叫作“伍”。《逸周书 · 大聚》：“五户为伍，以首为长。”

由此可见，“伍”一开始就与“五”同源，是一个表示集体概念的数字。“伍人”这个词是指古代军队或户籍编在同伍的人。“伍老”、“伍伯”、“伍长”，就是头目，军队中一伍之长，户籍上一伍之长或叫“伍老”，或称“伍伯”，通称“伍长”。

“伍”是数词“五”的大写，《国语 · 齐语》：“叁其国而伍其鄙。”韦昭注：“伍，五也。谓三分国都以为三军，五分其鄙以为五属。”

《洪武正韵·姥韵》：“仵，通作伍。”吐鲁番喀喇和卓99号墓所出《高昌延昌二十二年康长寿从道人孟忠边岁出券》中有“岁出价，要得麦伍拾斛，麦贰拾仵，贰拾伍，平斗中取，使净好”。文书中既有“伍”，又有“仵”，它们都是“五”的大写数字，同时出现在一件契约中，说明“伍”在高昌延昌时期还未固定为“五”的大写。这种情况还持续了一段时间，阿斯塔那320号墓所出《高昌延和十年田相保等八人举大小麦券》有“范养祐取大麦仵斛”。高昌延和十年之后，“伍”固定代替“五”，大量出现在契券账单之中。

6. 陆

《说文》：“陆，高平也。从𨸏，从坴，坴亦声。[illegible]，籀文陸。”甲骨文作“[illegible]”（五期 续三三〇·七），金文作“[illegible]”（陸册父乙卣）、“[illegible]”（陸父乙角）、“[illegible]”（义伯簋）、“[illegible]”（邾公釛钟）。《左传·定公元年》“田于大陆”，杜预注引作“广平曰陆”。

“陆”，有两种读音，读“lù”和“liù”，取其“liù”音，与小写数字“六”同音。喀喇和卓91号墓所出《祠吏翟某呈为食麦事》记有“□食麦八升，合陆斗四升”。据前文分析，此件文书的年代应是北凉时期。“陆”也作“刘”，如《高昌□归等买鍮石等物残账》：“□□买刘斤□□送酒伴。”“陆”、“刘”和“六”同音，为同音假借词。

7. 柒

《字汇·木部》：“柒，与桼（漆）同。”读“qī”，树木名。《山海经·西山经》：“又西百二十里，曰刚山。多柒木。”毕沅校：“柒当为桼。”《说文》：“桼，木汁。可以䰍物。象形，桼如水滴而下。”段玉裁注：“木汁名桼，因名其木曰桼。”《汉书·货殖列传》：“陈夏千亩桼；齐鲁千亩桑麻……此其人皆与千户侯等。”颜师古注：“种桼树而取其汁。”因为隶变，“桼”字构件“水”变形作“氺”，表意不显，故加形旁“氵”作“漆”。“桼”、“漆”为古今字。《诗经·鄘风·定之方中》：“树之榛栗，椅桐梓漆。”

“七”的大写数字出现较早，《墨子》中即用“漆”代“七”。如《墨子·贵义》子墨子曰：“昔者周公旦朝读书百篇，夕见漆十士。”

“柒”作为数字义，其用例可上溯到西汉，碑刻材料仅一例：

新莽《郁平大尹冯君孺人画像石墓题记》："郁平大尹冯君孺人始建国天凤五年十月十柒日癸巳葬。千岁不发。"简帛材料里有大量用例，但多用"桼"，如《敦煌汗简》："大煎都隧长尉良持器诣府，柒月戊子日下铺时入关。"《居延新简》："建武桼年九月辛卯朔乙巳。""隧长六十桼人，凡桼十桼人。""三月桼日旦食当典米三斗。"东魏《敬显儁碑》："助教聂柒虎，党司徒始隆。"段玉裁也说过："桼，汉人多假桼为七字。"后世多用"柒"，最后，"柒"被固定下来。

8. 捌

"捌"字见于两千年前西汉史游编撰的《急就篇》："捃获秉把插捌杷，桐梓枞松榆椿樗。"颜师古注："无齿曰捌，有齿曰杷，皆所以推引聚禾谷也。"本义是农具，指一种无齿的耙。

"八"与"捌"，两者的语音语义有相通之处。《说文·八部》："八，别也。"《说文》中"别"作"𠛬"，《说文》："𠛬，分解也。从冎，从刀。凭列切（bié）。"《广韵·薛韵》："别，解也。""捌"，《集韵》曰："布拔切，音八，破也，分也，又击也。"它的本义是用手分开的意思。《淮南子·说林》："故解捽者不在于捌格。""捌格"就是用手分开，这个意思后来用"扒"字。

从目前所见吐鲁番文书来看，"捌"作为表数之词，最早出现在高昌国时期的文书中。阿斯塔那 520 号墓所出《高昌付官、将、兵人粮食账》记有"肆斛捌兜"。

将、兵人粮食账》记有“肆斛捌兜”。

“八”的大写数词也作“拔”。《说文》:“拔,擢也。从手,犮声。”《高昌付官、将、兵人粮食账》:“郭林生贰斛拔斗。”这些都是使用同音字,即假借关系。在吐鲁番文书中,“拔”比“捌”出现的时代早,喀喇和卓91号墓所出《奴婢月廪麦账》中有“都合柒斛拔斗,请记识”。“柒斛拔斗”中的“拔”显然是代替“八”的多笔画字。“拔”的出现并非偶然,同墓所出《祠吏翟某呈为食麦事》中也有“都合十久斛拔斗四升,请纪识”。这显然是有意而为的。“捌”固定成为“八”的大写之前,曾一度使用“拔”来代替。可见,从“八”到“拔”、“捌”经过了繁化和固定化两个过程。

9. 玖

《说文·玉部》:“玖,石质次玉黑色者。从玉,久声。《诗》曰:‘贻我佩玖。’读若芑。或曰:若人句脊之句。”“玖”是一种似玉的黑色石。

《汉语大字典》“玖”下第二个义项云:“‘九’字的大写。唐武则天时所改。”随着大量地下文物的出土,可以看出这一说法是不可靠的。初唐碑刻,可见“玖”作为“九”的大写,《孟保同墓志》:“隋大业玖年卒,春秋柒拾有五。”从现有的材料来看，该墓志应为最早用“玖”者。初唐郎知本字样书《正名要录》收释“玖”字。

也有用“久”代替数字“九”的。从文书来看，“久”作数词的年代较“玖”早些，都在北凉时期。《祠吏翟某呈为食麦事》中“都合十久斛拔斗四升，请纪识”；《残床粟酒账》有“□□□久升，除出用九升三□□□□”。显然，此处“久”与“九”同时出现，也说明它们之间是大写与小写的关系。

在吐鲁番出土文书中，“九”的大写多用“究”。《说文》：“究，穷也。从穴，九声。居又切（jiù）。”《高昌和婆居罗等田租簿·八》：“福皃入，□斫究皛半。”《高昌延和八年七月至延和九年六月钱粮账》文书中，记有“钱究拾肆文半”。

相比而言，“究”比“久”更不易窜改，“究”出现次数多，持续时间长。至唐初，“玖”替代“究”成为“九”的专用大写数目字。

从文献资料来看，公元4世纪前后人们已开始在券契中使用大写数字，公元5世纪、6世纪，这种用法进一步得到普及。唐武后时大量使用大写数字。吐鲁番出土文书中的券契第一次较为系统地运用数目大写字，不仅使用“壹”、“叁”、“伍”等，而且还首次把“肆”、“陆”、“捌”、“究（九）”等作为数目大写字使用。

大写数字系统的形成是一个渐进的过程，如《奴婢月廪麦账》：“合给肆斛贰斗，奴婢文德芳容二人，二日禀麦五升，合给麦参斛。奴子虎生一人，日给廪麦二升。合□□□陆斗。都合柒斛拔斗。请纪识。”该《麦账》使用“贰”、“参”、“肆”、“陆”、“柒”、“拔（捌）”等数目大写字，又交错使用了“一”、“二”、“五”等数目小写字，数目字使用不够规范统一。

从整体来看，在高昌郡时期的文书中，虽然小写数字大量存在，但居民们已经开始有意识地使用大写数字来记账目、立契约。到高昌国时期，立约、记账时大写数字的使用进一步普及。唐以后，大写数字系统完全形成并被广泛使用。

虽然会计体大写数字的创制有着漫长的历史，但多数字体早在周秦时代就有了。如“壹”、“贰”、“叁”、“伍”、“萬”、“亿”是最早用作数目大写字的汉字，在先秦文献中都可以找到。“萬”、“亿”是对汉语数字系统的完善，不是专门设立的大写汉字，其大写形体即自身。“肆”、“陆”、“捌”、“玖”、“拾”则是假借而来，它们与相对应的小写数字音同义异。

总之，从出现时间看，“壹”、“贰”、“叁”、“伍”、“萬”、“億”率先用作数目大写字，见于先秦传世文献；后来，“柒”、“仟”、“拾”出现在汉碑和汉简中，“肆”、“陆”、“捌”、“究（玖）”等最早用于晋至唐代的吐鲁番出土文书，“佰”最早见于东魏碑刻，“玖”首见于初唐碑刻。从使用上看，先秦至汉代，大写数目字与小写字的使用较为随意，而又以小写字为主；从晋至唐代的吐鲁番出土文书看，则较为系统地运用数目大写字于经济生活，后来数目大写字系统逐渐成为数目的主导。

三、位数词及相关汉字

位数词包括“分”、“厘”、“毫”、“丝”、“十”、“百”、“千”、“万”、“亿”、“兆”等，人们一般把“万”以上的位数词称为大数，“十”以下的位数词称为小数，我们称“十”、“百”、“千”、“万”为中数位数词。

（一）小数位数词及相关汉字

“小数”，在我国古代是指微小的数，和现代十进小数的意义不尽相同。古人是用“奇零”、“余数”、“尾数”及“微数”等名称来称呼小数的。

小数的命名法，发达较迟。因为度量衡诸数，都各具有专名。对于抽象的计算，又有命名法以解决一切困难，因此并不感到小数是怎样的重要。在计算遇有各种除数，无法命名的时候，无论它是重量、面积、体积、货币、银钱等，都一律借用长度中的分厘等名词去作称呼。因此，“分”、“厘”等字样，就无形中成为小数的通用名词。至于泛言这些名词得以命名一切小数的，是《数书九章》和《算学启蒙》两书。

宋秦九韶《数书九章》载："小数之类：一以下，有分、厘、毫、丝、忽、微、尘、沙、渺、莽、轻、清、烟。"

元朱世杰《算学启蒙》载："小数之类：一，分、厘、毫、丝、忽、微、纤、沙，万万尘曰沙，万万埃曰尘，万万渺曰埃；万万漠曰渺，万万模糊曰漠，万万逡巡曰模糊，万万须臾曰逡巡，万万瞬息曰须臾，万万弹指曰瞬息，万万刹那曰弹指，万万六德曰刹那，万万虚曰六德，万万空曰虚，万万清曰空，万万净曰清，千万净，百万净，十万净，万净，千净，百净，十净，一净。"这里的"沙"、"尘"、"埃"、"渺"、"漠"、"模糊"、"逡巡"、"须臾"、"瞬息"、"弹指"、"刹那"、"六德"、"虚"、"空"、"清"、"净"十六个名词，系借自印度佛典中的名词。

到了宋元时代，在计算中，人们已普遍习惯于专门用"分"、"厘"、"毫"来称呼十进小数了。南宋著名的数学家秦九韶在他的著作《数书九章》中称小数为"收数"，并给予定义："收数，谓尾见分厘者。"后来也称小数为"省数"，例如《丁巨算法》在本文注里称："今从省数者，两下止言钱、分、厘、毫、丝、忽，如银钱法。扮田亩之不用里角。而从顷、分、厘、毫、丝、忽也。"就是说，"分"、"厘"、"毫"等已不仅是长度单位，而且也是各种量的小数部分的通称：“分”表示小数的十分位上的数，“厘”表示百分位上的数等。

如刘瑾的音乐著作《律吕成书》中将“106 368.631 2 忽”记作：

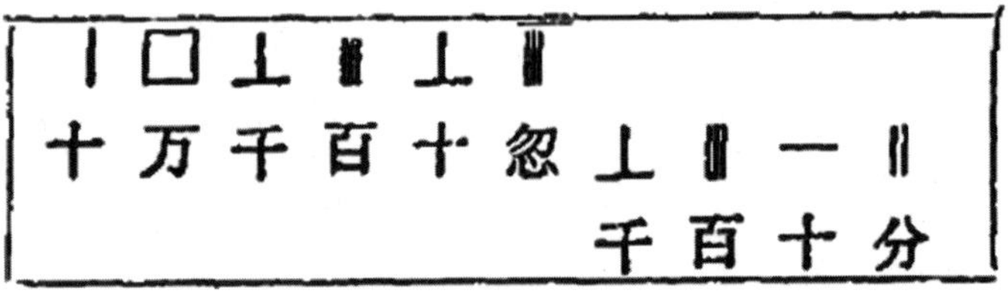

丨 〇 ⊥ ‖‖‖ ⊥ ‖‖‖
十 万 千 百 十 忽 ⊥ ‖‖‖ 一 ‖
千 百 十 分

“分”、“厘”、“毫”、“丝”等数词现在仍然在使用，而且与古代使用的含义完全一致。

1. 分（fēn）

“分”甲骨文作“”（铁三八·四）、“”（续六·二五·九）、“”（中大四二）；金文作“”（篙分父甲觯）、“”（已侯貉子簋）、“”（大梁鼎）；战国简帛货币文作“”（四一）、“”（三六）、“”（一八）、“”（布方、分布、典一五四）、“”（秦、一六七、二例）。

从“分”形体演进的过程可看出，除先秦货币文“”字形多加了一笔画和古币文“”的倒书之外，其他的字形没有什么变化，主要由“八”和“刀”两部分构成。

《说文》：“分，别也。从八从刀，刀以分别物也；八，象分别相背之形。”林义光曰：“八分双声，实本同字。” “八”和“分”《说文》皆解释为别，两者之间的关系目前有三种说法：“分”上之“八”即古“分”字，后加“刀”为“分”；“分”为“别”之初文；“八”字初形义表分别义是不可信的，八的本义应该存疑。其实甲骨文中既有“”，也有“”，很难分出谁先谁后，就两者形体结构的关系而言，可以看成“分”表示分开的动作，“八”表示分开的状态或结果。

把整体分割使得被分割的物体变小，不断地分割就不断地变小，用来表示小数的“分”，是“分”的引申义。

2. 厘

“厘”甲骨文作“”（甲一六三七）、“”（后一·二二·八）、“”（甲二六一三）；金文作“”（师𩰫鼎）、“”（克鼎）。

“厘”有两种读音：一音 chán ，同“廛”，《说文》“廛，一亩半，一家之居，从广里八土”；一音 lí，同“釐”，《篇海类编·地理部·厂部》“厘，俗作釐省”，是釐的简化字。

《说文》：“𠩺，坼也。从攴从厂，厂之性坼，果孰有味亦坼，故谓之𠩺，从未声。”甲骨文象一手持麦、攴击而取之之形，乃获麦之象形字。攴击所以脱粒，故引申训“坼”。

字形象以手持杖打麦，意在表示收获。收获为储粮之始，在古人的意识里，有食即有福，故《说文》释：“釐，家福也。”麦脱穗离壳为粒，厘声或由此来。假借为表数之词。

3. 毫

“毫”的金文大篆作“[illegible]”。从毛，高省声，是一个形声字，细长而尖的毛。毫末，引申指微小的数目或部分，丝毫义。

4. 丝

甲骨文作“[illegible]”（铁一七八·二）、“[illegible]”（福八）；金文作“[illegible]”（何尊）、“[illegible]”（工臣簋）、“[illegible]”（陈肪簋）、“[illegible]”（者沪钟）；春秋战国石刻简帛作“[illegible]”、“[illegible]”。

象二束丝的形状，卜辞金文都假借为“兹”，表“此”义。

《说文》："𢆶（𢆶），微也。从二幺。"是"緜"的引申义。"糸"为幺，如同"緜"为𢆶，𢆶即"丝"之异文。糸，指细丝，"细"可表微义。糸丝幺𢆶表一字。"𢆶"从二幺，表小之又小。用作小数，是引申义。

首先，"分"、"厘"、"毫"、"丝"作位数词，如《数书九章》卷十二"末后一月钱二万四千七百六贯二百七十九文三分四厘八毫四丝六忽七微（无尘）七沙（无渺）三莽一轻二清五烟"，就是"24 706 279. 348 467 070 312 5 文"。《丁巨算法》的一题的答中"三百一十五个六分"就是"315. 6 个"。秦九韶的《数书九章》卷六"三十二万四千五百六步二分五厘"(324 506. 25步)。

其次可以表确数：十忽为丝、十丝为毫、十毫为厘、十里为分。

再次可表示少的虚数，一般是两个小数连用。如《醒世姻缘传》第九十三回："摸那银包，踪迹无存，对了包内的数目，分厘不差。"《醒世恒言》第三十六卷："把自己本钱收起，各自营运，并不曾欠他分毫。"石玉坤《小五义》："赌场银钱，赢者耗散一空，全无实惠；输家毫厘不让，逼勒清还。"《读四书大全说》卷十："横渠早年尽抉佛、老之藏，识破后，更无丝毫粘染。"例中的"分厘"、"分毫"、"毫厘"和"丝毫"都形容极细微或极少量。

（二）中数位数词及相关汉字

中数位数词有大小写之分。小写的有“十”、“百”、“千”、“万”，大写的为“拾”、“佰”、“仟”、“万”。

1. 小写的中数位数词

十兼属系数词和位数词。

(1) 十。

①“十”的字形。

甲骨文作“丨”（甲八七〇）、“丨”（铁四二·一）；金文作“丨”（艅尊）、“丨”（[illegible]伯簋）、“丨”（令簋）、“丨”（师[illegible]簋）、“丨”（大鼎）、“十”（五年师旋簋）、“十”（申鼎）；战国简帛陶文等作“十”（A 陶汇 5 · 384）、“十”（B 鄂君启车节）、“十”（郭店 · 六德 45）、“十”（C 十一年皋落歌）、“十”（C 金头像饰）。

甲骨文中的“十”用竖画“丨”表示，有的就是一“丨”，有的加粗；金文中有“丨”，也有竖画加粗，有的把“丨”变成长条形的菱形，有的在“丨”中间加一个黑圆点或黑的菱形状，有的在竖画的中间加短横，字形比较丰富；战国文字中“丨”画中间有圆点，多数中间为加横画，横画有长有短，用“丨”直接表“十”的很少见。

总之，“十”的字形开始时为直画，有粗有细，或作长的菱形，后来在中间加点为饰，再后来点变为短横。

数至“十”复返为“一”，但已进位，恐其与“一”混，故直画之，即纵“一”为“丨”，“一”与“十”只是横书与直书的差别。“十”是指事字。

“二十”、“三十”、“四十”都是由“十”组合而成。

廿［（卄）niàn］，二十。甲骨文作“”（甲六六八）、“”（前二 · 一四 · 四）、“”（前七 · 二五 · 四）；金文作“”（宰椃角）、“”（盂鼎）、“”（商尊）、“”（驫羌钟）、“”（𦘫簋）、“”（曾姬无卹壶）；战国陶汇文作“”（A 陶汇 5 · 384）、“”（A 陶汇 5 · 387）、“”（E 陶汇 4 · 17）。

卅［（卉）sà］，三十。甲骨文作“”（甲四七八）、“”（甲九五四）、“”（甲九五八）、“”（乙三〇九四）、“”（铁九七 · 二）；金文作“”（矢簋）、“”（格伯簋）、“”（鬲攸比鼎）、“”［“舀”、“”（中山王厝兆域图）］；战国石鼓文简帛文字作“”（A 石鼓文 · 作原）、“”（B 郭店 · 唐虞 26）、“”（B 包山 117）。

卌［（卌）xì］，四十。甲骨文作“卌”（乙九二一）、“卌”（乙七六五二）、“卌”（前二・二七・一）、“卌”（存下一六）、“卌”（京都五三〇B）；金文作“卌”（舀鼎）、“卌”（中山王厝兆域图）。

在战国文字中，六国文字的“廿”、“卅”、“卌”三字一般都加有重文符号，秦文字则一般不加重文符号。开始时分别读为“二十”、“三十”、“四十”，即读为两个音节，到秦时有读为一个音节的。

《说文》：“廿，二十并也，古文省。”“卅，三十并也。古文省。”《汉语大字典》：“《说文》无‘卌’字。郑珍《说文逸字》：‘卌’，四十并也。古文省。”

②“十”的意义。

a. 表确数。

九加一的和。《广韵・缉韵》：“十，数名。”《汉书・律历志上》：“数者，一、十、百、千、万也。”《论语・公冶长》：“崔子弑齐君，陈文子有马十乘，弃而违之。”《礼记・檀弓上》：“十日而成笙歌。”表序数第十。《诗经・豳风・七月》：“八月剥枣，十月获稻。”

b. 表位数。

如二十、四十。

c. 表倍数。

《孙子・谋攻》：“故用兵之法，十则围之，五则攻之，倍则分之。”

d. 古代户籍单位，指十户。

后作“什”。《管子 · 君臣下》：“上稽之以数，下十伍以徵。”尹知章注：“既得其定数，下其什伍名以徵之也。”

e. 用为虚数。

“十”是数之终，是足数，表示偶数之极，有圆满之意，若不圆满之事，也到此为止，不要再继续发展下去。用为虚数。《周易 · 屯》：“女子贞不字，十年乃字。”孔颖达疏：“十者，数之极。”如“十分”、“十足”、“十全十美”。《庄子 · 养生主》：“泽雉十步一啄，百步一饮，不蕲畜乎樊中。”宋孔平仲《对菊有怀郎祖仁》：“庭下金龄菊，花开已十分。”这些例子中的“十”均为虚数，表示偶数之极。

f. 十分宇宙观。

《说文解字 · 十部》：“十，数之具也。一为东西，丨为南北，则四方中央备矣。”“十”在宇宙论上，可以视为是平面八方再加上下两方，也是一种立体的“三维空间”，是比“六”或“八”更为完备的极数，是带有着神圣性质的“三维空间”，后代佛教、道教习惯将宇宙称为“十方世界”，形成“十方佛”、“十方天尊”、“十殿阎王”、“十戒”、“十地”、“十善”、“十恶”等十分的宇宙观。空间的十方，常用的词语有“十洲”、“十洞”、“十国”、“十地”、“十道”等。时间的十时，常用的词语有“十日”、“十月”、“十年”、“十岁”、“十载”、“十刻”、“十夜”

等。从十进制的数字演化，“十”是循环计数的终结，象征一个完备时空的建立，“十天干”即是用来象征此种宇宙观。

(2) 百。

①“百”的字形。

甲骨文中的百作“[illegible]”（甲八七八）、“[illegible]”（甲三〇一七反）、“[illegible]”（前六·四二·八）；金文作“[illegible]”（矢簋）、“[illegible]”（免簋）、“[illegible]”（𦣞生盨）、“[illegible]”（沇兒钟）、“[illegible]”（[illegible]壶）、“[illegible]”（中山王厝兆域图）；战国简帛货币等文字作“[illegible]”（A 云梦·效律 8）、“[illegible]”（B 包山 137）、“[illegible]”（B 郭店·忠信 7）、“[illegible]”（B 帛书甲）、“[illegible]”（C 货系 1346）、“[illegible]”（C 玺汇 4919）、“[illegible]”（C 玺汇 3279）、“[illegible]”（玺汇 4745）。

甲骨文字形略似菱形；金文中的两条竖边多平行，显得比较方正；战国文字中的“百”接近小篆的“百”，也有完全不同形状的“[illegible]”、“[illegible]”等。

卜辞中计数一百作“百”，两百以上则加画于百上而合书之。两百作“[illegible]”，三百作“[illegible]”，四百作“[illegible]”，五百作“[illegible]”，六百作“[illegible]”，金文与之同。

甲骨文第一期早期的百字作“[illegible]”，稍后又孳乳作“[illegible]”，也省作“百”。古文字“百”是由“白”孳乳出来的，为了区别，于“白”字增一“人”作“百”，即是“百”字。有的学者说它的原形当作“百”，是鼻的象形字；有的说系货贝形，“人”象贝幕格界等，这些说法多为臆测，其构形的理据不充分，故无法定论。

战国货币、玺印文字中的“全”字，旧释为金，于文义不通。自河北省平山县中山王墓发掘简报发表后，学者始认出此字应读为“百”，因为出土圆壶铭上的“方数全里”，鼎铭上作“方数百里”，两相对照，知“全”即百字。一眼看上去，“全”与“百”、“百”等在字形上很难看出有什么联系，有学者认为“全”、“全”与“百”的关系是经过附画因声指事字的演化而又加以倒写所形成；也有学者从字音上考释，认为那时的大梁及中山国所在方音区内，金字可能有见母侵韵和帮母陌韵两读，这就造成了“全”既作“百”用又作“金”用的现象。

②“百”的意义。

a. 表确数，十的十倍。《说文》：“百，十十也。”《汉书 · 律历志》：“纪于一，协于十，长于百，大于千，衍于万。”

b. 表概数，言其多。

> 《诗经 · 小雅 · 天保》：“群黎百姓，遍为尔德。”“百姓”中的“百”与“百工”、“百官”中的“百”

一样，泛指多数。最初“百姓”泛指氏族或诸侯国里所有的达官贵族们，至春秋时，由于姓本身含义的变化，百姓转指普通民众，已凝固为汉语的一个双音节词。

（3）千。

①“千”的字形。

甲骨文作“[illegible]”（甲二九〇七）、“[illegible]”（佚三四）、“[illegible]”（林一·一一·一三）；金文作“[illegible]”（盂鼎）、“[illegible]”（[illegible]簋）、“[illegible]”（[illegible]其簋）；战国简帛玺汇文字作“[illegible]”（A 龙岗 217）、“[illegible]”（B 郭店·穷达 10）、“[illegible]”（E 玺汇 3466）、“[illegible]”（玺汇 4465）、“[illegible]”（玺汇 4476）、“[illegible]”（玺汇 4471）、“[illegible]”（玺汇 4799）等形。

千为大数，造字之术穷，故假“人”为“千”。古时的“千”字，从人从一，是一千的合文。大约“人”字在古代，已经被借用为“千”字；而加一画于人的“[illegible]”字，已经是一千的合文。卜辞中两千作“[illegible]”，三千作“[illegible]”（又作“[illegible]”），五千作“[illegible]”。这也可以看出十进系统的痕迹。千字的造字本义，是在“人”字的中部附加一个横划，作为指事字的标志，以别于“人”，当训从一人声，《楚辞·招魂》均以人千为韵，可证

“人”字古当与“千”字音相近。

②“千”的意义。

a. 表确数。

十百为千。《诗经 · 周颂 · 噫嘻》：“亦服尔耕，十千维耦。”郑玄笺：“于是民大事耕其私田，万耦同时举也。”

b. 表示多。

比如，成语有“一掷千金”、“一字千金”、“一诺千金”、“春宵一刻值千金”等。这些“千金”均不是实指。

“千金”一词最早见于《史记 · 项羽本纪》，后来“千金”一词被用来比喻极其宝贵的意思。“千金”中的“金”在这里指黄铜，当时黄铜很少，所以千斤黄铜也是很贵重的，故有“一诺千金”、“千金之裘”的说法。

现在，人们常称未婚女子为“千金小姐”。第一次把“千金”用来比喻人，出自《南史 · 谢弘微传》。据史料记载，最初“千金”指男儿。南朝梁的著名文学家谢朏，小时候非常聪明，谢庄有一次带着他去土山游玩，让谢朏写一篇命题作文，谢庄看了之后，大喜过望，说：“真吾家千金。”后来，谢朏成了著名文学家，官至尚书令，“千金”这个比喻也流传了下来，但是专指男孩儿。

到了元朝，张国宾《薛仁贵荣归故里》一剧中把“千金”和女孩儿联系起来：“你乃是官宦人家的千金小姐，请自稳便。”明清以后的话本小说中，用“千金”称女孩的就更多了。众口相传，相沿成习，“千金”一词便成了未婚女子的专称。

（4）万。

①“万”的字形。

> “万”是“萬”的简体。金文已有“万”之草写体，如古钵作“丂”，战国时期玺印作“丂”（玺彙4474），货币文字作“丂”（货系2625）。《玉篇·方部》：“万，俗萬字。”可知丂即万，亦即“萬”字。
>
> 古鉢“萬千”之“萬”作“丂”（《说文古籀补》），又“千萬”之“萬”字作“丂”，知“丂”即“万”，亦即“萬”字。

赵诚解说：“丂，万。或写作丂。构形不明。甲骨文用为职官名。卜辞有‘丂[illegible]乎’（乎万舞——乎即呼，有命令之义（一五八五）之记载，则万似为掌管舞之舞臣。”又卜辞有“‘丂[illegible][illegible]’万[illegible]美奏（《安明》一八二三）之记载——美和庸为乐器，奏为演奏——则万又兼管音乐。很可能当时万这一类舞臣就兼管音乐”。

林义光认为“万”是《说文》中“丏”（为“不见”义）的初形，“双声旁转”为“万千”之“万”，这种解说是对的。

从现有的出土材料看，战国早期已用“万”表位数，如：单蜡讨乍（作）用戈三万（）单（蜡讨戈）。在汉魏及南北朝碑文里，“万”字已很常见。现在仍使用简体“万”作正式字体使用。

②“万（萬）”的意义。

a. 表确数。

千的倍数。《玉篇·艸部》：“萬，十千也。”

b. 表示多。

西周金文中“万年”出现有近七百次，有“万年无疆”、“万年眉寿”、“万年永用”、“万年永宝”用等程式用语。如《兮甲盘》“兮伯吉父作盘，其眉寿万年无疆”，表示人们祈求长治久安、福寿无边的美好愿望。

“万岁”一词是产生于战国时代的一种新称谓，在西周、春秋以前的文献记载、金石文字及考古实物中，尚未有“万岁”这一称谓。

“万岁”可用于祝寿中，如越王勾践与范蠡为吴王祝寿时说：“大王延寿万岁，长保吴国，四海咸承，诸侯宾服。”作为庆贺欢呼语，秦汉时“万岁”承袭前代用法，上至皇帝下至群臣百姓皆可使用，凡有喜庆之事，即以“万岁”相呼。

作为“死”的讳称，汉代君臣皆可用。《汉书·翟方进传》：“万岁之期近，慎朝暮。”颜师古注：“万岁之期，谓死也。”

“万岁”在秦汉时期可代称皇帝，但作为皇帝的专称，则经历了很长的时间，到了宋朝，人臣才绝对不可染指“万岁”之称。

2. 大写的中数位数词

(1) 拾。

“拾”字，《说文》：“掇也，从手，合声。”《荀子·正名》：“是君子之所弃，而愚者拾以为己宝。”“拾”为拾取、收拾之意。

“拾”借为“十”的大写数目字，汉碑已见用例，如东汉《王晖石棺铭文》：“建安拾六岁在辛卯，九月下旬卒，其拾七年六月甲戌葬。”魏碑亦有用例，如北魏《常申庆造像记》：“共妇女邑子伍拾人等，造玉石像壹躯，高二尺作。”吐鲁番出土文书中广泛使用，如《北凉神玺三年仓曹贷粮文书》“□□□拾斛”。

(2) 佰。

《说文》：“相什伯也。从人百。”“佰”以百户或百人为单位（相互担保），从人从百，会意，百亦声。段玉裁注：“佰之言百也。”

“佰”用作大写数词最早见于东魏碑刻，《道宝碑记》：“宝记此碑，直东敲敧南十步有水，直北五十步殖松树，直东一佰步，西北（还）曲（参）流，是常住僧伽蓝地宝□。”吐鲁番出土文书如《高昌付官、将、兵人粮食账》：“□□□门肆斫，合壹佰壹拾粲究□。”

“伯”与“佰”字可通用。《说文》：“伯，长也。从人，白声。博陌切（bó）。”在大写数字没有统一之前，“伯”也常用作大写数字，如《高昌延寿十四年雷善祐卖园契》：“若有先悔者，罚银壹伯文，入不悔者。”《明万历四十六年休宁县程一澜卖田塘白契》：“又芥字捌千陆伯伍拾肆号，土名泥塘源，田壹坵。”

“陌”在历史上也是“百”的大写数字，如宋末元初戴侗《六书故 · 数》：“今惟财用出内之簿书，用壹贰叁肆伍陆柒捌玖拾阡陌，以防奸易。”

汉代时有千文串成的贯，也有百文串成的陌。由于“陌”是从数词“百”引申分化出来的，所以可以用“伯”、“佰”代替。晁错《论贵粟疏》说商贾“亡农夫之苦，有仟伯之得”，颜师古注：“仟谓千钱、伯谓百钱也。伯音莫白反。今俗犹谓百钱为一伯。”《梦溪笔谈 · 四》：“今之数钱，百钱谓之陌者，借陌字用之，其实只是佰字，如什与伍耳。”可见在记写中作为货币单位时，“百”、“伯”、“佰”、“陌”四者音义无别。作为“百”的大写数字“伯”、“佰”、“陌”三者也通用。

(3) 仟。

《玉篇·人部》:“仟,《文字音义》云:千人之长曰仟。”《史记·陈涉世家》:“蹑足行伍之间,俛仰仟佰之中。”司马贞《索隐》:“仟佰,谓千人百人之长也。”

“仟”是“千”的大写形式。《别雅》:“仟佰,千百也。”东汉《向寿碑》:“去吏董颃家八十步,去西仟卌步瘗之。”《唐建中七年于阗苏门悌举钱契》:“举钱壹拾伍仟文。其钱立定本年限八月内还拾仟文。”

“阡”也是“千”的大写数词,《唐建中八年于阗苏某举钱契》:“家常住钱壹拾伍阡(仟)。”《明永乐十四年祁门县李祁生卖山地红契》:“又壹阡(仟)弍伯弍拾肆号,土名同处,计山弍角。”

“阡”、“陌”二字《说文》未收,先秦作品如《管子》、《睡虎地秦墓竹简》则作“千佰”。如秦简《法律答问》:“‘盗徙封’,赎耐。可(何)为‘封’?‘封,即田千佰。’”大概这是以“千佰”作为田地疆畔的最早的可靠文字记载。古代文献中“阡陌”与“仟佰”同,《汉书·地理志》有“制辕田,开仟佰”。《食货志》有“有仟佰之得”,以“仟佰”代称农亩。《史记·秦本纪》:“为田开阡陌。”司马贞《索隐》引《风俗通》:“南北曰阡,东西曰陌,河东以东西为阡,南北为陌。”《史记·陈涉世家》："俛仰阡陌之中。"《索隐》云："仟佰谓千人、百人之长也，音千百。"以"阡陌"表数。同时，古代千人之长曰"仟"，百人之长曰"佰"。

"千"、"仟"、"阡"三者在表数时音同义通，故"仟"、"阡"都可作为数词"千"的大写形式。

（4）萬。

> 甲骨文作""（前三・三〇・五）、""（乙一二一五）、""（明藏一九〇）；金文作""（仲簋）、""（伯闢簋）、""（颂鼎）、""（栾书缶）、""（郑公釛钟）；战国简帛玺汇文字作""（A 玺汇 4493）、""（A 云梦・答问 181）、""（玺汇 4471）、""（玺汇 4811）、""（玺汇 4920）等形。

甲骨文"万"的尾部绝大多数为没有横画的""，有横画的""较少。

张秉权注意到甲骨文中作为人或地名的"萬"字，无论在独体的单文，还是合体的偏旁中，往往作""或""等纯粹象蝎的形状。而作为计数的"萬"字，则作""形，在蝎形的尾部，加上一横；"三萬"则作""，在尾部加三横。由此可知甲骨文中计数的“萬”字，实应为“一萬”的合文。

《金文编》中的“万”尾部都带横画“”，且绝大部分尾部的横画的形状丰富，如“”、“”、“”等。有的在尾、侧处还另有符号，如“”、“”、“”等。战国文字中“万”的字形较金文简略，有隶书形式的万，如“”、“”、“”等。

《说文解字》：“萬，蟲也。从厹，象形。”从厹，应是从甲骨文中计数的“萬”字，亦即“一萬”的合文演化而来，其中的“一”，到了金文中递变为“”、“”、“”等形，至小篆时则变为“”，便与蝎尾结合而成“”形。

卜辞及古金文中“”、“”等形均象蝎，不从厹。金文中或作“”，石鼓文作“”，不象原始的字形。萬表示十千数名是假借。

其形体之演变如下：

→→→

甲骨卜辞中的数字最大是“萬”。如《甲骨文合集 9812》：“口寅卜，萬受年。”《诗经·周颂·载芟》：“有实其积，萬億及秭。”段玉裁注：“与《虫部》**蠆**同，象形。”“假借为十千数名，而十千无正字，遂久假不归，学者昧其本义矣。”《玉篇·艹部》：

"萬，十千也。"清赵翼《陔余从考》卷三十《数目用多笔字》："宋人袁文云：十千为万，乃万字也，至萬字，则蝎也，二者义本各别。惟钱谷之数，惧有改移，故万借为萬字耳。"

（三）大数位数词及相关汉字

中国古代，所谓大数是指亿以上的数字。中国古代很早就有表示大数的名词。《诗经 · 周颂 · 丰年》有"万亿及秭"之说，"亿"、"秭"就是两个大数名。毛苌注："数万至万曰亿，数亿至万曰秭。"就是说："亿"等于一万万，跟今天最常用的大数"亿"一样；"秭"等于一万亿。以"万"进位。

东汉应劭《风俗通义》在万以上出现"亿"、"兆"、"经（京）"、"垓"、"秭"、"选"、"载"、"极"等名，相邻两数皆从十进，即 10 亿为兆，10 兆为京，10 京为垓，依此类推。按"十"进位。

南北朝时期，我国的大数记法有了进一步的发展，出现了以"亿"、"兆"、"京"、"垓"、"秭"、"壤"、"沟"、"涧"、"正"、"载"十个字为基础的大数名词系统。

中国有着完整的大数进制，该体系确定的年代已不可考，很多古书将大数进位法的确立归于黄帝，显然不可信。《国语》中有"一纯二精，三牲四时，五色六律，七事八种，九祭十日，十二辰以致之；百姓千品，万官亿丑，兆民经入，畡数以奉之"之语，可见当时大数的进位名称早已确定，且与后世传承下来的体制完全一致。

自先秦至清代，我国万以上之大数命名，有以十进，有以万进，有以万万进，还有以自乘进者，并无统一标准，“亿”、“兆”、“京”、“垓”等大数名所表示之数值亦不一致。

东汉徐岳的《数术记遗》给出三种进位法：“数有十等，及其用也，乃有三焉。十等者，亿、兆、京、垓、秭、壤、沟、涧、正、载；三等者，谓上中下也。其下数者十十变之，若言十万曰亿，十亿曰兆，十兆曰京也；中数者万万变之，若言万万曰亿、万万亿曰兆，万万兆曰京也；上数者，数穷则变，若言万万曰亿，亿亿曰兆，兆兆曰京也。”

《算学启蒙》中大数进制表，“大数之类，一、十、百、千、万、十万、百万、千万、万万曰亿，万万亿曰兆，万万兆曰京，万万京曰陔，万万陔曰秭，万万秭曰壤，万万壤曰沟，万万沟曰涧，万万涧曰正，万万正曰载，万万载曰极，万万极曰恒河沙，万万恒河沙曰阿僧祇，万万阿僧祇曰那由他，万万那由他曰不可思议，万万不可思议曰无量数”。此进位体系使数字的表达能力进一步加强，其中后面的五个单位名称明显来自佛经，这些新单位随着佛学经典在中国的流传而开始使用。

为了便于了解中国古代几种主要大数计数法表达大数的功能，与现代科学计数法对照列表如下：

十等：	（万），	亿，	兆，	京，	垓，	秭，	壤，	沟，	涧，	正，	载
上数：	（10^4）	10^8	10^{16}	10^{32}	10^{64}	10^{128}	10^{256}	10^{512}	10^{1024}	10^{2048}	10^{4096}
中数：	（10^4）	10^8	10^{16}	10^{24}	10^{32}	10^{40}	10^{48}	10^{56}	10^{64}	10^{72}	10^{80}
下数：	（10^4）	10^5	10^6	10^7	10^8	10^9	10^{10}	10^{11}	10^{12}	10^{13}	10^{14}
万进：	（10^4）	10^8	10^{12}	10^{16}	10^{20}	10^{24}	10^{28}	10^{32}	10^{36}	10^{40}	10^{44}

在上表不同的系统中，同一个名称表示的大数是不同的。例如“兆”，下数相当于百万，中数就是万万亿了，而在万进制中则为万亿。这似乎易使人产生混乱的感觉，其实是相对于不同的进制而言。总体观之，中国古代有着严整有序的大数计数系统，并具有强大的表示大数的功能，仅以上表中的第三等数“京”为例，即使在中数系统中已表示 10^{24}，而在上数系统中则已达 10^{32}。

这种规定相当烦琐，又不统一，很容易弄错，所以已被淘汰。现在只剩下“万万为亿”还在使用，亿以上不再定新名。再大的数字则用“百万亿”、“千万亿”、“亿亿”、“十亿亿”、“亿亿亿”……没有人再用“京”、“垓”、“秭”等，不过在自然科学中还保留“百万为兆”的用法，如无线电频率一兆周就是每秒振动一百万次。鉴于此，下文就“亿”和“兆”作进一步的阐述。

1. 亿

“亿”的繁体作“億”。《说文》：“[illegible]，快也。从言，从中。”又“𢡃，满也。从心啻声。一曰：十万曰𢡃。”又“億，安也。从人，𢡃声。”许慎以萬億义当𢡃字。

金文中有“[illegible]（啻）”（啻簋）、“[illegible]”（九年卫鼎）。《啻簋》作“[illegible]”，字当读“億”，数词之极大者也；《史墙盘》“兮尹啻（億）疆”谓疆土之广。谓“啻”、“𢡃”同字，“𢡃”字见“诅楚文”，疑“啻”籀文作“𢡃”。而汉人多用万字。“億”即“億”俗字耳。朱骏声云：“億”实亦“啻”之或体。《说文》以“𢡃”为十万义本字，是一个从心“啻”声的形声字。毛诗以“億”为之，鼎文以“啻”为之，这是“啻”、“𢡃”、“億”为同字之证。又以“億”为“意”，“意”亦当用为“億”字。“億”、“意”通用。而后两字混合，“億”讹为“億”。

《玉篇·心部》：“意，《说文》：‘十万曰意。’今作億。”《诗经·魏风·伐檀》：“不稼不穑，胡取禾三百億兮？”毛传：“万万曰億。”郑玄笺：“十万曰億，三百億，千秉之数。”《国语·楚语下》：“官有十丑，为億丑。”韦昭注：“丑，类也。以十丑承万为十万，十万曰億，古数也。今以万万为億。”例中的“億”都表数。

1964 年制定的《简化字总表》第一表，繁体字“億”简化成了“亿”，是一个新造字，笔画数从“意”的十三笔减到了“乙”的一笔，两者声旁相近。作为数词，“億”初指“十万”，后所指不断扩大，至“万万”义，到三国时，已比较稳定地用来指“万万”这个概念。但数字太大，传世文献中至隋时才见用例。如《隋书·志·律历中》：“会分一十一億八千七百二十五萬八千一百八十九。”《宋史·律历志》：“周天分二十二億七千九百二十萬四百四十七，本齐日月之行。”现代汉语用简化字“亿”来记录“万万”这个概念。

“亿（億）”除了作位数词外，还可表示确数和虚数。

（1）表确数。

“万万为亿”是“亿”的确数义。数词“亿”表达的不同进位数是随着时代的变迁而发生演变的，而出版的辞书和古籍注释常常对这种变化进行平列的解释，如《汉语大词典》释“亿”：“古代或以十万为亿，或以万万为亿，今定为后者。”其实这种解释是不准确的。在古代向现代的演变中，“亿”的十万之说逐渐消亡，而万万之说则随着社会交际和经济生活的需要，日趋明确。从数学史的记载来看，“亿”作为数词的义项早在南北朝时代就已统一于万万为亿。清末至新中国成立前我国四亿五千万人口统称四万万五千万。

（2）表多的虚数。

司马迁《报任安书》：“仰亿万之师，与单于连战十有余日，所杀过当。”可见，司马迁讲到这件事时很激愤，用“亿万”（十万）一词，概略地表达约“十万”（单于以兵八万）的敌人，表示人数之多。

2. 兆

（1）“兆”的字形。

> “兆”的初文《甲骨文编》释为“洮”，甲骨文中作“”（馀一二·二）、亦作“”（甲六二三）、“”（佚六四九）等形，《金文编》以“”、“”列于姚下。“”、“”从水从步，即涉，或兆之变体。其后的形体如：“”（京兆尹史石扬）、“”、“”（汗简）、“”（古老子）、“”（王庶子碑）、“”（《说文》）。金文兆字及从兆之字罕见，唯晚期之姚壶，姚从兆作“”；新嘉量，庣从兆作“”；京兆宫弩鐖，兆作“”；清白鉴，兆作。

可见“兆”字至汉时还是中间从水，左右从人，其右旁所从的“人”或作倒形者，因随中间之曲画顺势而作。“兆”为“洮”及“逃”之本字。“兆”字中间本从水，后世作洮，左增水旁。上古洪水为患，初民苦之，“”字象两人均背水外向，自有逃避之意。今作“逃”为后起字。

“兆”字之演变，为“[illegible]”由“[illegible]”而“[illegible]”而“[illegible]”。《说文》作“[illegible]”，已失原始之形。“兆”为“洮”及“逃”之本字，象两人背水而逃，有分别之义。假借为数词“兆”。

（2）“兆”的意义。

《辞源》和《汉语大字典》中的“兆”有三解：“古代下数以十万为亿，十亿为兆；中数以万万为亿，万亿为兆；上数以亿亿为兆。”

《中华大字典》和台湾《中文大辞典》中有两解：“一以十万为亿，十亿为兆；一以万万为亿，万亿为兆。”

《新华字典》、《现代汉语词典》和《辞海》中有一解：“（今以）一百万为兆，古代指万亿。”

三解和两解是站在历史的角度给出的解释，一解是“兆”现在的意义。

为避免混淆，现代的“兆”一般表示 10 的 6 次方，即百万为兆，这种意义的“兆”基本不能单用，而是作为一个黏着语素，充当类前缀，尤其是用在一些科技文体中。如“兆安”（megampere）、“兆巴”（megabar）、“兆周”（megaeyele）、“兆位”（megabit）、“兆赫”（megaherts）、“兆欧”（megohm）、“兆伏”（megavalt）、“兆瓦”（megawatt）、“兆米”（megameter）、“兆居里”（megaeurie）、“兆牛顿”（mega · newton）、“兆达因”（megadyne）、“兆拉德”（megarad）等。

但从当前的实际使用情况看，“兆”又可以表示 10 的 12 次方，即万亿，经常出现在一些与日本、日元有关的报道中。如：“（北海道）农业劳动生产率很高，每年的农业总产值达一点一兆日元。”（《经济日报》1992 年 5 月 12 日第四版）

表示万亿的“兆”都出现在与日元有关的报道中，这是受了日语汉字“兆”（ちょう）的影响。刘文祥《简明日汉词典》：“‘ちょう’［兆］（数）兆（一万亿）。”随着中日交往的日益频繁，这种既含有历史渊源又受到外来影响的用法，正在日趋普及并逐步发展。

“兆”除了表位数外，还有下列意义：

①表确数。

a. 表百万义。

如：“国际商用机器公司宣布开始生产 16 兆位的计算机储芯片。……该公司还宣布，将与西门子公司合作研制下一代 64 兆位的芯片。”（《经济日报》1990 年 2 月 19 日第四版）

b. 表万亿义。

如：“当新世纪的钟声敲响时，这里可以吸引 10 万新居民，19 万人在这里工作。工程的总预算高达 2 兆日元。”（《文汇报》1992 年 9 月 3 日第二版）

②表多的虚数。

如《礼记·内则》：“后王命家宰，降德于众兆民。”《吕氏

春秋 · 孟冬》："无或敢侵削众庶兆民，以为天子取怨于下。"高诱注："兆，大数也。"例中的"兆民"，是"众民百姓"的意思，"兆"是一个表示众多的概约性虚数。

四、序数词及相关汉字

除基数词“一”、“二”、“三”等可以作表序数外，还有其他的序数词，此处主要讲干支序数。干支是我国特有的传统文化，广泛渗透于人们的生活中。

所谓干支，是天干和地支的合称，是我国古代创造的一种用以表示年月日时等次序的符号。

“天干”又名“干”或“十干”，依次是甲、乙、丙、丁、戊、己、庚、辛、壬、癸。

“地支”又名“支”或“十二支”，依次是子、丑、寅、卯、辰、巳、午、未、申、酉、戌、亥。

（一）干支的起源

干支的起源非常古老，殷墟出土的甲骨文中出现最频繁的字就是干支，其已有完整的干支记日表，看来干支起源应早于商代。最古的甲骨文约在公元前1 400年，至少距今3 400年前就已有了干支。

干支为什么分为“十”和“十二”呢？《山海经·大荒南

经》："羲和生十日。"《山海经 · 大荒西经》："帝俊妻常羲，生月十有二。"

十干既然叫"十日"，它一定与太阳有关。"生十日"，不是说生出十个太阳，而是指太阳在一年运行中不同表现的十个名称，即十干。《汉书 · 律历志》："出甲于甲，奋轧于乙，明炳于丙，大成于丁，丰茂于戊，理纪于己，敛更于庚，悉新于辛，怀任于壬，陈揆于癸。"郑玄、孔颖达对《月令》进行了训释，尽管解释有不一致之处，但他们都认为十干是日在一年中不同季节所起不同作用的名称，说明人们对太阳运行规律的了解。

古代确实存在天上有十个太阳之说，如《庄子 · 齐物论》："昔者十日并出，万物皆照。"《淮南子 · 本经训》"逮至尧之时，十日并出，焦禾稼，杀草木，而民无所食"，尧乃使羿"上射十日"。高诱注："十日并出，羿射去九。"这是神话，不是事实，但必有事实作依据。这个神话的事实依据显然是人们对太阳的认识。应是先有自甲至癸的"十日"，然后有"十日并出"的神话。

"生月十有二"，也不是说生出十二个月亮，而是说创造出月亮一年中十二次与太阳相会的十二个名称，即十二支。

古人把子、丑、寅、卯、辰、巳、午、未、申、酉、戌、亥叫作"十二辰"，《左传 · 昭公七年》："何谓辰？对曰：日月之会是谓辰。"杜预注："一岁日月十二会，所会谓之辰。"意谓一年之中太阳与月亮相会十二次。

《大戴礼记 · 易本命》："辰主月。"清人王聘珍注云："辰主月者，十二辰建十二月也。”是说辰以月亮为主，月亮一年与太阳会十二次之十二辰恰好分配在十二个月份上。《周礼·大师》郑玄注：“十一月辰在星纪，十二月辰在玄枵，正月辰在鲰訾，二月辰在降娄，三月辰在大梁，四月辰在实沈，五月辰在鹑首，六月辰在鹑火，七月辰在鹑尾，八月辰在寿星，九月辰在大火，十月辰在析木。”这就是一岁之十二会。

汉民族在进步的过程中，数的概念也相应地不断增进，产生了“甲”、“乙”、“丙”、“丁”等十字与“子”、“丑”、“寅”、“卯”等十二字相互搭配，表示三十天，继而又表示六十天。

古人把天干顺序的单数与地支顺序的单数、天干顺序的双数与地支顺序的双数，依次排列组合出六十种不同的配置形式，然后再依次循环，周而复始，以至无穷。由于甲子分别为天干、地支之首，所以一般把一周六十个单位称为“六十甲子”或“六十干支”。由于其配合方法错综参互，所以又称作“花甲子”或“花甲”。

特别珍贵的是在殷代的甲骨片中发现了完整的干支表（见下表），已有六十甲子的全文。上面没有火灼之痕，可见非占卜所用，乃是专门用来记日子用的，可以看作是一份“日历表”。

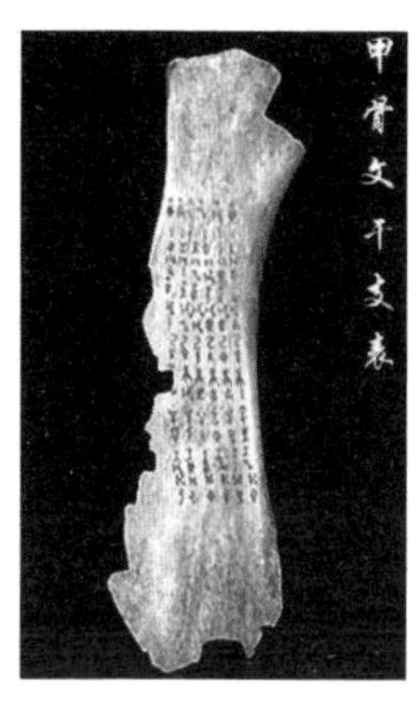

甲寅	甲辰	甲午	甲申	甲戌	甲子
乙卯	乙巳	乙未	乙酉	乙亥	乙丑
丙辰	丙午	丙申	丙戌	丙子	丙寅
丁巳	丁未	丁酉	丁亥	丁丑	丁卯
戊午	戊申	戊戌	戊子	戊寅	戊辰
己未	己酉	己亥	己丑	己卯	己巳
庚申	庚戌	庚子	庚寅	庚辰	庚午
辛酉	辛亥	辛丑	辛卯	辛巳	辛未
壬戌	壬子	壬寅	壬辰	壬午	壬申
癸亥	癸丑	癸卯	癸巳	癸未	癸酉

甲骨文干支表

上表从右向左竖排，天干地支相配，正好六十干支。横向看，天干十行，脉络清晰；竖向看，天干六轮，与地支五轮相组合。表式严谨有序。

商朝历法大体上是沿用夏朝的，干支纪年法当出于夏代。探其渊源，可上溯到更早。《大戴礼 · 五帝德》说帝喾"夜观北斗，昼观日，作历弦、望、晦、朔、迎日推策"，"观北斗四时指向，以定节气，观天干以定周天历度"。许多史家考证帝喾就是《山海经》中最显赫的上帝神——帝俊，王国维曾举出证据："夋者帝喾之名。"《尚书 · 尧典》："乃命羲和，钦若昊天，历象日月星辰，敬授人时。"由此可见，以"历象日月星辰"为内容的阴阳历前发于颛顼、帝喾之时，正式形成于帝尧时代。

干支的起源虽然非常古老，但我们现在所使用的"干支"或

“十干”、“十二支”这样的名称，却并不那么古老。甲骨文中十干和十二支频繁地出现，但并没有各自的统称。正如郭沫若在《释支干》中说：“支干之称，东汉以前无有也。”

《周礼 · 春官 · 冯相氏》：“掌十有二岁，十有二月，十有二辰，十日。”《史记 · 律书》：“即天地二十八宿，十母，十二子，钟律调自上古。”《白虎通》：“甲乙者干也，子丑者枝也。”蔡邕《月令章句》：“大桡……始作甲乙以名日，谓之幹，作子丑以名月，谓之枝。干支相配以成六旬。”称黄帝史官大桡发明干支，是一种历史传说，应是帝尧时期才作甲子。东汉之后，三国魏张揖在《广雅 · 释天》中说：“甲乙为幹，幹者日之神也。寅卯为枝，枝者月之灵也。”

从上引材料可看出，春秋战国以前称为“十日”、“十二辰”；秦汉之际又称为“十母”、“十二子”；两汉之交时，方称“十幹”、“十二枝”，意为“十日为树幹，十二辰为树枝”，合称“幹枝”，以树干、树枝之纷披纵横状十干、十二支之交错相配。后简化为“干支”，成为抽象的名词，一直沿用到现在。

（二）干支及相关汉字

从殷墟出土的甲骨文来看，天干地支在我国古代主要用于纪日，此外还曾用来纪月、纪年、纪时等。卜辞中发现的干支的数量很多，对它们的确认一般也不存在异议。这些原始的干支字形体有些十分奇特，从甲骨文字形的角度，不易找到形义之间合理的联系。

许慎《说文解字》从作物生长周期（即物候）、阴阳五行等角度，对干支字形进行了系统的探源，使之蒙上了一层神秘的色彩，缺乏科学根据，对于字形义来说，这种解释是不准确的。

甲骨卜辞中的干支字体态各异，栩栩如生，都以其鲜明的形象性展现在眼前。尽管专家们对于它们最初所表示的意义各持己见，但有一点是共同的，谁也没有否认它们是象形文字，当然许慎除外。

《周易·系辞下》云："古者包牺氏之王天下也，仰则观象于天，俯则观法于地。"《史记·天官书》专门记载了天文学知识、天象、天文事件和星占，其中有星象分布。因此有学者认为甲骨文中的干支字形是古人"观象于天"的结果，也即是星象的象形。

1. 十天干

（1）甲。

甲骨文、金文中作"十"、"⊕"；《三体石经》作"[illegible]"。

"甲"字原义是什么？多所揣测："十"象鱼鳞、龟甲，这太过抽象；"甲"与割头有关，为割杀之祭；古代战士的护身衣，用皮革或金属制成，也叫"铠"；与神秘思想联系，与初民之自然崇拜有关；一拾为甲等，这些多属臆测。

至于认为“十”为古文“甲”字，即“押”字，现在田父野老犹常用“甲”这个字。这一观点似有一些理据，可备一说。

从星象的角度观察，干支“甲”作“十”。

东方苍龙七宿是角、亢、氐、房、心、尾、箕，其中氐宿成像如图一。甲骨文甲字作“十”形，与B图的形象完全相合。甲骨文又作“⊕”形，这其实是个形声字，是以“十”形为声符而造的字。《三体石经》中“祖甲”的甲作“⊕”形，是“⊕”形的讹变。后世通作“⊕”形，隶化作“甲”，致使天干十母的第一个专用符号被淘汰。

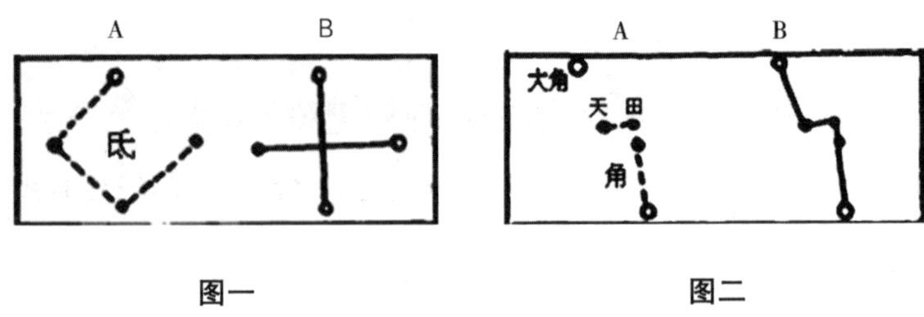

图一　　图二

（2）乙。

甲骨文作“乙”、“乙”，金文作“乙”。

“乙”的原始义说解者众多，但都没有有力的证据支撑各自的观点。《尔雅》释象鱼肠；《文始》谓“乙当为履之初文”，混音假与初形为一；《通训定声》说“本为燕乙之乙。天命九鸟，降而生商，故汤以为号，后世因之也”；“乙”象刀形；“乙”是一种可用于割杀挖刻的钩形器，天干用为日名，本于祭日禳旱。凡此种种，不足以解释“乙”的初形。

星象“乙”字取象于东方苍龙七宿中的角宿。《史记 · 天官书》云：“左角，李；右角，将。大角者，天王帝廷。”这说明角宿同大角关系十分密切。在大角和角宿之间，还有天、田二星。它们的成像如图二。甲骨文乙字形与图 4 – 3 中的 B 图同。

（3）丙。

甲骨文作“□”、“□”、“□”；金文作“□”、“□”。

据形释义的观点有：《尔雅》谓“鱼尾谓之丙”，象几形；丙为砭之本字，丙为天干名当源于以砭为法器的巫祭；从“□”、“□”诸形足部衍化而来，乃象戈矛之属直立之“柄”，本为“柄”之原始象形字；均象物之安，即今俗所称物质底座。从甲骨文中相关联的字来看，“丙”的原始义为“物的底座”较有理据性。

十干取象于南方朱雀七宿：井、鬼、柳、星、张、翼、轸，其中轸宿为丙字所取象。轸宿四星，“其旁有一小星，曰长沙”，它们的成像如图三。甲骨文丙字作“□”形，与 B 图的形象完全相合。《尔雅 · 释鱼》：“鱼尾谓之丙。”鱼尾的形状与“□”形相似，这是鱼尾称“丙”的原因。

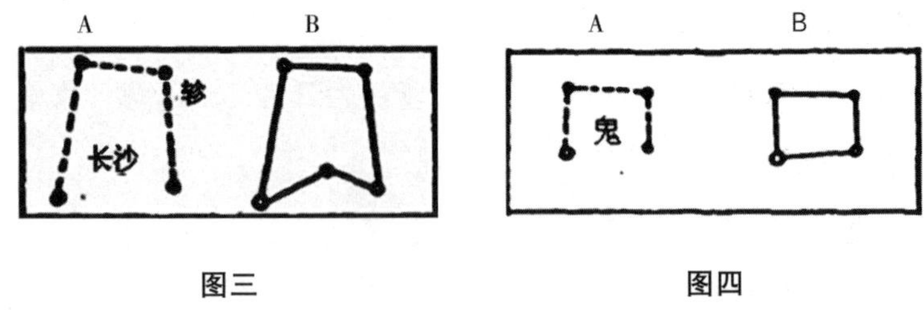

图三　　　　图四

（4）丁。

甲骨文作“”、“”、“”；金文作“”、“”、“”、“”、“”等；《三体石经》（古文）作“”；古鉢文作“”。

甲骨文、金文有空、实二体，或圆，或方，或扁，或长，都因书写刻画之便。

有关“丁”的字形解说有：为颠为首为头，因为人形“”之头“”与丁字“”没有差别；为金鉼（“”为吕），这类解释证据不足，多属臆测。

丁的本义是钉。丁，鐕也，象形，“”象其铺首，“”是下垂之形状。今俗以钉为之，其材料用金属或竹木。凡象形文字总要抓住事物的典型特征加以描绘，钉子的典型形象是其侧视图。“”、“”是小篆乃至隶楷“丁”字的来源，是“钉”字的初文。

星象中的“丁”取象于南方朱雀七宿中的鬼宿。鬼宿成像如图四。甲骨文丁字作“”形，与 B 图相同。《尔雅 · 释鱼》：

“鱼枕谓之丁。”从今文字而言，“鱼枕谓之丁”是不可理解的。从甲骨文可以得知，鱼枕与“”形十分相似，这可能是鱼枕称“丁”的原因。

(5) 戊。

甲骨文作“”、“”、“”、“”、“”；金文作“”、“”、“”等。

“戊”字明象兵器形，与戉戚之形制相类。

戊表示天的中央。《史记·天官书》云：“中宫，天极星。”天极星就是北极星。我国古代是把以北极星为代表的紫微垣视为天的中心。紫微垣的中心成像如图五。甲骨文戊字作“”形，与B图完全相合。

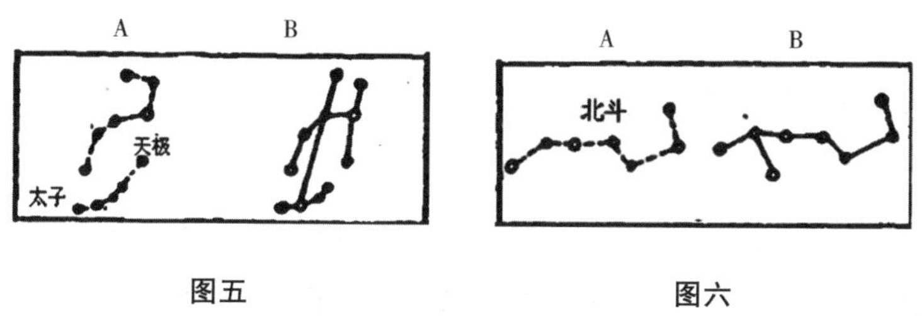

图五　　图六

(6) 己。

甲骨文作“”、“”、“”；金文作“”、“”、“”。

“己”的本义，有下列几种说法：《六一经》谓“己”象人腹；是“纪”的本字，也可能就是一种缫丝的工具；诘诎可纪识之形；长跪之说；缴，物当如纶索类利约束。其中解释为“缴”，纶索类的物件较合适。

“己”也表示中央。用天上的星宿表示地的中央，是很困难的。我们的先民巧妙地解决了这个问题。古人认为北斗星的斗柄是不断变化的。《淮南子·天文训》：“指午，午者，杵也。律受蕤宾。”“午”就是鹑火，这是周的分野。我国古代的政治中心一直是在黄河流域，尽管建都的具体位置有变化，大致范围是确定的。可以说，北斗星的斗柄指向鹑火时，就是指向我国古代的政治中心，也就是地的中心。北斗星属于紫微垣，假设北斗星的斗身不变，当它的斗柄指向鹑火时，其成像如图六中的 B 图。甲骨文“己”字作“□”形，与之完全相合。“己”表示地的中心，也是华夏民族的中心，故“己”可用为“中国人”的自称，以别于四夷，这恐怕就是“自己”的“己”的来源。

（7）庚。

甲骨文作“□”、“□”、“□”、“□”；金文作“□”、“□”、“□”、“□”。

“庚”象钲铙。考古发掘表明，商代未见有钟。钟当由钲铙发展而来。钲铙未见有耳，均有柄，声之以鸣。

星象“庚”取象于西方白虎七宿：奎、娄、胃、昴、毕、觜、参，其中参宿为“庚”字所取象。《史记 · 天官书》云：“参为白虎……下有三星，兑，曰罚。”张守节《正义》云：“罚，亦作伐。”它们的成像如图七。甲骨文“庚”字作“□”形，与B图完全相合。或作“□”形，那只是“□”形的省文。

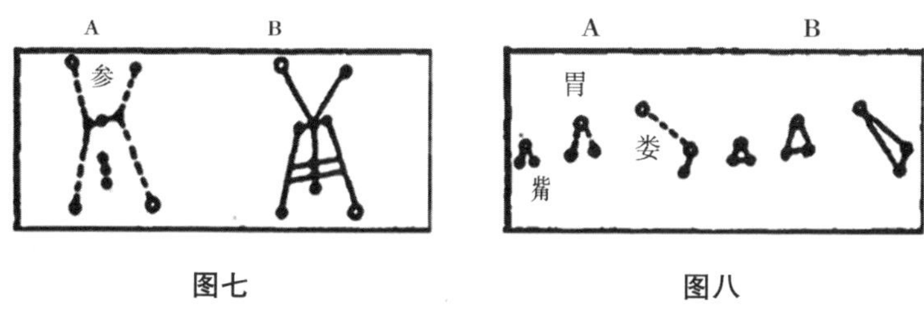

图七　　图八

(8) 辛。

甲骨文作“□”、“□”、“□”；金文作“□”、“□”、“□”等。

“辛”的原始义：斧形；兵刑之器；象凿具；宰杀割刺之利器。

出土的青铜器：

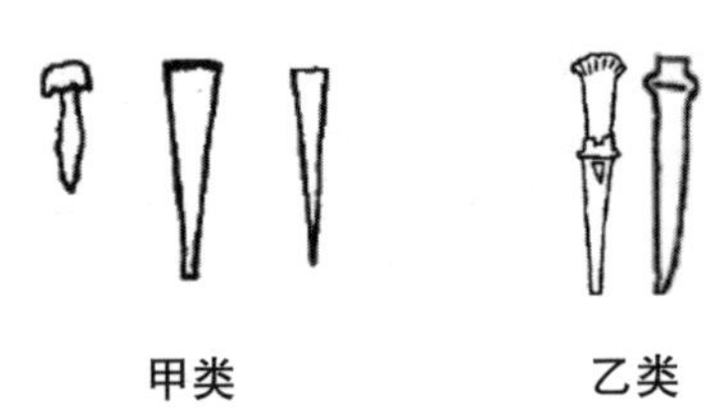

星象“辛”。

西方白虎七宿中，觜、胃、娄三宿均为三星，它们的成像如图八，B 图的三个形象与“丫”形完全相合。

（9）壬。

甲骨文作“工”；金文作“工”、“工”、“王”。

壬为两刃之斧，纴器之属，形制较为原始。“壬”即“纴”之初形，“纴”乃“壬”之累增，“担荷”的意思。上下，物也，中象人担之，六书为象形兼指事。

星象“壬”取象于北方玄武七宿：斗、牛、女、虚、危、室、壁，其中虚、室、壁三宿均为二星，成像均如图九。甲骨文“壬”字作“工”形，与之相合。

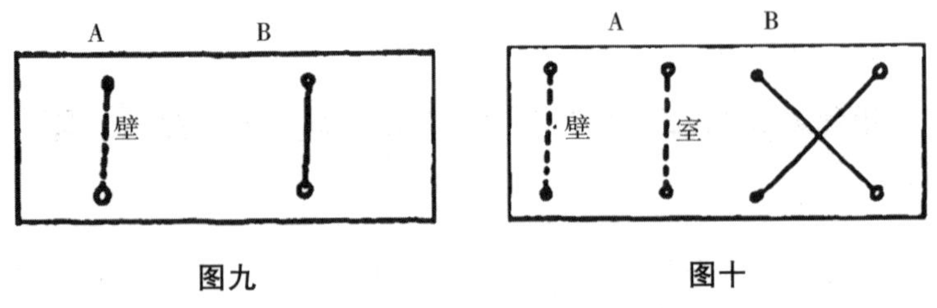

图九　　图十

（10）癸。

甲骨文作“”、“”；金文作“”、“”、“”、“”、“”、“”、“”等。

“癸”的原始义主要有下面几种说法：“葵”之古文，象四叶对生形，与“叒”象三叶，“竹”象二叶同义；有的说“矢”之象形，双矢交揆成“”形；象“戣”形，为“戣”之本字。这些原始义的解释都没有有力的证据，因此其原始义究竟表什么，至今无确论。

星象“癸”取象于北方玄武七宿中的室、壁二宿，二宿成像如图十。甲骨文“癸”字作“”形，也作“”形，与B图相合，只是四端多了四短画。这是因为甲骨文“甲”字作“十”形，二者都是由两画交叉构成，容易相混。“”形封其四端就是为了同“十”形相区别。

2. 十二地支

（1）子。

甲骨文作“”、“”、“”等；金文作“”、“”、“”、“”、“”、“”、“”等。

地支中的“子”字，甲骨文作“”、“”诸形，简文作“”，省变之形极多，无作“”者，与“”、“”迴别，从不相混。故“𢀈”为地支之“子”专用字，“子”为“子孙”之“子”专用字。自许书以“子”假为地支“𢀈”，篆文作“子”，籀文作“𢀈”、“𢀈”即“𢀈”之异文，合“子”、“𢀈”为一字。后“子”通行而“𢀈”废弃。

“𢀈”，从囟，“囟”为小儿头顶，即囟门，上有发，有臂胫。“𢀈”和“子”，都是小孩子的形状，不过“𢀈”已是能行走的孩子，“子”是要用手抱着的孩子。

星象“子”。

张守节云：“……虚二星，危三星，为玄枵，于辰在子。”子和玄枵相应，这个位置里有虚、危二宿。二宿成像如图十一，其中A图是虚、危二宿的分布情况，B图是二宿连成一个完整的形象。早期甲骨文“子”字作“𠕁”形，与B图相同。可见“𠕁”形是十二支第一个符号的专用字。

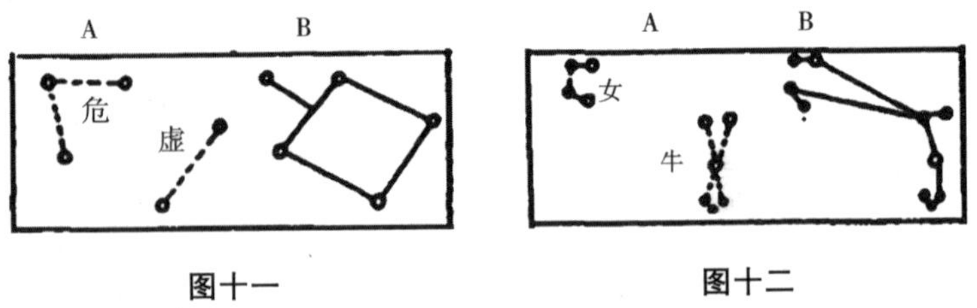

图十一　　图十二

（2）丑。

甲骨文作“丑”、“丑”、“丑”；金文作“丑”、“丑”。

"丑"本象手甲形，为"㕚"之本字。《说文》："㕚，手足甲也。""丑"、"㕚"是后世区别的文字。"丑"既为干支专用字，于是另外造出"㕚"字表"手足甲"义。小篆为"[illegible]"形，是"[illegible]"的变异。典籍则借"爪"为之。段玉裁"㕚"字《注》云："㕚爪古今字。古作㕚，今用爪。"《师克盨》"作王丑牙"，即"作王爪牙"，此乃用其本义。"爪"义较抽象，通过较具象的表手足甲的"㕚"来表示，"爪"是"㕚"常用的功能之一，特别是野兽的"㕚"。

星象"丑"。

张守节云："南斗、牵牛、须女皆为星纪，于辰在丑。"丑和星纪相应，这个位置里有斗、牛、女三宿，而丑字仅取象于牛、女二宿。二宿成像如图十二。甲骨文"丑"字作"[illegible]"形，与B图吻合。

(3) 寅。

甲骨文作"[illegible]"、"[illegible]"、"[illegible]"、"[illegible]"；金文作"[illegible]"、"[illegible]"、"[illegible]"、"[illegible]"等。

甲骨文中"寅"字屡变，与金文亦全异。甲骨文作"[illegible]"，象矢，若弓矢之形。借"矢"为"寅"，进而加"一"作"[illegible]"以为区分。作"[illegible]"不可以说成从弓，而是表示与"[illegible]"的区别。

星象"寅"。

张守节云：“尾、箕，尾为析木之津，于辰在寅。”寅和析木相应，这个位置里有尾、箕二宿。二宿成像如图十三。甲骨文“寅”字作“”形，是尾、箕二宿连成一体后的形象。如B图。

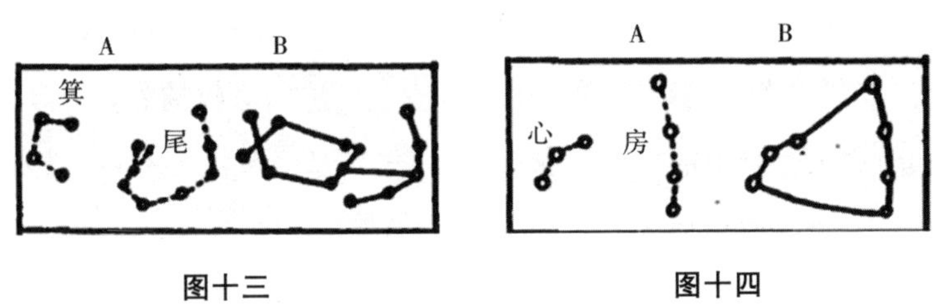

图十三　　图十四

（4）卯。

甲骨文作“”、“”；金文作“”、“”。

甲骨文中“卯”既借为干支字，亦为用牲之法。

“卯”字原始字形，略如下：

（一、庚瞿，《捃古》一三·三七；二、商瞿，周金六·七〇；三、卯钺，《泉屋》五八；四、卯兵，周金

六 · 七七；五、卯兵，周金六 · 七七；六、卯鬲句兵，《双剑》二以；七卯兵，周金六 · 七三；八、官李父簋，《贞松》五 · 三五；九、丁卯钺，周金六 · 一一〇；十、《前》三 · 一八 · 二；十一、《钱》一八三 · 四）

通过这些图形的比较，可以看出“卯”前后演变的过程。其本义为双刀对植之形，应表示对剖之意。由名词引申为动词“杀”义。从“卯”之字有“劉”。“劉”亦兵器，《书 · 顾命》：“一人冕执劉。”“劉”即“卯”也。《广雅 · 释器》“劉，刀也”，可为明证。由名转动，故“劉”义也引申为杀。《方言》：“秦晋宋卫之间，谓杀曰劉。”

“劉”是“卯”的孳乳字，《说文》作“鐂”。《玉篇》：“镏，古劉字。”其演变过程当如下：

[illegible]——→[illegible]（留鐘）——→[illegible]（幣文）——→[illegible]［小篆　古“劉”（“[illegible]”）］

“卯”既借为干支字，姓氏字乃增“田”作“留”……其后复增“金”作“镏”，训为杀，姓氏字乃作“劉”。

古“卯”、“丣”同字。《说文》“丣”为“酉”之古文，不可据。《说文》从“丣”之字，金文皆从卯可证。

星象“卯”。

甲骨文卯字作“”形，正是两个半圆，象两把月形刀并植之形。十二支的卯属于明纽系列的字。张守节云：“氐、房、心三宿为火，于辰在卯。”卯和大火相应，这个位置里有氐、房、心三宿，卯字仅取象于房、心二宿。二宿成像如图4－15。从B图可以看出，二宿连成一体，正像一把月形刀。

（5）辰。

甲骨文作“”、“”、“”、“”；金文作“”、“”、“”等。

“辰”即古代的“蜃”，是蚌蛤。材料有石或蜃，殷墟多有出土。武丁卜辞作“”，其作“”、“”者，均较晚出。甲骨文中“辰”的变形很多，然其习见者大抵可以分为两类：一是上呈贝壳形作“”若“”；又其一呈弯曲形作“”若“”。金文亦约可分为这两种。“”、“”下所从之“”若“”象蜃之肉。蓐字下从正象磨蜃而耨之形。“”字作“”“象以手执辰除艸，所执者为蜃壳，而字从辰者以辰壳不复成字也。

后世铁制的耨，如《农政全书》所画的，其形近乎蛤壳与半月。古代的辰本耕器，磨蜃而耨，故“農”（农）、“辱”、“蓐”、“薅”诸字从之。

卜辞“辰”多借为干支字。

星象“辰”。

“□”形是十二支的专用字。《尔雅 · 释天》：“寿星，角、亢也。”《晋书 · 天文志》指出“于辰在辰”。辰和寿星相应，这个位置里有角、亢二宿。二宿成像如图十五。“□”形和B图合。

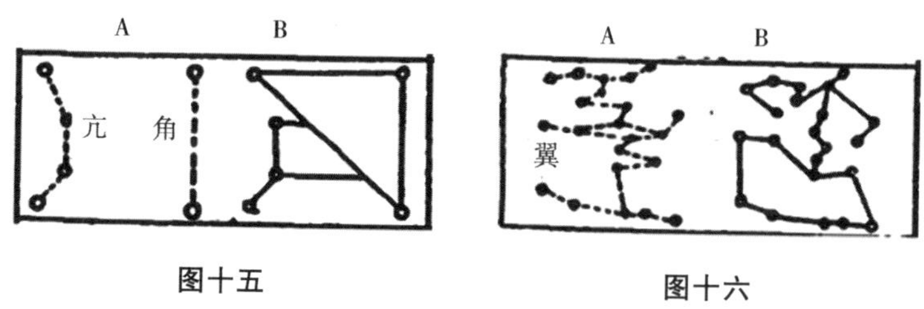

图十五　　图十六

（6）巳。

甲骨文作“□”、“□”、“□”、“□”；金文作“□”、“□”。

宋以来有关“巳”的形义解释，异说甚多，但没有一种解说是恰当的。直至甲骨卜辞出土，看到干支表后，才涣然冰释。

朱骏声《说文通训定声》：“巳，似也。象子在包中形，包字从之。孺子为儿，襁褓为子，方生顺出为㐬，未出生在腹为巳。”“□”形是有首而四肢和身子混一的形象，正象子未成形。

但十二辰的第六位甲骨文均不作“巳”而作“子”，字形为“□”，为“□”，或为“□”，字为“子”字，与金文同。子孙之“子”亦作“□”、“□”、“□”诸形，与干支名之“巳”

同，至小篆于是略变契文之“□”作“□”，以代干支名之“巳”，而以“子”为表第一支和子孙的字，“□”于是废除而不用，“子”、“巳”分为两个字。

星象“巳”。

张守节云：“翼二十二星，轸四星，长沙一星，辖二星，合轸七星，皆为鹑尾，于辰在巳。”“巳”和鹑尾相应，这个位置里有翼、轸二宿，“巳”字仅取象于翼宿。翼宿成像如图十六。“□”形和B图相合。

（7）午。

甲骨文作“□”、“□”、“□”；金文作“□”、“□”、“□”。

“午”象杵形，为杵的初文。徐灏《段注笺》：“木为午，所以舂也。亦作杵，借为子午之午。所以知其为午臼之杵者，□从午从臼，此明证也。”契文“舂”字作“□”，“秦”字作“□”、“□”、“□”诸形，象持杵以捣禾，“□”、“□”俱象杵形。

星象“午”。

张守节云：“柳八星，星七星，张六星，为鹑火，于辰在午。”“午”和鹑火相应，这个位置有柳、星、张三宿。三宿成像如图十七。B图显示出两个“□”形的形象。尤其在张宿和星宿下侧二星连出的“□”形，与甲骨文的“□”形毫无二致。

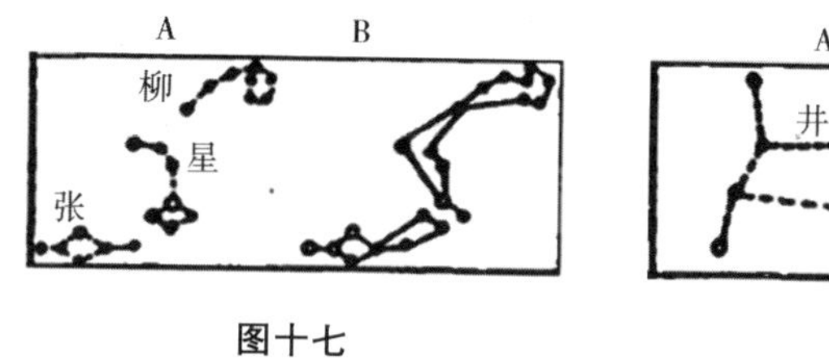

图十七

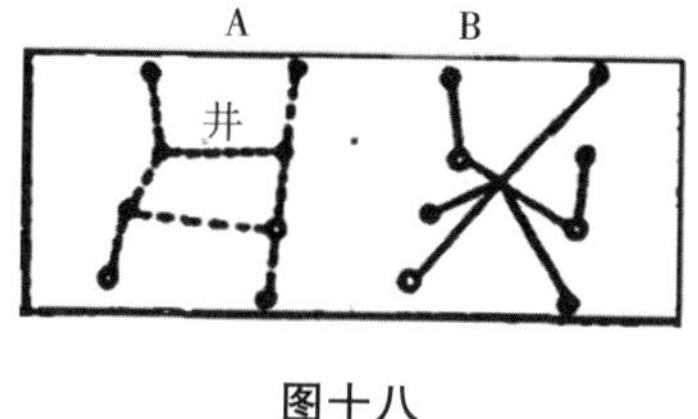

图十八

（8）未。

甲骨文作“”、“”、“”；金文作“”、“”。

“未”字在“木”字上增一笔画，象木重枝叶。古“未”与“枚”同音，即“枚”之古文，枝干也。表木多枝。《广雅·释木》：“枚，条也。”《说文解字》训“条”为“小枝”。《诗经·汝坟》“伐其条枚”，毛传：“枝曰条，干曰枚。”“枚”与“条”在对举时有细微差别，两者单独使用时，意义是相通的。《玉篇》“枚，枝也”，与《广韵》同。

星象“未”。

张守节云：“东井八里，戊一星，舆鬼四星，一星为质，为鹑首，于辰在未。”“未”和鹑首相应，这个位置里有井、鬼二宿，“未”字仅取象于井宿。井宿成像如图十八。A 图是通常的联结方式，其状如井字，故作为星宿得名于井字。B 图是为十二支的第八个符号取象，这样联结所得的形象如“”形。

（9）申。

甲骨文作“”、“”、“”；金文作“”、“”等。

“申”象電光闪烁曲折之状，实际上是“電”字的原始意义，只是“電”字小篆加雨字头，和“申（神）”相区别。由于古人对于“電”这种自然现象感到神秘，认为是由“神”所主宰，或者是“神”的化身。因此，“ꩡ”又用作“神”。“神”是“申”的引申义。

星象“申”。

张守节云：“觜三星，参三星，外四星，为实沈，于辰在申。”“申”和“实”、“沈”相应，这个位置里有觜、参二宿，“申”字仅取象于参宿。参宿成像如图十九。B 图的形象与 ꩡ 形相合。

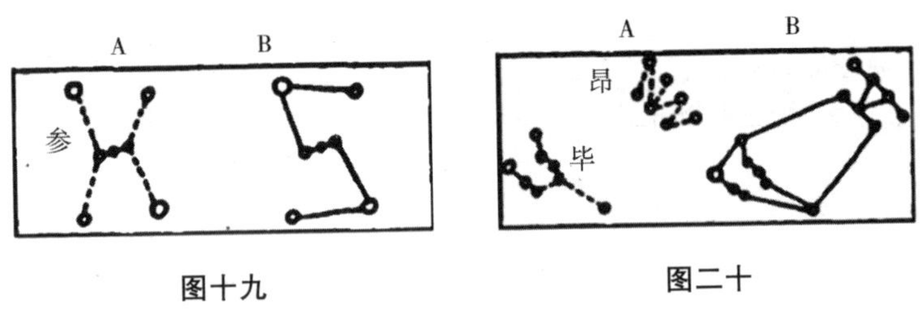

图十九 图二十

（10）酉。

甲骨文作“ꩡ”、“ꩡ”、“ꩡ”、“ꩡ”；金文作“ꩡ”、“ꩡ”、“ꩡ”。

“酉”象尊形，为盛酒之器，所以引申为“酒”义。早期“酒”、“酉”为一字，既是水酒名，又是陶器名。如《殳季良父壶》："用盛旨酉。"后增"水"作"酒"，以和"酉"相区别。

星象"酉"。

张守节云："胃三星，昴七星，毕八星，为大梁，于辰在酉。"酉和大梁相应，这个位置里有胃、昴、毕三宿，"酉"字仅取象于昴、毕二宿。二宿成像如图二十。从B图可以看出，昴、毕二宿连成一体的形象，正与甲骨文的"□"形相合。

（11）戌。

甲骨文作"□"、"□"、"□"；金文作"□"、"□"。

"戌"象斧钺之类的兵器。

星象"戌"。

张守节云："奎……十六星，娄三星，为降娄，于辰在戌。"戌和降娄相应，这个位置里有奎、娄二宿，"戌"字仅取象于奎宿。奎宿成像如图二十一。B图的形象和"□"形相合。

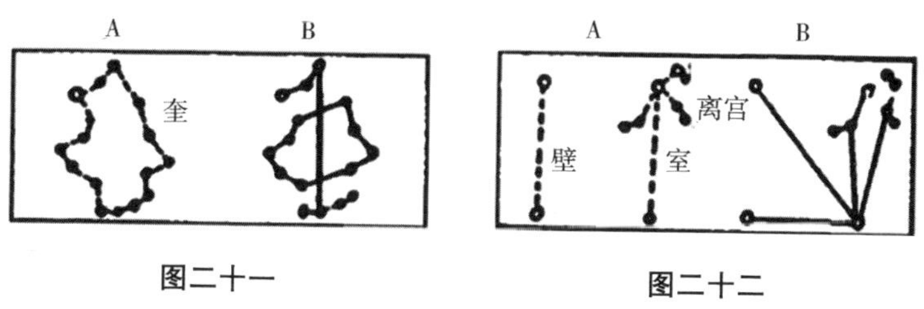

图二十一　　图二十二

（12）亥。

甲骨文作"□"、"□"、"□"；金文作"□"、"□"、

“𢀿”。

“亥”的字形与“豕”相近，但不是“豕”，其最初的原始意义究竟表什么，没有定论。甲骨文中都用于表干支。

星象“亥”。

《尔雅 · 释天》：“营室谓之定，娵觜之口，营室东壁也。”《晋书 · 天文志》指出“于辰在亥”。亥和娵觜相应，这个位置里有室、壁二宿，《春秋元命包》云“营室十星”，可见古人是把室、壁四星和离宫六星联系一体的，它们的成像如图二十二。甲骨文亥字作“𢀿”形，与 B 图相合。

以上对干支字形的分析，是根据现有的材料，尽量做出的合理解释。诚如郭沫若在《释支干》序文中所述，欲解明干支文字字源的证据，发现很难。甲骨文中的干支字用作纪日或人名，没有发现使用各字字原义的辞例。

（三）干支的应用

干支字在我国古代社会中的应用非常广泛，犹如构成物体的分子弥散于人们现实生活的诸多方面。

1. 干支用于纪年、纪月、纪日、纪时

天干地支在我国历法中有其极重要的作用，它们互相配合可用来纪年、月、日、时，统称干支纪法，是我国特有的一种纪时

方法。

（1）纪年。

我国历史上使用的传统纪年法是“干支纪年法”和“年号纪元法”。先秦纪年多以王公即位年次年号纪年，各国不一，较为混乱。

以干支纪年是从战国时期太岁纪年法发展而来的。太岁是古人设想的一个天体，它自东向西均匀运行，每十二年运行一周天，一年称一辰，新起十二岁名，与十二地支顺序对应。西汉时，历法家们为了纪年更准确方便，又以十干配十二辰，并给它起了“阏逢、旃蒙、柔兆、强圉、著雍、屠维、上章、重光、玄黓、昭阳”这十个神秘莫测的名字与“甲、乙、丙、丁、戊、己、庚、辛、壬、癸”相对。

战国时期开始以干支纪年，但未推广，其时主要以君王在位年次纪年。《后汉书·律历志》：“故黄帝造历，元起辛卯，而颛顼用乙卯……汉兴承秦，初用乙卯，至武帝元封，不与天合，乃会术士作《太初历》，元以丁丑。”《后汉书》中出现的干支纪年的年名，虽然称之为“黄帝造历”，实际是在东汉定干支纪年的历法之后，按照六十甲子的顺序向上逆推出来的。因为在此之前，史书中从未见载。

用天干地支相配纪年，产生于东汉。东汉元和二年（85），自应用“四分历”开始，干支纪年法以朝廷颁命形式通行全国，一直沿用至今。辛亥革命前多和年号纪年法并行，如“天启壬戌秋日，虞山王毅叔远甫刻”、“咸丰庚申，英法联军自海入侵，京洛骚然”、“顺治二年乙酉四月，江都围急”中，“天启”、“咸丰”、“顺治”为年号纪年，“壬戌”、“庚中”、“乙酉”为干支纪年。也有单用纪年，如“吾自戊寅年读汝哭侄诗后，至今无男”（《祭妹文》）。辛亥革命后和公元纪年法并行。近代史上一些重大事件，常以所在年份干支命名，如“戊戌变法”、“甲午战争”、“辛亥革命”等，这无疑反映出干支纪年法的重大影响。

干支纪年和公元纪年之间存在一定的对应关系，可进行两者间的换算。这里介绍一种简便方法，可用以迅速算出公元年份的干支：

公元纪年换算干支纪年对照表

尾数	4	5	6	7	8	9	0	1	2	3		
天干	甲	乙	丙	丁	戊	己	庚	辛	壬	癸		
余数	4	5	6	7	8	9	10	11	0	1	2	3
地支	子	丑	寅	卯	辰	巳	午	未	申	酉	戌	亥

利用此表，按下列步骤可求出公元年份的干支：年份尾数所对天干即所求年份之天干；年份数除以 12（无须考虑“商”），所得余数所对地支即所求年份之地支。如 1997 年，尾数 7，天干丁，余数 5（1997 ÷ 12 = 166……5），地支丑，1997 年为丁丑年。

又如2050年，尾数0，天干庚，余数10（2050÷12＝170……10），地支午，2050年为庚午年。如年份数不够12整除，可直接将年份数视同余数。如公元4年，尾数4，余数亦4，公元4年为甲子年。必须注意的是，由于不存在公元0年，这张表不适用于公元前年份。

用十二地支也可纪年，十二年一循环。明清科举考试，乡试三年一次，在子、卯、午、酉年举行，次年会试，在丑、辰、未、戌年。秦汉后民间以十二种动物对应地支，形成“生肖年”。其对应关系为：子鼠、丑牛、寅虎、卯兔、辰龙、巳蛇、午马、未羊、申猴、酉鸡、戌狗、亥猪，十二年一循环，周而复始。如求农历1949年出生的人的属相，只要求得这一年的地支，地支为丑，该农历年出身的人属牛。这种简单、生动的纪年法在历史上起过积极作用。直至今天，人们在使用公元纪年法的同时，仍在使用它。

干支纪时是中华民族特有的一种纪时方法，源远流长，影响深远，现在农历的年份仍用干支。古人皆以此纪年，后人皆以此溯推古代。

（2）纪月。

古人一般用数词“一”、“二”、“三”等纪月，如：《十月敔簋》：“隹（唯）王十又一月，王各（格）于成周大（太）庙。”

古代历法中月令的别称不少，如一月就有称正月、端月、孟陬、清阳、元月、寅月；其他月份的称谓也很多，并常以月令纪月，如《尚书 · 大禹谟》："正月朔旦，受命于神宗。"《日知录》卷二十一："屈子以寅年寅月庚寅日生。"《礼记 · 月令》："孟秋之月，日在翼。"《大戴礼记 · 盛德》第六十六："季冬正法，孟春论吏，治国之要也。"

春秋时开始以地支纪月。冬至所在的十一月配子，称"建子之月"，十二月称"建丑之月"，正月称"建寅之月"，余类推，这就是"月建"观念。由于各诸侯国对正月的规定不一（岁首有子月、丑月、寅月），月建使各国历法的统一有了依据。如庾信《哀江南赋序》："粤以戊辰之年，建亥之月，大盗移国，金陵瓦解。"李商隐《行次西郊作一百韵》诗："蛇年建午月，我自梁还秦。"

自汉代起使用干支纪月。六十甲子五年一循环，其中闰月不以干支纪，称闰某月。干支纪月不如序数纪月方便，在我国古籍中不常见。

干支纪月的规律是：甲、己年正月为丙寅；乙、庚年正月为戊寅；丙、辛年正月为庚寅；丁、壬年正月为壬寅；戊、癸年正月为甲寅。这样任何一年中的任何一月的干支，都是可以推算出来的。

月干支与当年的年干支之间存在对应关系，如下所示：

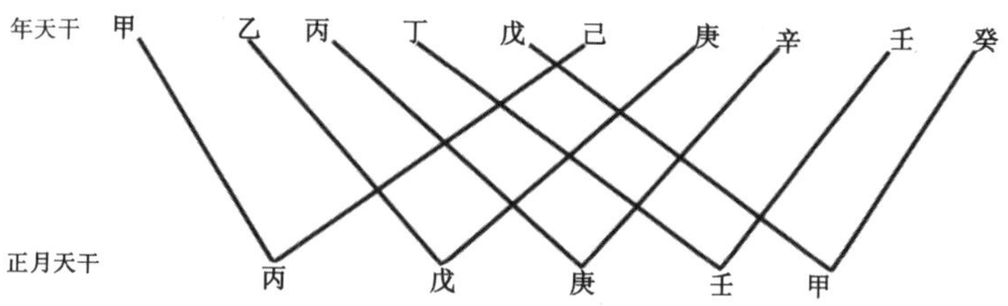

知道当年的天干，可知当年正月月干，当年其他月干按十干顺序依次排列，最后再与各月固定的地支相配，遂得干支纪月法。由于和十二的关系，每年正月月干应比上一年正月月干移前两字，如今年正月月干为庚，明年正月月干则为壬，后年正月月干则为甲，依次类推。

（3）纪日。

据大量的古代文献记载，用干支纪日起源最早。相传夏代的历法已相当发达，因此干支纪日有可能产生于夏，但尚有争议，有待更多的考古发现加以证明。商周已普遍使用干支纪日。如：壬子卜，贞：惟今夕用三白羌于丁，用……（《合集》293）。《颂鼎》："唯三年五月既死霸甲戌，王在周康卲宫。"

干支纪日法，具有简单而准确的优点。据现存文献，自春秋鲁隐公元年（前 722）二月己巳日始，至清宣统三年（1911）十一月乙亥日止，二千六百多年间，干支纪日既未中断，亦无错乱，是迄今所知道的世界上历时最长的纪日资料，成为史书记载的通例。可准确地推算历史活动的日期，如《崤之战》："夏四月辛巳，败秦师于殽。"例中"夏四月辛巳"为夏历四月十三日。

（4）纪时。

殷商时代的纪时把昼夜分为“日”和“夕”。周秦至两汉时期，纪时方式多样，如《淮南子·天文训》分为：“晨明、朏明、旦明、蚤食、晏食、隅中、正中、小还、晡时、大还、高舂、县车、黄昏、定昏。”《左传·昭公五年》：“鸡鸣、昧爽、旦、大昕、耦中、日中、日昃、夕、昏、宵、夜中。”从汉简中可见每日十八个时辰的分法：夜半、夜大半、鸡鸣、晨时、平旦、日出、蚤时、食时、东中、隅中、日中、西中、晡时、下铺、日入、昏时、夜时、人定、夜少半。

地支纪时产生于西汉。公元前104年，汉武帝颁行《太初历》，分为十二个时辰（夜半、鸡鸣、平旦、日出、食时、日中、日昃、晡时、日入、黄昏、人定），后用十二地支来标志。这种纪时法一直延续到清初，清初将西方使用的二十四时制引入中国。

三者对应关系如下表：

昼夜时辰对照表

夜半	鸡鸣	平旦	日出	食时	隅中
子	丑	寅	卯	辰	巳
23～1点	1～3点	3～5点	5～7点	7～9点	9～11点
日昃	晡时	日入	黄昏	人定	日中
午	未	申	酉	戌	亥
11～13点	13～15点	15～17点	17～19点	19～21点	21～23点

后在十二辰的地支上配一个天干，便是干支纪时法。

这些纪时法在古文献中常见，如《孔雀东南飞》：“鸡鸣入机织，夜夜不得息。”“奄奄黄昏后，寂寂人定初。”《李愬雪夜入蔡州》：“夜半雪愈急……愬至城下……鸡鸣，雪止，入居元济外宅……晡时，门坏。”

古人根据漏刻，将一昼夜分为十个时段，并以天干的前五位甲、乙、丙、丁、戊表示夜间五个时段，《隋书·天文志》：“昼有朝、有禺、有中、有晡、有夕；夜有甲、乙、丙、丁、戊。”后夜间的甲、乙、丙、丁、戊变成“五更”制度。

五更、干支纪时对照表

五更	一更	二更	三更	四更	五更
天干	甲夜	乙夜	丙夜	丁夜	戊夜
地支	戌时	亥时	子时	丑时	寅时
时间	19～21 点	21～23 点	23～1 点	1～3 点	3～5 点

时干支和日干支之间存在对应关系，如下所示：

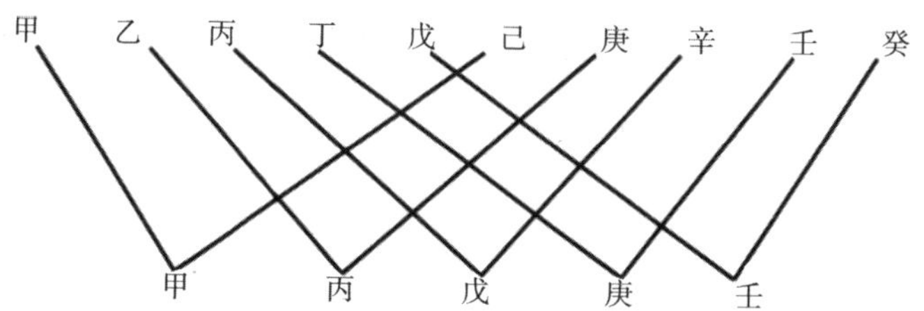

知道当日的天干，就可获悉当日子时的天干，当日其他时辰的天干按十干顺序依次排列，然后再与固定的地支相配，遂得干支纪时法。干支纪时法是以五天为一个周期，循环往复。干支纪时法的对应关系见表格说明。

干支纪时的对应关系表

	时间											
时 时干支 日干支	23~1点	1~3点	3~5点	5~7点	7~9点	9~11点	11~13点	13~15点	15~17点	17~19点	19~21点	21~23点
甲、己	甲子	乙丑	丙寅	丁卯	戊辰	己巳	庚午	辛未	壬申	癸酉	甲戌	乙亥
乙、庚	丙子	丁丑	戊寅	己卯	庚辰	辛巳	壬午	癸未	甲申	乙酉	丙戌	丁亥
丙、辛	戊子	己丑	庚寅	辛卯	壬辰	癸巳	甲午	乙未	丙申	丁酉	戊戌	己亥
丁、壬	庚子	辛丑	壬寅	癸卯	甲辰	乙巳	丙午	丁未	戊申	己酉	庚戌	辛亥
戊、癸	壬子	癸丑	甲寅	乙卯	丙辰	丁巳	戊午	己未	庚申	辛酉	壬戌	癸亥

干支纪时法在文献中常见，如袁枚《祭妹文》：“予以未时还家，而汝以辰时气绝。”《群英会蒋干中计》：“从巳时直杀到未时。”《景阳冈》：“可教往来客人于巳、午、未三个时辰过冈。”

总之，用干支纪日、纪月、纪年，好处是符号简单、周而复始。但正因为它周而复始，就不能孤立地、单独地使用，不然就根本无法推知它的准确时间。因此，在我国古籍中干支纪时的使用，往往是和传统的王位纪年法、年号纪年法相配合使用，即使出现单独使用干支纪年时，也必须有背景材料或辅助条件才能考订出它具体的时间。如用来单独纪日，就必须知道它所在月份朔日的干支或其他辅助的资料，才能知道它具体的日期。但这种方法简便易行，周期又长，确有不少优点。

2. 干支的用途

（1）用于帝王纪名。

天干地支用于纪人的名字最早是用于纪帝王之名，如夏朝的王“孔甲”、“履癸”；商代的王全用“天干”中的字为名，如“太甲”、“沃丁”、“太庚”、“雍己”、“太戊”、“外壬”、“祖乙”、“祖辛”等，除“癸”字外，“天干”中的字在商代均已被用作王名（“履癸”为夏朝亡国之君“桀”之名，商王有意避用“癸”字）。

殷商时期的奴隶主也有以天干命名的。郭沫若著《中国古代社会研究 · 卜辞中的古代社会》一文中，就有“祖日乙”、“祖日丁”、“祖日庚”、“父日癸”、“父日壬”、“兄日戊”、“大兄日乙”等名字。经考证认定，这是当时奴隶主的名字。“日丁”、“日乙”、“日癸”之类均是标明出生之日的。

用于纪名的只有天干，不用地支。给人纪名在当时类似间接的纪日法，因为人名大多是据其生日或卒日命定的。

夏朝和商朝帝王以天干为名属于天干纪日的间接应用。

夏朝、商朝之后，随着人口的繁衍，文化发达了，人的名字也开始复杂了，大多以姓氏为依据，以天干命名的习俗逐渐被淘汰了。

（2）用于分野。

①十二星次的分野。

星野的“野”是指地上的原野。星野的含义是指天上的星空与地上相对应着的区域。古代天文学家将此二者联系在一起，用以阐释不同星空的星象变化对不同区域人们的感应情况。战国时代，诸侯国各自称霸，分割土地，为了明确表示各国所处的地理位置，又用地支配周天而划分天上星宿的状况，对应于地上的州国，即所谓分野。

古人宇宙观的基本特征是天人合一。在古人心目中“天”是人格化的，是会垂天象以昭示人间吉凶的。古代占星家有“上天变异，州国受殃”的说法。“天垂象”之后，可看出与之相对应地域内人的吉凶。《周礼·春官·宗伯》中保章氏的职务是：“掌天星以志星辰日月之变动，以观天下之迁，辨其吉凶。以星土辨九州之地。所封封域或皆有分星，以观妖祥。”把天上不同的星宿与地上各州郡（或各诸侯封域）一一对应。延及汉朝，司马迁《史记·天官书》以十二星次为准，将其与地上各州国相匹配，形成整套的对应关系，其中就运用了十二地支与十二星次相对照的关系。

唐朝大星占家李淳风的《晋书·天文志上》是星野说中最精致、最规范化的一种。首先是将十二星次与二十八宿精确对应，同时也给出对应的地支分野，据其中的“十二次度数”、“州郡躔次”两节，可整理出下表：

十二星次的分野对照表

十二星次	娵訾	降娄	大梁	实沈	鹑首	鹑火	鹑尾	寿星	大火	析木	星纪	玄枵
地支	亥	戌	酉	申	未	午	巳	辰	卯	寅	丑	子
分野	卫	鲁	赵	魏	秦	周	楚	郑	宋	燕	吴越	齐
	并州	徐州	冀州	益州	雍州	三河	荆州	兖州	豫州	幽州	扬州	青州

十二地支指代的是不同的星空，“辰”指辰区间星空，“未”指未区间星空，余类推。十二星次与十二地支相对应。

②二十八宿的分野。

《新华字典》：“我国古代的天文学家把天上某些星的集合体叫作宿。”

古人经过长期观测，以恒星为背景，选择了黄道两侧的28个星宿作为“坐标”，按东、西、南、北四个方向，把这28个星宿勾勒出4种动物的形象，它们是：东方苍龙、北方玄武、西方白虎、南方朱雀，每一个形象都有七个星宿。玄武就是乌龟。二十八宿形成的四象图形，见下图：

东方苍龙之象

——角亢氐房心尾箕七宿图

南方朱雀之象

——井鬼柳星张翼轸七宿图

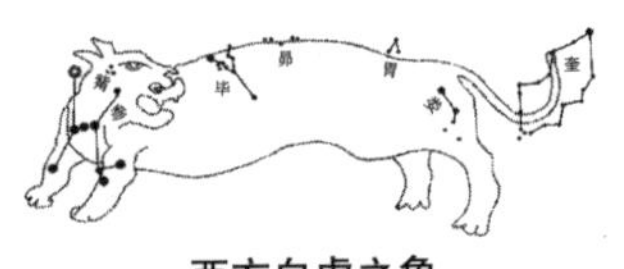

西方白虎之象

——奎娄胃昴毕觜参七宿图

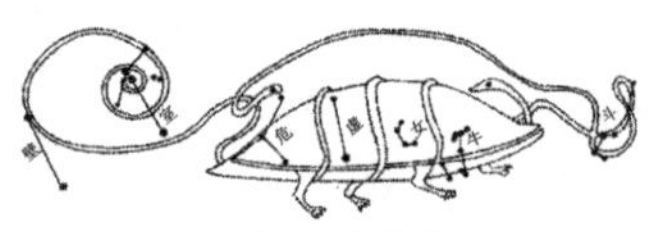

北方玄武之象

——斗牛女虚危室壁七宿图

为了把地上的分野分得更准确、更细致，人们改用以二十八宿为主的星野划分法，使得十二地支和二十八宿发生了相对应的关系。

十二星次的次段间的距离是相等的，二十八宿之间的距离是不相等的，有的距度大，有的距度很小，因此一个星宿的区间就有可能要跨两个以地支命名的区段。

东汉班固《汉书·律历志下》确定了十二星次与二十八宿中各跨区星宿的对应关系，并且说明二十八宿的所跨度数。据此可得出下表的对应关系（当在下图标带点为地支对应的主要星宿）:

十二星次与二十八宿的对应关系表

十二地支	子	丑	寅	卯	辰	巳	午	未	申	酉	戌	亥
二星次	玄枵	星纪	析木	大火	寿星	鹑尾	鹑火	鹑首	实沈	大梁	降娄	娵訾
十八宿	女虚危	斗牛女	尾箕斗	氐房心尾	轸角亢氐	张翼轸	柳星张	井鬼柳	毕觜参井	胃昴毕	奎娄胃	危室壁奎

（3）用于十二宫。

西方古人为了表示太阳在黄道上的位置，就把黄道分为 12 段，叫黄道十二宫。

地球上的人把研究观察到的太阳于一年内在恒星之间所走的路径称为黄道，也就是地球的公转规定平面和天球相交的大圆。黄道两侧各 8 度的区域形成的带状称为黄道带。

黄道的圆周是 360 度，十二宫共分为 12 段，每段 30 度，以春分点作为起点。从 0 度至 30 度为第一段，称为白羊宫，之后依次是金牛、双子、巨蟹、狮子、室女、天秤、天蝎、人马、摩羯、宝瓶、双鱼各宫，正好对应完整 360 度。过去的黄道十二宫和黄道上的 12 个主要星座是一致的。由于春分点的向西移动，两千年前在白羊宫的春分点现在已移至双鱼座，因而现在宫的名称和星座名称并不吻合。

十二宫的名称复杂且次第不明朗，不如传统的地支好记，因此有人就以十二地支名称取代十二宫名称，如丑宫、辰宫、亥宫等。下面列表展示十二宫与十二地支的对应关系：

十二宫与十二地支对应情况表

宫次	1	2	3	4	5	6	7	8	9	10	11	12
宫名	白羊	金牛	双子	巨蟹	狮子	室女	天秤	天蝎	人马	摩羯	宝瓶	双鱼
黄道经纬	0°~30°	30°~60°	60°~90°	90°~120°	120°~150°	150°~180°	180°~210°	210°~240°	240°~270°	270°~300°	300°~330°	330°~360°
地支	戌	酉	申	未	午	巳	辰	卯	寅	丑	子	亥

注：此表中的十二宫名称从《辞海》说法。

（4）用于阴阳五行。

阴阳图

古人根据事物的对立统一现象或规律形成了阴阳学说。阴阳学说还认为：事物的对立统一状态不是机械的、静止的，而是运动变化着的。

在十天干中，甲、丙、戊、庚、壬属于阳干，乙、丁、己、辛、癸属于阴干。若依10个基数的分法对照看，则位居单数的是阳干，位居双数的是阴干。

在十二地支中，子、寅、辰、午、申、戌属于阳支，丑、卯、巳、未、酉、亥属于阴支。也是位居单数的为阳，位居双数的为阴。

①干支和五行的对应。

天干与五行的对应关系如下：甲、乙对应木，丙、丁对应火，戊、己对应土，庚、辛对应金，壬、癸对应水。民间对这一对应关系有以下口诀：东方甲乙木，南方丙丁火，中方戊己土，西方庚辛金，北方壬癸水。

地支和五行的对应关系不像天干的那样简单易记。它是十二支对应五行，就不可能每两个字对应一个，而是有四行对应 8 个地支，另外 4 个地支只对应一行。情况如下：寅、卯对应木，巳、午对应火，申、酉对应金，亥、子对应水，丑、辰、未、戌对应土。从以上所说五行和五方的对应可知，中方对应土。中方即中央地带，居中心地位。将 4 个地支对应中方的土比较得宜。

古代的术士们把干支和五方、五色、四季，甚至六方、六情等对应在一起。《淮南子 · 天文训》："甲乙为木，主东方，青色，主春；丙丁为火，主南方，红色，主夏；戊己为土，黄色，主中央；庚辛为金，主西方，白色，主秋；壬癸为水，主北方，黑色，主冬。"

干支与五行之对应关系表

天干	地支	五行	自然界				人体方面						
			五方	五时	五气	五化	五脏	五官	五志	五色	五味	五体	五音
甲乙	寅卯	木	东	春	风	生	肝	目	怒	青	酸	筋	角
丙丁	巳午	火	南	夏	热	长	心	舌	喜	赤	苦	脉	徵

续上表

天干	地支	五行	自然界				人体方面						
			五方	五时	五气	五化	五脏	五官	五志	五色	五味	五体	五音
戊己	丑辰未戌	土	中	长夏	湿	化	脾	口	思	黄	甘	肉	宫
庚辛	申酉	金	西	秋	燥	收	肺	鼻	悲	白	辛	皮毛	商
壬癸	亥子	水	北	冬	寒	藏	肾	耳	惧	黑	咸	骨髓	羽

②干支和纳音五行。

《辞源》释纳音全文为："古乐十二律为黄钟、太簇、姑洗、蕤宾、夷则、无射、大吕、夹钟、仲吕、林钟、南吕、应钟。每律有宫、商、角、徵、羽五音，合为六十音，以六十甲子相配合。按金、火、木、水、土五行之序旋相为宫，称为纳音。"

首先是古乐的十二律和十二地支相对应，再融以五行和五音相对应的情况就称为纳音。十二律的每一律都有宫、商、角、徵、羽五个音阶，合起来就有 60 个音阶。这正好对应干支组合的 60 组名称。

五行中的每一行也按大小、强弱、上下情势依序各排定 6 种不同性能的物质，合并也就形成了 30 种物质。用律调的 60 种音阶配以五行中的 30 种物质，就形成了纳音五行。在应用时，人们因对干支较为了解而对律吕不太熟悉，所以就以十二地支取代十二律。这样一来，纳音五行中原有的和乐律相联的意义就逐渐消失了。

先人根据干支组合的60组名称和五行中的30种不同性能、形体的物质两相对照，就使得两个复合干支名称对照一种物质，形成下表：

复合干支与五行对应物质表

干支	甲子乙丑	丙寅丁卯	戊辰己巳	庚午辛未	壬申癸酉	甲戌乙亥	丙子丁丑	戊寅己卯	庚辰辛巳	壬午癸未	甲申乙酉	丙戌丁亥	戊子己丑	庚寅辛卯	壬辰癸巳
属性	海中	炉中	大林	路旁	剑锋	山头	涧下	城墙	白蜡	杨柳	泉中	屋上	霹雳	松柏	长流
五行	金	火	木	土	金	火	水	土	金	木	水	土	火	木	水
干支	甲午乙未	丙申丁酉	戊戌己亥	庚子辛丑	壬寅癸卯	甲辰乙巳	丙午丁未	戊申己酉	庚戌辛亥	壬子癸丑	甲寅乙卯	丙辰丁巳	戊午己未	庚申辛酉	壬戌癸亥
属性	沙中	山下	平地	壁上	金箔	佛灯	天河	大驿	钗钏	桑柘	大溪	沙中	天上	石榴	大海
五行	金	火	木	土	金	火	水	土	金	木	水	土	火	木	水

从上表可看出：五行中的水就有涧下水、泉中水、长流水、天河水、大溪水、大海水6种。这里的排列顺序显示出水势的由

小到大、由弱到强。五行中的土就有城墙土、屋上土、壁上土、大驿土、路旁土、沙中土6种，排列顺序显示出由上及下，余可类推。

纳音五行主要是用在命相术中。这种迷信活动在民间沿传已久，故难以在较短的历史时期内廓清。

(5) 用于八卦。

干支除用以纪年、月、日、时之外，大约到了东汉，随着对《周易》的深入研究，加之谶语、玄谈之风的兴起，干支始与八卦的含义相结合，指代某些自然现象或社会现象。

①干支和十二辟卦。

十二辟卦

十二辟卦，也叫十二消息卦，在一个卦体中，凡阳爻去而阴爻来称为“消”；阴爻去而阳爻来称为“息”，“十二消息卦”即被视为由“乾”、“坤”二卦各爻的“消”、“息”变化而来的，反映了阴阳相互转化的过程。“辟”是君主的意思，这里取其主宰之义。这十二卦是：复、临、泰、大壮、夬、乾、姤、遯、否、观、剥、坤。用十二个卦配十二个月，配以地支如下图：

地支对应辟卦表

十二地支	子	丑	寅	卯	辰	巳	午	未	申	酉	戌	亥
十二辟卦	复	临	泰	大壮	夬	乾	姤	遯	否	观	剥	坤

②干支、八卦、二十四节气。

唐朝李鼎祚《周易集解》以八卦干支，用来表示二十四方位图。在24个方位中，以地支命名的是12个，以天干命名的是8个（省去“戊”、“巳”二字），以八卦命名的是4个（省去“坎”、“震”、“离”、“兑”）。在24个方位中，十二地支都是间隔式的排列，从“子”开始，之后嵌入“癸”、“艮”、“甲”、“乙”、“巽”、“丙”、“丁”、“坤”、“庚”、“辛”、“乾”、“壬”12个字。方位图又统属于八卦，每卦分领3个方位，详见右图。

由于八卦有“万物类象”的特点，有人又将上述二十四方位图与一年中的二十四节气相对应。以地支“子”对节气“冬至”，然后依序将十二地支与二十四节气中的12节气相对，以8个干支和八卦中4个卦形依序和12节气相对。

（6）用于中医学。

天人感应又称天人合一，是中医理论体系的核心思想。

①干支与五运六气。

“五运”指地面的木、火、土、金、水五行之气，由于它们运行不已，故称为“五运”。“六气”指大自然空间的风、寒、暑、湿、燥、火6种气候变化要素。

用天人感应的观点看，五运是与人体五脏相对应的，即木对应肝、火对应心、土对应脾、金对应肺、水对应肾。用同样的观点看，六气与体的六经相对应，即以上述六种气候变化要素，分别对应少阴、太阴、少阳、阳明、太阳、厥阴六经。

古代医家据甲、乙、丙、丁、戊、己、庚、辛、壬、癸这十种天干以定“运”；子、丑、寅、卯、辰、巳、午、未、申、酉、戌、亥这十二地支以定“气”。

运气学说研究的就是五运六气递相主时的规律及其对天象、气候、物候的支配作用。进而探讨气候变化与人体健康、疾病发生的关系。

地支纪气表

十二地支	子　午	丑　未	寅　申	卯　酉	辰　戌	巳　亥
六经	少　阴	太　阴	少　阳	阳　明	太　阳	厥　阴
六气	热	湿	火	燥	寒	风

②干支与子午流注。

子午流注是一种有关针灸学说的方法。此法根据人体气血流注的时间进程而按时选取穴位进行针灸。子午是指时辰，流是流动，注是灌注，子午流注理论是把一天 24 小时分为十二个时辰，对应十二地支，与人体十二脏腑的气血运行及五腧穴的开合进行结合，在一日十二时辰之中人体气血首尾相衔的循环流注，盛衰开合有时间节奏、时相特性。

子午流注法主要有纳甲法和纳子法两种。这两种方法都和干支有密切联系。

a. 纳甲法。

纳甲法又称纳天干法。它是由天干、地支、阴阳、五行、脏腑、经络等内容综合组成，为一逐日按时开穴针法。其基本内容就是天干与脏腑、经络的配合。前人有一首歌诀很好地说明了天干与脏腑配合的关系：

人体的脏腑和阴阳、五行干支相配图

甲胆乙肝丙小肠，丁心戊胃己脾乡，
庚属大肠辛属肺，壬属膀胱癸肾脏，
三焦阳府须归丙，包络从阴丁火旁，
阳干宜纳阳之腑，脏配阴干理自当。

b. 纳子法。

纳子法又称纳地支、十二纳支法、十二经流注针法等。这种针法专以一日中十二地支的时辰为主，不论日期的天干如何，也不论每个时辰配合的天干如何，更不考虑时辰的阴阳属性，而仅仅以一日十二辰气血流注的顺序，一个时辰流注一经，按照虚补实泻的原则取穴针灸治疗。

由此也就形成了十二时辰和十二经两者之间固定的对应关系。前人将这种对应关系编成一首歌诀：

肺寅大卯胃辰宫，脾巳心午小未中，
申膀酉肾心包戌，亥焦子胆丑肝通。

为便于理解，把这个歌诀内容制成下表：

十二纳经子法表

经脉	肺经	大肠经	胃经	脾经	心经	小肠经	膀胱经	肾经	心包经	三焦经	胆经	肝经
时辰	寅	卯	辰	巳	午	未	申	酉	戌	亥	子	丑

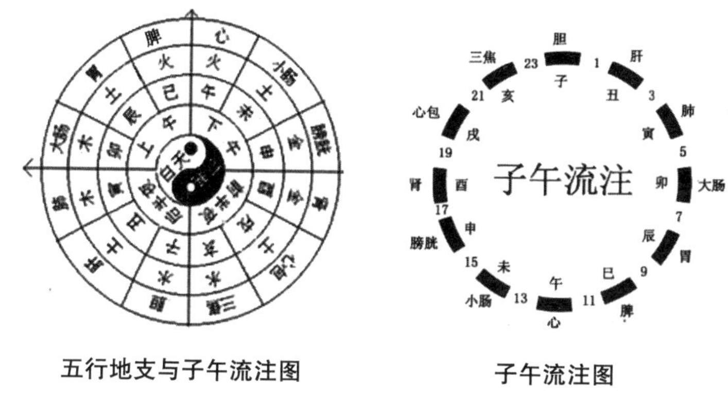

五行地支与子午流注图　　　　子午流注图

上述两法表现了我国的针灸医学与干支之间的关系。

③干支与气功。

《素问·四气调神大论》中强调“春夏养阳，秋冬养阴”的原则。在一天里，子、丑、寅、卯、辰、巳六个时辰为六阳时；而午、未、申、酉、戌、亥是六阴时。古人认为六阳时外界为生气，六阴时外界是死气，所以六阳时练气最好。

就一年来说，冬至、春分、夏至、秋分的消长变化颇似一天中的子、卯、午、酉的规律。人们认为在春、夏、秋、冬4个季节里，应抓住上述的4个节气练功。

气功也强调练功的方向性。强调春天面向东，夏天面向南，长夏正坐中宫，秋天面向西，冬天面向北。中医学把一年分为五个季节，所以这里多了个“长夏”。而这五个季节又分别和十天干有联系。东方对应甲、乙，南方对应丙、丁，中宫对应戊、

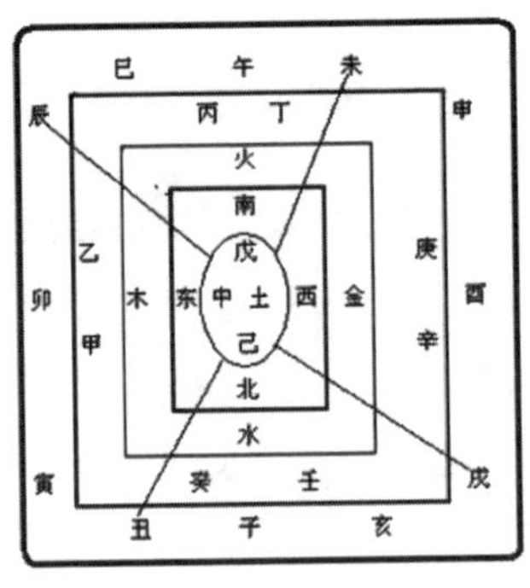

五方、五行与天干地支关系图

己，西方对应庚、辛，北方对应壬、癸。

古代有一部气功著作讲到“服气法”。此法除主张一年 12 个月练气功分别朝不同方向之外，还强调要根据不同季节选择和更换练功的最佳日期，这也是扣住干支来说的。科学普及出版社广东分社 1990 年出版的《中国传统气功学》一书引《服气精义论》如下：

春以六丙之日，时加己食气……夏以六戊之日，时加未食气心……长夏六庚之日，时加申食气……秋以六壬之日，时加亥食气……冬以六甲之日，时加寅食气……

上述的“六丙”、“六戊”、“六庚”、“六壬”、“六甲”都指的是逢天干之日，“丙”、“戊”、“庚”、“壬”、“甲”都属于阴阳学说中的阳干之日。“六丙”指的是干支对应组合表中的丙寅、丙子、丙戌、丙申、丙午、丙辰。“六戊”指的是戊辰、戊寅、戊子、戊戌、戊申、戊午，余类推。

从古人的养生服气和练习气功讲究选择不同季节的阳干之日中，可看出传统气功和干支有渊源关系。

（7）用于风水、占卜、择吉、禁忌等。

①干支与风水术。

风水术古已有之。考究其内容不外两个方面：一是根据自然条件，选择适宜的营建地点；二是通过占卜解决能否兴建、建于何时何地等问题。

过去人们修建改装住宅要选择吉利的时间。风水术认为每个月份中的日子都有生气、死气之分。生气与天道、月德相合，则吉利；死气冲犯天道，会有凶灾。建房动土，就应用生气之日，避开死气之日。至于哪些是生气之日和死气之日呢？风水术将天干、地支和八卦相糅合，规定如下：

月份	生气方位	死气方位	月份	生气方位	死气方位
正月（寅）	子、癸	午、丁	二月（卯）	丑、良	未、坤
三月（辰）	寅、甲	申、庚	四月（己）	卯、乙	酉、辛
五月（午）	辰、巽	戌、乾	六月（未）	巳、丙	亥、壬
七月（申）	午、丁	子、癸	八月（酉）	未、坤	丑、良
九月（戌）	申、庚	寅、甲	十月（亥）	酉、辛	卯、乙
十一月（子）	戌、乾	辰、巽	十二月（丑）	亥、寅	巳、丙

除了每个月的生气和死气方位外，还要考虑所谓“土气冲”方位。建房就要动土，动土就会引发土气，土气所冲的方向也和死气的方位一样是不吉利的，要尽量避免朝向那个方向，如果万不得已非要向着那个方向不可，就要想别的方法化解。十二个月

中，土气冲的方位如下：

正月冲丁、未方；	二月冲坤方；	三月冲壬、亥方；
四月冲辛、戌方；	五月冲乾方；	六月冲寅、甲方；
七月冲癸、丑方；	八月冲艮方；	九月冲丙、巳方；
十月冲辰、乙方；	十一月冲巽方；	十二月冲申、庚方。

生气、死气方位图

这些关系表述复杂，难记难推。其实我们可以把它们简化，统一地用数字来表述。例如，在二十四路图中，我们用数字给每一个方位编号：从“子”开始，编号为“0”，然后按顺时针方向，依次用 1、2、3……22、23 表示。这一表示方法与 12 个时辰的时间吻合，子时包括 0（24）点和 1 点；丑时包括 2 点和 3 点；……亥时包括 22 点和 23 点。在二十四路图中，“子”既表示方位（北），又表示时辰子时（0 点和 1 点）和月分（11 月），还表示五行的水等，在“数字化”后，就统一对应为 0。利用数字对应，就可能把风水中的许多表述方法完全的“数字化”，就会简单明了得多。

当今人们对风水术应批判地继承，充分挖掘其科学价值加以改造利用，使它为建筑业和旅游业服务。随着科学技术的发展，风水术中的科学成分与迷信将会逐渐划清界限。

②干支与占卜。

占卜就是占卦问事的意思。占卜的习俗起源于三千多年前的殷商时期。最早的占卜是用火灼烤龟甲和兽骨。随着社会的发展，占卜的方法越来越多，如蓍草占卜、八卦占卜、金钱占卜、棋子占卜、贝壳占卜、测字占卜、抽签占卜、牌类占卜、黄雀占卜等。

汉朝时出现算命术，唐朝时形成以生辰八字来测算人的命运。每个人出生的年、月、日、时，各用干支相配，合为八字，星术者以此相附会，推算人之命运好坏，这种算命术是缺乏科学依据的。

人出生的干支八字，谓之“年庚”，也称“庚甲”。宋代的罗泌在《路史 · 发挥三 · 论恒星不见》中说：“矧复年庚日甲，无一者之可合邪?”年庚日甲，指该年天干属庚，该日天干属甲，因此“庚甲”为年岁的代称。元杨弘道《齿摇》：“齿摇眼始暗，庚甲到知非。”旧俗男女订婚须先交换八字帖。也叫“庚帖”或简称“八字”。元高明《琵琶记 · 丞相教女》：“合婚问卜若都好，有钞；只怕假做庚帖被人告，吃拷。”

干支直接作为占卜所凭借的工具又可分两种情况：一种是独立的，如遁甲法、六壬法；另一种是和其他占卜法并用的，如建除法。

遁甲法又称奇门遁甲，是关于历日和方位的占卜术。由“奇”、“门”、“遁甲”三个概念组成。“奇”就是乙、丙、丁三奇。“门”就是休、生、伤、杜、景、死、惊、开八门。一般来说，开、休、生三吉门，死、惊、伤三凶门，杜门、景门中平，但运用时还必须看临何宫及旺相休囚。古人有歌曰：“吉门被克吉不就，凶门被克凶不起；吉门相生有大利，凶门得生祸难避；吉门克宫吉不就，凶门克宫事更凶。”“遁”是隐藏的意思，“甲”指六甲，即甲子、甲戌、甲申、甲午、甲辰、甲寅，“遁甲”就是在占卜中把十天干中的“甲”字省去，只用九天干推演。

“遁甲”在十干中最为尊贵，它藏而不现，隐遁于六仪之下。“六仪”就是戊、己、庚、辛、壬、癸。隐遁原则是甲子同六戊，甲戌同六己，甲申同六庚，甲午同六辛，甲辰同六壬，甲寅同六癸。另外还配合蓬、任、冲、辅、英、芮、柱、心、禽九星。奇门遁甲的占测主要分为天、门、地三盘，象征三才。天盘的九宫有九星，中盘的八宫（中宫寄二宫）布八门，地盘的八宫代表八个方位，静止不动，同时天盘、地盘上，每宫都分配着特定的奇（乙、丙、丁）仪（戊、己、庚、辛、壬、癸六仪）。这样，根据具体时日，以六仪、三奇、八门、九星排局，以占测事物关系、性状、动向，选择吉时吉方，就构成了中国神秘文化中一个特有的门类——奇门遁甲。

遁甲法图

天盘：九星；人盘：八门；地盘：八卦

六壬以占卜人事著称，其法由来已久，东汉时盛行。六壬法运用十天干占卜时，以壬为循环之首。在干支组合的60组名称中，有壬子、壬寅、壬辰、壬申、壬戌、壬午6组，这就是六壬法命名的由来。此占卜法分为64课，用刻有干支的天盘、地盘相叠。转动天盘得出所值干支和时辰的部位，以判别吉凶。

建除占卜又称建除十二辰或建除十二神。是战国时期民间占卜家比照岁星在12种星宿间的运行，按干支推算，定日期吉凶的占卜法。《淮南子·天文训》中有记载，占卜家将“建”、“除”、“满”、“平”、

十二时辰字与十二地支相配图

“定”、“执”、“破”、“危”、“收”、“开”、“闭” 12 个字作为十二时辰，与十二地支相配，变成“寅为建、卯为除、辰为满、已为平、午为定、未为执、申为破、酉为危、戌为成、亥为收、子为开、丑为闭”。以上是寅年中每月所配的十二神，其他年份内容有变动。

③干支与择吉。

择吉是指选择吉利的日子和方法。这是古人比较讲究的习俗。现代人们在建房、结婚、商店开业、投师学艺、生产劳动、男女间订婚时也都讲究择吉利日期。

古人常说“黄道吉日”，什么是黄道吉日呢？黄道就是人们在地球上看到的太阳在天体恒星中所经过的一个圆圈路线的轨迹。在黄道沿线的两侧列布许多星辰，其中就有明堂、青龙、金匮、玉堂、天德、司命。这六颗星之间都有一定的距离。我国古代星占家认为这六颗星都是吉星，还进而认为六颗星是六位神，凡是这六神主辰之日都是吉日，于是就产生了黄道吉日的说法。主辰近似现今所说值班、当班的意思。所谓的黄道吉日和十二地支有着密切的关系。

古人外出从事商旅类活动一般事先通过占卜以问吉凶，然后决定出行的方向和日期。这是有缘由的。古代传说有一个噩神经常在四方云游，“五日正东，六日正南……日正南，六日西南，西北仿此”。噩神凶神恶煞，外出的人遇到它必然遭殃。为了避开云游的噩神，出行的人就要选择吉日和吉利的方向，古人曾以自我为圆心，把周围的空间划为 12 个相等部分，以对应十二地支。如说子处于北方，午处于南方，卯处于东方，酉处于西方，余类推。这可看出选择吉利方向也是和十二地支有关系的。

古代农民从事生产劳动也习惯于选择吉日，一本老皇历中载《干支纪日用于农事举例》，对开耕、浸谷、下秧、莳田、割禾、种瓜、种菜、种豆、建造牛栏等各项农活都分别确定了“吉利”的干支日期，以供农民择吉。如开耕确定近 20 个吉利日期，下秧定了 10 个吉利日期。古人选择吉日只看重干支纪日，并不讲究序数纪日。这大概因为闰年月，序数纪日是灵活浮动着的，不利于择吉。

建除法不仅被用来选择吉日，也被用来推定凶日，以说明不宜做些什么事。建除法在我国民间习俗中是颇有影响的，甚至为官方所重视。后来也一直流传，例如清朝雍正年间（1723—1735）官方编的历书，就逐日轮流排列建除 12 字，以供择定纪日等应用。尔后的历书更加具体化，省去建除 12 字，而在历法栏中逐日说明宜与不宜的事项内容。这样就使得干支作为占卜或择吉的演绎性工具的作用消失了。新中国成立后，历书的历注内容有较多的更新，有的干脆省略了历注栏，只编有年、月、日、星期、节气方面的内容，连干支纪日也略去了。

但是，在民间实际的社会生活中，当今择吉习俗还是存在的。例如淮北地区建房破土动工习惯于用偶数日期；订婚、结婚习惯于选在农历各月逢六的日子，含义是六六大顺；而每月逢八的日子，含义是扒扒拉拉，双方都不吉利，故不用。又如旅行外出有口头禅“三六九，向外走”，认为每月逢三、六、九的日子都是吉日。

④干支与禁忌。

禁忌和择吉都是从远古传下来的。禁忌的范围比择吉范围大，其内容远比择吉多。它涉及人们实际社会生活的很多方面。即使是今天，禁忌仍存在于我们的社交和生活礼俗中。

与干支相关的禁忌，这又可分两种情况：一种是以干支作为演绎推算工具从而确定禁忌日期、方位或其他内容；另一种则是直接和干支纪日或干支本身相联系从而确定禁忌内容。

如民间讲究破土建房宜用黄道吉日，不能用黑道日。什么是黑道日呢？古代星占家假想天体中还有一个与黄道相类似的黑道。在黑道两侧也列布许多星辰，其中天刑、朱雀、白虎、天牢、玄武、勾陈六颗星是凶星，又称六神。这六神主辰之日就是凶日，不可动工建房或迁徙等。至于黑道六神主辰之日的推算方法也和黄道六神的一样，都是通过干支的辗转推算而确定的。

人们常说的“太岁头上动土”，包含触犯了有势力的人而自取祸殃之意，却很少有人知道这和建房禁忌有关系。战国时期有方术之士把太岁说成是凶神，它所在之方为凶方，所主辰之日为凶日，不宜动土建房。若是坚持在太岁主辰之日建房就被称为是在太岁头上动土。

直接以干支纪日或干支本身确定禁忌内容的在古代很流行。

敦煌石窟古籍中就有不少这方面的记载。如：

a. 天干禁忌：甲不开藏，乙不纳财，丙不指灰，丁不剃头，戊不度□（海），己不伐树，庚、辛不作酱，壬不书家，癸不买履。

b. 地支禁忌：子不问卜，丑不冠带、不买牛，寅不招客，卯不穿井，辰不哭泣、不远行，巳不取仆，午不盖房，未不服药，申不裁衣、不远行，酉不会客，戌不祠祀，亥不呼归。

在客观效果上，禁忌对社会起到一定的维护作用，对个人则可起到一定的避祸消灾的作用。

（8）用于属相。

古时除了用子、丑、寅、卯等“十二支名”纪时外，很多地方还采用了鼠、牛、虎、兔、龙、蛇、马、羊、猴、鸡、狗、猪“十二兽”纪时，即古时的“十二兽历”。其中的“蛇”人们多不言“蛇”，名之曰“小龙”。

所谓“生肖”，就是“肖生动物”，也称“属相”。“属相”指“动物属性”，所以，严格来讲，用“十二兽”代表“十二生辰”，才是名副其实的“十二生肖”或“十二属相”。“十二生肖”起源于远古中国，是华夏先民自然灵物图腾崇拜与早期天文学结合的产物。后人发掘的唐朝墓葬中，出土了成套完整的十二属相泥俑。

用地支配十二生肖，最早见于东汉王充《论衡 · 物势篇》，其文为：“寅，木也，其禽虎也。戌，土也，其禽犬也……午亦火也，其禽马也。”又“酉，鸡也。卯，兔也。……申猴也。”《论衡 · 言毒篇》：“辰为龙，巳为蛇。”这种古老的生肖配地支之说，一直流传至今。

十二地支与十二属相对应表

十二地支	子	丑	寅	卯	辰	巳	午	未	申	酉	戌	亥
十二属相	鼠	牛	虎	兔	龙	蛇	马	羊	猴	鸡	狗	猪

生肖不过是一种记人生年和年岁的方法，但旧社会男女订亲，要看属相是相生还是相克，如有“龙虎斗”、“鸡和猴、泪交流”等说法，这是没有科学道理的。

（9）干支与语言。

民谚中有“甲子下了雨，连续四十天”，“春雨甲子，赤地千里”，“秋雨甲子，禾头生耳”。这些民谚不一定有什么根据，但反映了农家以甲子日晴为佳兆的心理。宋范成大《四时田园杂兴》：“秋来只怕雨垂垂，甲子无云万事宜。获稻毕工随晒谷，直须晴到入仓时！”即是这种心理的写照。

封建时代于每年的二月、八月的第一个丁日（上丁）祭祀孔子，称作“丁祭”。古代迷信，以子日和卯日为恶日，简称“子卯”。《左传 · 昭公九年》：“辰在子卯，谓之疾日。”其因或以子为贪狼，卯为阴贼，故忌子卯；或以子卯相刑，故以子卯为忌日；或相传桀以乙卯日死，纣以甲子日死，省文称子卯，国君以为忌日。

在十二支中，“卯”在“寅”后，故亦用“寅吃卯粮”比喻入不敷出。明毕自严《蠲钱粮疏》：“大都民间止有此物力，寅支卯粮，则卯年之逋，势也。”《官场现形记》第十五回：“就是我们总爷，也是寅吃卯粮，先缺后空。”

干支又称“甲子”，用以纪年，因亦以为时光、年龄的代称。唐朝杜甫《春归》诗：“别来频甲子，倏忽又春华。”唐朝贯休《赠轩辕先生》诗：“略问先生真甲子，只言弟子是刘安。”《聊斋志异 · 胡四相公》：“尝问其甲子，殊不自记忆。”干支又称“花甲子”、“花甲”。唐赵牧《效李长吉为短歌对酒》诗：“手挼六十花甲子，循环落落如弄珠。”后以之指称 60 岁。宋范成大《丙午新正书怀》诗：“行年六十旧历日，汗脚尺三新杖黎。祝我剩周花甲子，谢人深劝玉东西。”又如“年过花甲”等。

以“甲乙”代指春季。《管子 · 四时》：“是故春三月，以甲乙之日发五政。”房玄龄注：“甲乙统春之三时也。”因以“丙丁”为火的代称，把东西烧掉称为“付丙丁”。宋朝李光《与胡邦衡书》：“近又缘虚惊，取平生朋友书问，悉付丙丁。”苏轼《真一酒歌》“壬公飞空丁女藏，三伏遇井了不尝”中“壬公”为水神，“丁女”为火神。

《左传 · 哀公十三年》：“粱则无矣，粗则有之，若登首山以呼，曰：‘庚癸乎？’则诺。”其中“庚癸”指代的是粮食，说的是吴王夫差与晋、鲁等国会盟，吴大夫申叔仪向鲁大夫公孙有山氏乞粮。春秋以后因称向人告贷为“呼庚呼癸”或“庚癸之呼”。

“壬癸”指代水，《李自成》：“将军没有看明白这书里说的‘壬癸之计’，就是请我派人偷决河堤，水淹闯贼之计。按五行，北方壬癸水，所以壬癸就是指水，而且黄河在开封之北，用壬癸更为恰切。这是五月间我同黄推官约定的暗语，以免计议泄漏。”

人称国家大乱曰“红羊劫”。宋代柴望《丙丁龟鉴》列举了战国至五代之间的变乱，在丙午、丁未年发生的有21次，故以这两年为国家发生灾祸的年份。丙丁为火，色赤，未属羊，午属马，因称丁未为“红羊”、丙午为“赤马”。唐朝殷尧藩《李节度平虏》：“太平从此销兵甲，记取红羊换劫年。”元朝袁桷《张虚靖圜庵匾曰归鹤次韵》：“红羊赤马悲沧海，白虎苍龙俨大庭。”

《汉书·王莽传》：“子午道从杜陵直绝南山，径汉中。”颜师古注：“子，北方也；午，南方也。言通南北道相当、故谓之子午耳。”“子午圈”、“子午道”和“子午谷”都与南北方向有关。《陈州粜米》“我偏和那有势力的官人每卯酉，谢大人向朝中保奏”中的“卯酉”表示对立、不调和之意，犹如天文的“卯酉圈”。

农家过年常书一“酉”字于小片红纸上，贴于墙壁成家物之上，以祈吉祥之意耳。《汉书·翼奉传》：“西方之情，喜也；喜行宽大，己酉主之。二阳并行，是以王者吉午酉也。”

干支表示等第、次序。甲居天干之首，因以之比喻首位或居于首位者。如“桂林山水甲天下”，又如“甲宅”、“甲族”、“甲姓”、“甲第”等；乙居于天干之次，因用作第二或次等的代称，丙则用作第三或更次一等的代称。古代考试科目，亦以之为名。《汉书·儒林传序》：“平帝时……岁课，甲科四十人为郎中，乙科二十人为太子舍人，丙科四十人补文学掌故云。”明清时称进士为甲科、甲榜，举人为乙科、乙榜。古代图书四部分类法，分经、史、子、集四部。经部又称甲部，史部又称乙部，子部又称丙部，集部又称丁部。又“干支”逢“五”曰“午”，如五月五日称“端午”、“重午”等。

十二生肖中无“驴”，所以“驴年”表示无限期、不可能。《景德传灯录》卷九：“世界如许广阔，不肯出，钻他故纸，驴年去得!”口语中也说“等到驴年马月”。

在十二地支和十二生肖中，子为鼠，故又称鼠为“子神”。唐柳宗元《永某氏之鼠》：“永有某氏者，畏日，拘忌异甚，以为己生岁直子；鼠，子神也，因爱鼠，不畜猫犬。”

丑为牛，故称“牛黄”为“丑宝”。《本草纲目》卷五十：“牛属丑，故隐其名。”宋魏泰《东轩笔录》卷二有载，唐代著名宰相牛僧孺因姓牛，李逢吉就常以“丑座”戏称他。所谓“丑座”，如现今的“处座”、“局座”，因丑属牛，是牛僧孺的姓，就以之开个玩笑。

寅为虎，故称虎为“寅兽”。南朝梁陶弘景《真诰》卷二十：

“有云寅兽白齿者，是虎牙也。……亦云寅客。”

卯为兔，故称兔肉为“卯羹”。宋朝陶谷《清异录 · 馔羞》：“卯羹、纯兔。”亦戏称兔年生的人为“卯君”。宋苏轼《子由生日以檀香观音像为寿》：“缭绕无穷合复分，绵绵浮空散氤氲，东坡持是寿卯君。”《古谣谚》载：“王羹亥卯未，相粥白玄黄。”“王羹”指后唐魏王李继岌吃的羹汤，亥为猪，卯为兔，未为羊，此羹乃由猪肉、兔肉、羊肉做成。

申为猴，故称药物“猴经”为“申红”。清赵学敏《本草拾遗》卷九载，深山群猴聚处此物极多，觅者每于草间得之，色紫黑成块，夹细草屑，相传为母猴月水干血。清代陈确的两个儿子，因乃申年所生，故称之为“大猴”、“小猴”，其《诗成》曰：“诗成大猴写，写出小猴诵。”今亦有鸡年所生取名“酉酉”，猴年所生取名“申申”者。

午为马，“典”与“司”同义，故以“典午”为“司马”的隐语，代指司马氏。《三国志 · 蜀书 · 谯周传》：“周语次，因书版示立曰：‘典午忽兮，月酉没兮。’典午者，谓司马也；月酉者，为八月也。至八月而文王（司马昭）果崩。”亦代指司马氏统治的晋朝。《北齐书 · 王琳传》：“故典午将灭，徐广为晋室遗老。”亦因以指“司马”之职。北周庾信《哀江南赋》：“居笠毂而掌兵，出兰池而典午。”

旧时官署卯时（早晨五时至七时）开始办公，吏役们须按时到衙门签到，叫“画卯”。元朝张之翰《和愚公韵》：“才看曹掾喧画卯，不觉庭树阴转午。”《水浒》第二十四回：“武松每日自去县里画卯，承应差使。”口语中亦作“点卯”、“应卯”。晨眠叫“卯睡”，晨起饮酒叫“卯饮”，所饮之酒叫“卯酒”，早饭叫“卯饭”，都是从“卯”表早晨卯时而来。同样，“午睡”、“午饭”、“午供”、“午暑”之“午”，也是由表上午午时而来。

汉魏时还把一夜分作五段，叫“五夜”。《颜氏家训 · 书证》“汉魏以来，谓为甲夜、乙夜、丙夜、丁夜、戊夜”中分列的“五夜”与“五鼓”、“五更”义同。《东观汉记 · 显宗孝明皇帝永平三年》：“甲夜读众书，乙更乃尽寐。”据唐代苏鹗《杜阳杂编》载，唐文宗曾对人说：“若不甲夜视事，乙夜观书，何以为人君耶?”后因称皇帝阅览文书曰“乙览”。宋朝王明清《挥尘录》后录卷九：“楚州城陷，镇抚使赵立死之。高宗命先人撰其传以进乙览，嘉叹久之。”

几千年来，干支纪时对我国人民的生产、生活产生了深远的影响，许多民间传统节日亦以它为据。现在干支作为文化遗产，仍在不少方面被继承下来，有的还在发挥着作用。如研究古籍、历史、民俗，都要了解干支的基本知识。

虽然人们大体了解了干支的面目，但仍有不少奥秘有待我们去探求。如干支起源还缺少科学依据；“十二岁名”、“岁阳”名称的来历及确凿含义还不够清楚。历代星象家和阴阳家正是利用干支的这些未解之谜玩弄他们的幻术。我们确信，随着科学的飞速发展和考古发掘材料的日益增多，一定会彻底揭开干支神秘的面纱。

五、阿拉伯数字和罗马数字

数字系统是任何一种语言都必须具备的。目前世界上各种语言一般只用两套数字系统。但在现代汉语中至少有四套数字系统共同担负汉语的位值计数，这种历史形成的多样化现象是世界上任何一种语言都没有的。

这四套数字系统，其中两套是我国古代人民创造的，另两套是近代自西方引进的。

汉语中第一套数字系统是所谓“小写数字”，即“一、二、三、四、五、六、七、八、九、十、廿、卅、百、千、万、亿、兆”。第二套数字系统是这套小写数字的“大写”，即“壹、贰、叁、肆、伍、陆、柒、捌、玖、拾、佰、仟、万、亿、兆”。

汉语中使用的第三套数字系统是自外域传入的阿拉伯数字“0、1、2、3、4、5、6、7、8、9”。

汉语中使用的第四套数字系统是罗马数字“Ⅰ、Ⅱ、Ⅲ、Ⅳ、Ⅴ、Ⅵ、Ⅶ、Ⅷ、Ⅸ、Ⅹ、L、C、D、M”。

这四套数字系统目前在汉语中共同担负计数、计算以及数概念的书面表达。

（一）阿拉伯数字

1. 阿拉伯数字的演变和传播

世界各国数字的写法有很多种，其中一种数字是国际上通用的，这就是阿拉伯数字：0、1、2、3、4、5、6、7、8、9。

一组包括零号在内的十个符号可以用来记录一切自然数，是数学史上无与伦比的光辉成绩。马克思在《数学手稿》中把阿拉伯数字誉为“最妙的发明之一”。

它的演变，有一段漫长而复杂的历史。

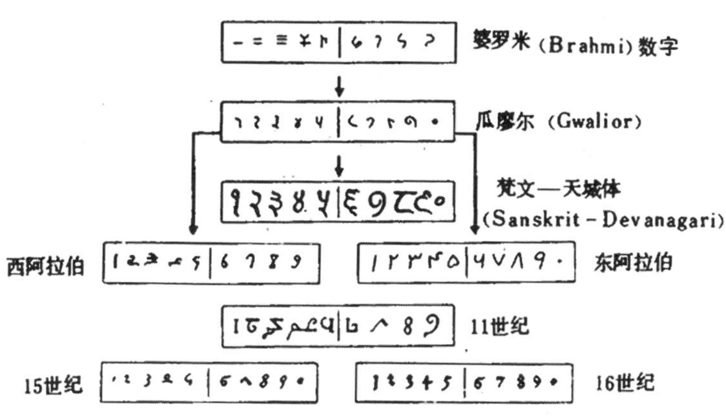

印度—阿拉伯数字简单的系谱图

传统的说法认为阿拉伯数字最早来源于婆罗米文字，形成于公元前 8—前 7 世纪，是印度文字的祖先。但斯韦茨则认为系谱图在婆罗米数字前面还应加上中国的甲骨文，它才是这个系统的真正始祖。

现在在寺庙的墙壁、石碑及铜片上发现大量阿育王（公元前 3 世纪）时期的婆罗米数字，在分类上属于分级符号制。以后渐渐向位置制发展，大约在 600 年已过渡到位值制计数法。最初用空一格表示零，后来用小点表示。完成位值制，必须有零号，根据目前掌握的资料，最早确凿无疑的“0”出现在瓜廖尔地方的一块石碑上，年代是 876 年。

瓜廖尔数字发展成梵文天城体数字，到 11 世纪渐臻成熟，一直沿用至今。现在使用梵文字母的印地语、马拉地语等语种仍然使用这种数字。

印度数字传入阿拉伯的最早记载是叙利亚学者塞特车特于 622 年写的一部天文学著作。书中提到，印度人用九个数字来计算，巧妙之极，但没有提及零符号。公元 773 年，一位印度天文学家携带婆罗摩笈多的著作来到巴格达，奉哈里发之命将其翻译成阿拉伯文。后来，许多阿拉伯数学家都对婆罗摩笈多著作的译本进行了研究和注释，其中影响最大的是《印度的计算法》一书，该书对印度人使用九个数字和零号的计数方法及其重要性作了详细论述。《印度的计算法》是第一部用阿拉伯文撰写的介绍印度数字和计数法的著作，有着特殊的历史地位。许多学者都把它视为学习数学的范本，它对印度十进位制数字在阿拉伯的传播和普及起了决定性作用。

由于当时没有印刷术，数字全凭手写，字体因人、因地而异，变化很大，东、西阿拉伯就很不相同。西部较接近现代写法，但没有零号，东部字体逐渐固定下来，至今许多伊斯兰国家仍在使用。

随着商品贸易的增多，原来使用的罗马数字很难满足需要，亟须一种书写方便、运算快的数字来代替，这就为使用十进位制的阿拉伯数字的普及提供了沃土。12 世纪中叶，欧洲人大量翻译、积极研究阿拉伯数学著作对印度—阿拉伯数字和十进位制的传播起了决定性作用。

意大利杰出的数学家斐波那契把阿拉伯文的数学书籍译成拉丁文，并于 1202 年写了《算盘书》一书。这书虽叫《算盘书》，但实际上并不讲算盘，而是第一部正式向欧洲人系统地介绍印度—阿拉伯数字的著作。这书一开头就说："这是印度的几个数字：987654321，还有一个阿拉伯人称之为零的符号'0'，任何数都可以表示出来。"他在书中详细地讨论了各国的计数法，认为印度—阿拉伯数字计数法最简便。

由于当时商业社会的迫切需要，阿拉伯数字从此逐渐在意大利普及。15 世纪后，英、法等国先后使用了印度—阿拉伯数字。在欧洲人的印象中，这些数字来自阿拉伯国家，所以称之为阿拉伯数字，这个名称就这样沿用下来。不过当时的字形和今天的写法还有不小的差别。此后，经过一百年的改进，到16世纪，欧洲数学书中阿拉伯数字的写法才与今天的基本一致。可见，今天国际通用的阿拉伯数字，其形成也凝结着欧洲人的智慧，故又称"印度—阿拉伯数字"，并一直沿用至今。

阿拉伯数字及其所采用的十进位制计数法具有许多优点，因此逐渐传播到全世界，为世界各国所使用。

早在8世纪的唐开元年间，这套数字通过历书传入我国，瞿昙悉达编写的《开元占经》就论及了印度数字。由于我国早已有自创的数字系统，印度的九个数字与我国数字的写法不同，而且我国的天文学家习惯用算筹演算，我国官私文书中概不采用这套数字系统，所以很早就失传了。后来，宋元之交，这套数字又通过伊斯兰教徒再度从中亚传入我国，但仍未被采纳。直到明季崇祯末年，方以智作《通雅》，才将这套阿拉伯数字正式用于汉语当中。由于19世纪后期和20世纪初期大量翻译欧美和日本方面的数学书，于是，印度—阿拉伯数字渐渐地在全国范围内通行起来了。

随着借贷复式记账方法的推广，用阿拉伯数字登记会计事项盛行起来。据说我国最早用阿拉伯数字记账的，是光绪二十三年（1897）在上海开业的中国通商银行。

2. 阿拉伯数字词

语言中的词汇与社会发展结合最密切。新事物、新现象出现后，会很快地产生与之相应的新词语。在当今的数字化时代，一切似乎都与数字有着千丝万缕的联系，如数字电视、数字网络、数字相机、数字手机、数控理论、数字经营等。这种现象使得现代汉语中出现了一类由阿拉伯数字参与构成的新词，我们称之为“阿拉伯数字词”。

阿拉伯数字词是指词语中含有阿拉伯数字来表达某种特定含义并能够独立运用的最小语言单位。这是在当代汉语中产生的一类新型词语。这类词语数量相当可观，而且使用频率也很高。

尽管阿拉伯数字词和汉字数字构成的词都是数字词，但它们是不同的。汉语数字词含有传统的汉语数字，如“十有八九”、“一穷二白”、“四呼”、“三包”、“五一”、“十一”等。

在汉语书面语中，早期的数字词主要来源于国际上通用的一些行业专用术语，例如“007”（电影中特工的代号）、“F1 方程式赛车”、“波音 737”等。后来某些专业名词开始进入到常用词汇当中，而且这种构词方式逐渐被中国人熟悉和接受，汉语中也开始出现了这种数字词，例如“999 胃泰”、“7-up”电脑、“101 上光剂”、“101 生发灵”、“315”、“211”、“幸运 52”、“512”等。

随着人们生活节奏的加快、科学技术的发展、网络的影响和大众传媒的普及，新的词语会不断出现，但具有多样性和不稳定性。如 747 也作“波音 747”，911 又作“911 事件”，502 又作“502 胶水”；911 可作“9 · 11”，315 可作“3 · 15”；F1 又作

"F－1", B52 又作"B－52", AK47 又作"AK－47"等。

数字词分类：

（1）从来源上可分为：外来数字词，如"911"、"007"、"F－1"、"286"、"MP3"、"WIN98"、"WIN2000"、"Office2003"、"MP4"等；国产数字词，如"110"、"119"、"120"、"315"、"F4"、"幸运 52"、"非常 6＋1"、"211 工程"、"863 计划"等。

（2）从语义上可分为：电话号码类，如"110"、"119"、"120"、"114"、"168"、"169"等；日期类，如"315"、"911"、"918"等，也可用间隔符式，如"911"又作"9·11"；科技代码类，如"286"、"386"、"486"、"586"、"737"、"747"、"502（胶）"、"666"等；表示特定含义的特殊符号，如"007"、"731 部队"、"211 工程"、"863 计划"、"幸运 52"、"630 剧场"等。

（3）从构词形式上可分为：单纯数字词，如"007"、"911"、"315"、"486"、"502"、"666"等；数字＋汉字或汉字＋数字，如"731 部队"、"211 工程"、"863 计划"、"'90'后"、"幸运 52"、"快乐 730"等；字母＋数字，如"F－1"、"F4"、"F16"、"B52"、"AK47"、"MP3"等；数字、字母、汉字混合类，如"3K 党"、"U2 飞机"、"A4 纸"、"3D 动画"、"甲型 H1N1 流感"等。

（4）从数字数量上可分为：单数字词，如"MP3"、"F－1"、"F4"、"A4 纸"、"B5 纸"等；双数字词，如"F16"、"B52"、

"AK47"、"幸运52"等；（以上两类数字词一般都必须和汉字或字母等符号连用才能成立）多数字词，这类词语目前所占的数量最大，尤以三数字词为主，如"110"、"911"、"747"、"586"、"119"等，四数字以上的词相对较少，如"8341部队"、"4050人员"等。

3. 数字语言

虽然阿拉伯数字是外来的，但是读音却是我们汉语的读音，这也是阿拉伯数字能够彻底地融入汉语中的原因。

网络数字语言使用谐音的修辞方法，能巧妙地进行隐喻、逗趣、抒情、借代等，不但富有幽默感，而且富有谜味，有的还能取得较好的实际效果，使网络数字语言达到了登峰造极的高度。相传有个嗜酒如命的人，一天收到外甥寄来的一封数字"密码信"："99：8179，7954，76229，8407，9405，7918934，1.91817。"嗜酒者看后百思不得其解，找了好几个人才替他"翻译"出来："舅舅：不要吃酒，吃酒误事。吃了二两酒，不是动气，就是动武。吃酒要被酒杀死，一点酒也不要吃。"嗜酒者深受触动，从此下决心戒了酒。

再比如，关于圆周率有谐音双关诗一首：

山巅一寺一壶酒（3.14159），
尔留吴山吾把酒（2653589）；

憩就山耳三百诗（7932384），

乐而乐斯姗姗罢（6264338）。

对于求知欲望强烈的青少年来说，背诵一首生动有趣的诗远比背诵抽象枯燥的数字要容易得多，因此这首诗一时在教育界引起轰动，人们纷纷效仿之。上海有个“24714900”的电话号码，曾引起国内外各界人士的关注，因为这是我国开辟的第一条“红娘热线”。数字谐音一经旁注，令人击掌称妙：“俩思切一试就灵”。寥寥几个数字，通过巧妙的运用，凡中见奇，生动有趣。

数字语言一般可分为下列几类：

第一，日常用语。如“886（拜拜了）”、“3166（撒扬娜拉）”、“587（我抱歉）”、“246（饿死了）”、“70345（请你相信我）”、“574839（我其实不想走）”、“9494（就是就是）”、“8147（不要生气）”、“7658（去跳舞吧）”、“7998（去走走吧）”等。

第二，表示亲昵的爱情用语。如“02825（你爱不爱我）”、“0456（你是我的）”、“04567（你是我老妻）”、“1392010（一生就爱你一个）”、“20110（爱你一亿年）”、“2030999（爱你想你久久久）”、“20475（爱你是幸福）”、“207374（爱你七生七世）”、“53406（我想死你了）”、“8807701314520（抱抱你亲亲你一生一世我爱你）”、“920（就爱你）”、“9213（钟爱一生）”、“930（就想你）”等。

第三，拟声，表示简单的声音。如“55555（呜呜呜）”表示彻底沮丧及伤心的哭声，“777（切切切）”表示鄙夷的叹词发音。

第四，字形相似。如“505（SOS 快救救我）”。

这类语言，在虚拟的网络世界，能快速地进行交流，并且富有人情味，具有形象性。不过网络数字语言的使用者大多为现代青年，主要存在于口语，特别是网络交流等非正式场合。

网络数字语言其实只是一种临时性的言语现象，它是网民们对于阿拉伯数字的一种创造性的运用，从音义结合上来看，网络数字语言具有很强的随意性，如“0”这个数字在不同的语境里可以表示多种意义。有时表示“我”，有时表示“你”，有时表示“动”的概念，而这些意义又都是随意而生的，都不可以看成是一个完整的义项，因此具有临时性、随意性、灵活性等基本特征。我们不能将其看成是一种语言，而只能看作一种言语性的数字活用，是否能成为被人民大众接受的新的数字词，还要经过时间的考验。

4. 阿拉伯数字的运用

数字用法比较复杂。究竟在什么情况下用汉字数字，什么情况下用阿拉伯数字，有时很难判断，比如“教室里有 50 多人”、“教室里有五十多人”两种写法，究竟哪个对？判断起来是有一定难度的，在不同的语境中可能有不同的判断。

为了规范出版物上的数字用法，1987 年 1 月 1 日，国家语言文字工作委员会、国家出版局、国家标准局、国家计量局、国务院办公厅秘书局、中宣部新闻局联合颁布了《关于出版物上数字用法的规定》，对阿拉伯数字和汉语数字的运用作了一些规定。在此之后的使用中，相关部门根据实际情况，提出意见，不断完善，在 1995 年、1999 年、2011 年分别作了修改。

由于阿拉伯数字具有书写简便、认读快捷、一目了然的特点，人们也越来越多地使用阿拉伯数字。然而，近年来有些出版物上常见到数字用法不符合用法规定，出现滥用阿拉伯数字的情况。

如“三十年河东，三十年河西”比喻世事变化，盛衰无常，这里的“三十年”不是确数。若写成“30 年河东，30 年河西”，由于阿拉伯数字不表约数，“30 年”就变成了确数，这熟语也就完全变味了。

把“星期六”写作“星期 6”，这也是不规范的。“星期一”、“星期二”等其实是外来词，来自英文。“星期六”是从英文单词“Saturday”翻译过来的。可见“星期六”并不是“星期”和“六”的组合，而是一个完整的概念。“六”是“星期六”的一个语素。

这种现象并不少见，如把李白诗句“五岁诵六甲，十岁观百家”写成“5 岁诵六甲，10 岁观百家”；把孔子的“五十而知天命”，写成“50 而知天命”；把“五颜六色”写作“5 颜 6 色”；把“四大发明”、“四大文明古国”写成“4 大发明”、“4 大文明古国”。

《出版物上数字用法的规定》规定："定型的词、词组、成语、惯用语、缩略语或具有修辞色彩的词语中作为语素的数字，必须使用汉字。"

（1）约数。

汉语的数字表述，不仅要表述确数，还常常要表述约数。阿拉伯数字本身是用来表述确数的，它的这一特性使它不能承担约数的表述。即使个别例子看起来好像还行，如"五万多人"，如果写作"5 万多人"，似乎也是可以的。而如果将"三五万元"写成"3、5 万元"、"数十个方案"写作"数 10 个方案"，则不可行。"数万人"更不可以写成"数 10 000 人"，因为这里的"10 000"是个准确的数字，写作"数 10 000 人"，准确地读应当读作"数一万人"，显然不是本来要表达的"数万人"的意思。

汉语可以通过位数词"十"、"百"、"千"、"万"、"亿"及一些模糊的词如"几"、"数"、"左右"等灵活自如地表示约数，如"十来个人"、"千把元"、"数万"、"几亿"、"十几个"、"数十万"等，还可以用不相邻的两个数表约数，如"三五个人"上限为五，下限为三，"百八十个"，上限可以超过一百，下限可以不足八十，还可用表约数等；阿拉伯数字没有单位词，按照数字的排列位数以及数字本身来表述准确的数目，这种情况使阿拉伯数字无法表述约数。所以，我们在约数的表述中应该尽量使用汉字数字，才能准确、自如地表达我们的语意。

也有把"20 世纪 30 年代"写成"二十世纪 30 年代"，同一场合数字用法的不一致；“二十世纪三四十年代”写成“20 世纪 30、40 年代”或者“20 世纪 30～40 年代”；把“1980 年”写成“80 年”是有歧义的，容易误解为“八十年”，或写作“80”。这都是不规范的，使本来不成问题的问题如今成了问题。“60 年前，在美国查理斯顿城，水冲破了堤岸”一句中，“60 年前”可以理解为公元 60 年前，也可以理解为距今 60 年前。前者距今已有 1 950 多年，后者距今只有 60 年。这反映出书面上数字表达的复杂，尤其是使用阿拉伯数字。如果使用汉字，这一问题可以回避。表达公元 60 年以前，就写成“六零年前”或“六〇年前”；表达距今 60 年，就写成“六十年前”。总之，“六零”或“六〇”不等于“六十”；用阿拉伯数字，就只能同作“60”。

汉语的习惯是，纪元的数字“0”读作“零”，计量的数字“0”出现在尾数上读“十”、“百”、“千”、“万”等，例如公元“1960 年前”读作“一九六零年前”，距今“1960 年前”读作“一千九百六十年前”。汉字可以表现出这种语言习惯，改用阿拉伯数字就很困难了。

（2）数的翻番、增减、倍数等的意义。

有人在说“翻两番”的时候，出现计算误差。这是由于没有弄清楚“翻……番”的含义。“翻一番”，指增加到原来数目的两倍。例如，200 吨翻一番是 400 吨，200 吨翻两番是 800 吨，200 吨翻三番是 1 600 吨。

表示数字的增加或减少时。

如果过去为一，现在为二，应该写成“增加为过去的两倍”或写成“增加到过去的两倍”。

如果过去为一，现在为三，则应写成“增加两倍”或“增加了两倍”。

如果计划定额为一百，实际数为一百六十，则应写成“超过百分之六十”。

如果原来为一百，现在为六十，则应写成“降低到百分之六十”。

如果原来为一百，现在为四十，应该写成“降低了百分之六十”。

关于倍数的使用。

倍，就是跟原来相等的数。倍数，即一个数可以被另一个数整除时，这一数即为另一数的倍数，例如二十，就是二、四、五、十的倍数。倍数只能用于数字的增加，不能用于数字的减少。例如，说增长了多少倍、扩大多少倍、提高多少倍等都可以用倍数来说明问题；但不能说降低多少倍、缩小多少倍。因为减少一倍就减完了，再就没有什么可以减的了。类似情况在一些文稿中时有出现。数字成倍数的减少只能用百分比表示。例如，原来为一百，现在为六十，则应该写成“降低到百分之六十”。

运用倍数时，还要注意用词的准确。例如，增加了或增长了两倍，即原来是一，现在是三；增加到两倍，即过去是一，现在是二。这里的“了”字和“到”字不能缺少，也不能互换；缺少了，意思就会含糊不清，容易使人产生误解；互换了意思就错了。

在使用“一年以上”、“50 岁以上”之类说法时，有人不明白是否包含“一年”和“50 岁”。一般认为，这种说法是包含“一年”和“50 岁”的。“超过一年”、“不足一年”及“超过 50 岁”、“不足 50 岁”的说法则不包括“一年”和“50 岁”。当然，为了表达得更加明确，也可以说成“一年以上（含一年）”、“50 岁以上（含 50 岁）”，或者“一年以上（不含一年）”、“50 岁以上（不含 50 岁）”。

总之，使用数字一定要准确、精练、规范，合乎词语使用规则，这样才能起到数字表达的应有作用。

（二）罗马数字

罗马数字是古代罗马人创造的。13 世纪以前，欧洲各国普遍使用罗马数字来计数。它的产生晚于中国甲骨文中的数字，但比阿拉伯数字早两千多年。

大约在两千五百年前，罗马人还处在文化发展的初期，当时他们用手指作为计算工具。为了表示 1、2、3、4 个物体，就分别伸出 1、2、3、4 根手指，表示 5 个物体就伸出一只手，表示 10 个物体就伸出两只手。当时，罗马人为了记录这些数字，便在羊皮上画出“Ⅰ、Ⅱ、Ⅲ”来代替 1、2、3 根手指，表示“5”时要用 1 只手，则画成“V”，形状像大拇指与食指张开的样子；表示“10”时要用两只手，则画成“VV”形，后来又画成像一只手向上、一只手向下的“X”形。这就是罗马数字的雏形，它的产生标志着一种古代文明的进步。

1 是 I；2 是两个 I（Ⅱ）；3 是三个 I（Ⅲ）；4 照理说应该是 4 个 I，但却写成Ⅳ，它的意义从 5（V）与 6（Ⅵ）就可看得出来：显然 5 用了一个新的字母 V 来代表，6（VI）当然就是“5 + 1”了。那么 4（Ⅳ）就可以解释成“5 − 1”。相对于 I 摆在 V 的右边表示“5 + 1”，I 摆在 V 的左边就是“5 − 1”，如此一来Ⅶ表示 7、Ⅷ表示 8 就很自然，而认定新出现的字母 X 表示 10，则Ⅸ表示 9、Ⅺ表示 11、Ⅻ表示 12 也就理所当然。

罗马数字共有 7 个基本符号，采用 7 个罗马字母表示，即 I（1）、V（5）、X（10）、L（50）、C（100）、D（500）、M（1000），利用这 7 个不同字母进行重复或者组合来表达任意的正整数。这 7 个基本数字在位置上不论怎样变化，所代表的数是不变的，这一点与位值制计数法不同。

罗马数字是和阿拉伯数字完全不同的数字系统，与十进位数字的意义不同，没有表示零的数字，与进位制无关。

位值计数用最右边的数字代表多少个“一”，其左边的数字代表有多少个“十”，再左边代表有多少个“百”，余类推。如 1996 表示一共有 6 个“一”，9 个“十”，9 个“百”和 1 个“千”；同样是数字“6”，放在个位上是表示 6 个“一”，放在十位上表示 6 个“十”，放在百位上表示 6 个“百”……数字所在的数位不同，表示数的大小就不同。

用罗马数字表示数的基本方法有两种：

一是把相同的数字连写，所表示的数等于这些数字相加得到的数，如Ⅲ（3）、XX（20）、CC（200）、MM（2 000）、CCC（300）。但同样的单位最多只能出现 3 次，比如 40 不能表示为 XXXX，而要表示为 XL。

二是“右加左减”，即在一个较大的罗马数字的右边记上一个较小的罗马数字，表示大数字加小数字，如：Ⅵ（V + I，6）；LX（L + X，60）；LXⅡ（L + X + Ⅰ + Ⅰ，62）；DC（D + C，600）。在一个较大的数字的左边记上一个较小的数字，表示大数字减小数字，如：Ⅸ（X – I，9）；XL（L – X，40）；XC（C – X，9）；CD（D – C，400）。但是，左减不能跨越等级，如：99 不是 IC（C – I），而是 XCIX，它表示 90（C – X）再加 9（X – I）。若表示更大的数目，则需在字母上方加一短横，这一短横表示“乘以 1 000”之意。如：$\bar{\text{V}}$ = 5 000；$\bar{\text{X}}$ = 10 000；$\bar{\text{L}}$ = 50 000。数字上方加两根横线，表示该数扩大到 100 万倍。如 DLXI（561），$\overline{\text{DLXL}}$（5.61 亿）。

用“右加左减”的方法来组合罗马数字需注意以下三点：

（1）Ⅰ、X、C 在大数右边（即相加时）不能连续超过三个，在大数左边（即相减时）只能用一个。

（2）V、L、D 不能用于大数左边（相减），只能用于大数右边（相加），且只使用一个。

（3）V、X左边小数只用I；L、C左边小数只用X；D、M左边小数只用C。

用多个数字表示数时，按上述法则从右向左计算，例如：

MCMXLV = 5 + 50 − 10 + 1 000 − 100 + 1 000 = 1 945

这种计数法称为“累加制”，用这种计数法计数和计算都很不方便，因此在数学上很少采用。

罗马数字与阿拉伯数字不同，不是位置定值的，因此数目之间的四则运算就无法有效进行。譬如两数相乘，如果将乘数与被乘数的数字字母捉对相乘，其后并不能把各乘积相加，因为表一个数时，字母之间有时用的是减法。罗马人虽然用字母的组合表示数目，但做四则运算时则用算板。

算板上画着几条平行的直线，就像五线谱那样：第一线是表示1的位置，第一间是表示5的位置；第二线是10，第二间是50，余类推。将4颗石头摆在第一线上就代表4，第一间放着1颗石头就代表5，若再加进第2颗石头，就5×2得10，可把这两颗石头拿掉，代之以1颗石头放在第二线。

算板上的摆法与算法，其实和算盘很类似。两者数目的表示法其实是阿拉伯式的位置定值法，而不是罗马式的。位置定值法所需表示空位的0，算板只在相应的位置不摆石头就好了。

罗马人的计数法和算术的计算无关，而阿拉伯的计与算则是合二为一的。西方人一开始没有马上接受阿拉伯数字，不过到底计与算合一是非常方便的，所以阿拉伯数字终于征服了西方人，乃至全世界的人。

因为罗马数字没有 0，不能进位，而且书写烦琐，因此它的使用并不像阿拉伯数字那样无处不在，是一种现在应用较少的数量表示方式。但是，由于罗马数字字形比较美观、庄重，以及人的怀旧心理，我们还是能经常看到并使用它们。有的钟表的表面使用罗马数字；在老电影或者电视中看到“版权所有 MCMXLVI”而不是“版权所有 1946”；或者在某图书馆或某大学的贡献墙上看到“成立于 MDCCCLXXXVⅢ”而不是“成立于 1888”；在阅读英文原著时，也常会遇到用罗马数字表示的大纲、目录或章节；在计算机 ASCⅡ码中，也收录有合体的罗马数字 1 ~ 12；书稿章节等分类的符号常采用罗马数字。

罗马数字在日常生活中并不常用，但它是表示序号或等级的理想符号。如在中文出版物中，罗马数字的主要功能不是用来表示数字，而是用作序号。被用作序号的罗马数字除了在书稿的页码和章节的编号当中出现之外，在正文当中通常被用来表示等级和型号。

GB 2312 – 1980《信息交换用汉字编码字符集基本集》中收录了 10 个小写罗马数字和 12 个大写罗马数字，它们的符号表示以及同阿拉伯数字的对应关系如下：

GB 2312 – 1980 **当中收录的罗马数字表**

小写罗马数字	ⅰ	ⅱ	ⅲ	ⅳ	ⅴ	ⅵ	ⅶ	ⅷ	ⅸ	ⅹ		
大写罗马数字	Ⅰ	Ⅱ	Ⅲ	Ⅳ	Ⅴ	Ⅵ	Ⅶ	Ⅷ	Ⅸ	Ⅹ	Ⅺ	Ⅻ
对应的阿拉伯数字	1	2	3	4	5	6	7	8	9	10	11	12

这22个表示罗马数字的符号都是双字节符号，位于GB 2312 – 1980的第02区，该区收录的其他符号都是用来表示序号的，例如“1.”、“(2)”、“③”、“(四)”等。可见，GB 2312 – 1980默认罗马数字的功能是充当序号。

但罗马数字往往被面貌相似的英文字母或它们的组合所替代。例如，罗马数字“Ⅳ”在很多情况下被大写英文字母组合“IV”所代替，两个大写英文字母“I”组合在一起通常会挤占大写罗马数字“Ⅱ”的位置。

小写罗马数字本身的使用率就很低，因此，被形似的英文字母替代的现象不多见。

大写罗马数字Ⅰ、Ⅱ、Ⅲ、Ⅳ、Ⅴ被形似的大写英文字母及其组合替换的现象较为严重，因为用作序号的大写罗马数字大多集中在前五个符号，而表示序号的形似大写英文字母组合刚好也集中在前五个符号上面。

如半角大写字母组合II恰好与大写罗马数字Ⅱ非常相似，双字节的非汉字符号输入困难，比不上按两下键盘来得快捷，按键输入两个半角大写字母组合 II 是不受输入法和文本编辑器类型限制的，任何人都能轻松做到；在 Word 文档中，默认的西文字体是 Times New Roman，在这种字体下，输入两个连续的半角大写字母 I，得到的结果 II 看起来像是一个大写罗马数字Ⅱ，因此大写的罗马数字Ⅱ常被半角大写字母组合 II 替换。再加上 OCR 技术软件本身的识别精度不可能达到 100%，当纸版图书经过扫描识别之后，识别结果会不可避免地存在一些错误，而校对人员显然也不可能找出全部的识别错误并完全改正它们，当被转载和引用的信息当中不幸包含了以半角大写字母组合 II 为代表的不规范符号时，这种错误也会随着热门信息一起广为传播。

其实 II 在很多情况下并不表示Ⅱ，这就可能造成语言信息的发布者跟接收者之间的交流障碍。例如：日本某化妆品品牌名叫“SK-Ⅱ”，不少人将其写成“SK-II”。化妆品店的促销员介绍该产品的时候，都说是“SK 图”，根本没有人说“SK 爱爱”。“图”这个发音极有可能来自英文单词“two”，因此，把“SK-II”理解成第二代的 SK 产品是合情合理的。

这种替代会给信息检索的结果带来影响，假如有人在互联网上搜索“SK-Ⅱ”这种化妆品的相关资料，目前的搜索引擎还不够智能，不能将那些包含关键词“SK-II”的网页搜索出来，而实际上这些漏掉的网页也是用户所需要的。在当前的中文电子媒体中，“SK-II”和“SK-Ⅱ”这两种写法其实表示的是同一种东西，但搜索引擎不知道这一点，所以搜索“SK-Ⅱ”的结果就不会包含"SK－II"，导致系统的查全率大受影响。如果罗马数字的使用是规范的，相信搜索引擎的查全率就会提高很多。

罗马数字Ⅱ的不规范使用（当然，英文字母和连字符也都有不规范使用的现象），给语言数据发布之前的统计工作增加了一定的难度。统计员必须明白"SK－Ⅱ"的变体一共有多少种，然后才能分别统计它和它的每一种变体的频次，最后得出总的频次。如果罗马数字的使用是规范的，那么，至少会在一定程度上降低统计工作的复杂度。

罗马数字的不规范使用已经给人们的言语交际、语言信息处理和语言数据发布工作带来一定的影响，因此，有必要对罗马数字的使用制定规范，让一部分兼职的符号去掉兼职功能，而让相应的符号充当"全职工作者"，这会减少语言生活中的歧义，从而提高交际效率。

六、“〇”、“零”和“0”

根据考古、历史和语言三方面的材料，目前我们知道人类曾创造出至少五千种以上不同的语言，但其中只有五种语言——埃及数码字、中国数码字、印度数码字、罗马数码字和玛雅数码字曾经发展出完整的数字系统。在这五种语言的数码字系统中，埃及和罗马数码字是没有“0”概念符号的。只有玛雅、印度和中国这三种数字系统具备表示“0”概念的单独数字符号。

（一）“〇”、“零”和“0”的起源及相关汉字

就全世界的范围来说，“0”起源于何时何地有多种不同的说法，“〇”、“零”和“0”起源的情况也各不相同。

1.“0”的起源

（1）源于巴比伦说。

巴比伦早在公元前 24 世纪就开始使用六十进位值制计数法，是世界上较早使用位值制的地区之一。公元前 6 世纪至公元前 3 世纪，苏美尔人用芦苇管尖在泥块上创造并使用了一个具有划时代意义的符号“[illegible]”。“[illegible]”由两个斜置的小楔

形组成，是苏美尔人专门用来表示没有数字的空位的记号。如“ ”，即（2×60）+（0×60）+5=7 205。同时还出现了其他书写“0”的方法：“ ”和“ ”。另外在启什（Kish，美索不达米亚的古代城市）遗址发掘出的一个记事簿（约公元前700年）上，记事员用三个“钩”来表示零，而同一时期的另一个记事员则只用一个“钩”来表示零。这个时期，这些零的标记只被用在数字的中间，从未用在数字的末尾，当时人们只能依靠具体的内容来推断某个数字的确切数值。虽然早期的这种位值制是不完全的，但开始出现了零的萌芽。

（2）源于玛雅说。

公元前后，玛雅人创造了比较完整的二十进位值制计数法。在玛雅语中表示零的符号是一个戴着项链回头看的文身男子，当然这只是令人吃惊的零符号系列中的一个，其他一些表示零的符号如图所示。

玛雅人表示零的符号图

玛雅文化从大约公元前300年—公元900年间在尤卡坦半岛（今墨西哥附近）昌盛繁荣。由于同外界没有联系，他们为“零”的概念和符号的独立起源提供了清晰的证据。玛雅的“零”意义明确，位值制也较巴比伦完整，但可惜这个概念没有在其他不同的文化中繁荣和流传，古代玛雅文化到公元八九世纪开始中断。巴比伦或玛雅文明中的“零”号仅仅是六十进位值制或二十进位值制中的一个符号，还不是一个数。

（3）源于希腊说（托勒密的小圈）。

最先使用小圈表示一无所有的是希腊人。他们采用巴比伦人的六十进制，却没有完全接受位值制的方法。他们的数字是用字母来表示的，计数法是位值制与非位值制的混合物。

托勒密（Ptolemy，约85—165）是古希腊的天文学集大成者。在他的《天文集》中，41°0′18″记作“$\overline{\mu\alpha}\,o\,\overline{\iota\eta}$”。“0”分的位置上没有数，但应有所表示，于是用希腊文“**οὐδὲν**”（没有东西）的字头“**ο**”来表示这个没有数的空位。在希腊的字母计数系统中，“**ο**”本来是表示70的，但在这里不致混淆，因为六十进制不会出现60以上的数。后来印度人用“0”表示零，大概是受希腊人的影响，那是几个世纪以后的事了。

（4）源于印度说。

用特定的符号形式表示“零位”，最早出现于印度。对于“零位”，印度人起初采用“空”表示（即空一段距离），和我国算筹中空位的形式相仿。公元三四世纪，印度出现用“·”表示“零位”的形式，不过“·”的读法仍是“空”（sunya）。“·”何时改为“0”的，现在很难断定，但据史料记载：公元876年，在印度瓜廖尔（Gwalior）的地方，发现了一块古老的纪念碑。这块石碑上，刻有“270”的数字。这是关于“0”的较早的历史记录。“270”被写作“27°”，“50”被写作“५°”。

（5）源于阿拉伯说。

公元8世纪，印度一位叫堪克的数学家，携带数字书籍和天文图标随着商人的驼群来到巴格达，他的书籍很快被翻译成阿拉伯文传入阿拉伯半岛，但当时并未引起人们广泛的注意，后来花拉子米于公元813年后，来到巴格达。他的专著《印度计算法》促成了印度数字和十进制计数法在阿拉伯的流行，并很快被阿拉伯人接受。这套包括“0”在内的数字于13世纪由阿拉伯人传入欧洲。

（6）源于中国说。

中国古代的算筹在筹算盘上用空位表示零。《孙子算经》是现存记载算筹及计算步骤最早的一部著作，把“208”记作“=　Ⅲ”，中间是空位，读作“二百八”而不是“二百零八”，这里的空位就是“0”的萌芽，但当时尚未用“零”字来表示空位；后用“空”、“初”、“端”或“本”等一些汉字及“□”、“○”或“零”来表示零。

中国数字“〇”和印度—阿拉伯数字“0”的创作过程见下图：

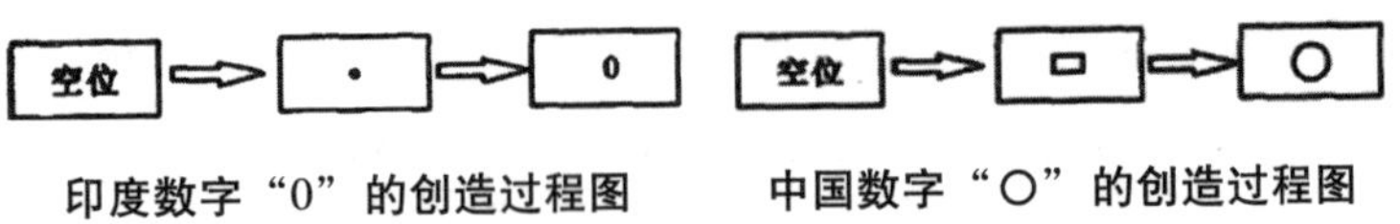

印度数字“0”的创造过程图　　中国数字“〇”的创造过程图

数是用来表示客观世界中的量，数是量的度量结果。“0”是量的“没有”在数学上的反映，所以也就没有过早给予独立符号的迫切需要，完全可以用“不写”或“空位”来代替。但作为表示计数法中的缺位的“0”和作为数的“0”是有本质区别的，前者仅是一个符号，而不是数。

数“0”的引入是位置计数法的一个结果。在位置计数法中，先是用“0”表示缺位，后来觉得“0”不仅表示缺位，而且把它作为一个数，也能和其他数一样进行运算。于是，“0”就正式成为一个数了，而且是一个既简单而又重要的数。

“0”作为一个数是一个新的概念，它是由中国人和印度人在同一时期引入的，也就是说，数“0”是在公元 5 世纪产生的，中国人和印度人同是世界上最早使用数“0”的。同时，“0”也从东方传到古罗马了。

“0”的产生在历史上经历了漫长的时间，是劳动人民在长期的生产实践中的伟大创造，是数学发展的一个飞跃。

丹齐克对数学中的“无”即“0”数字的出现给予了极高的评价：“在没有发明一个表示空极符号，表示无的符号，也即我们现代的零以前，任何进步都是不可能的。”

2. 数字“〇”、“零”和“0”的起源及相关汉字

在数字“〇”、“零”表示“0”概念之前，中国历史上出现过不少表示“0”概念的形式。

（1）中国“0”概念的表现形式。

中国“0”概念表示法较复杂，如下：

①不以任何文字形式符号标出。

这种方法在商周时代已经出现。如“取贝百一口取贝六百”。(《田野考古报告》)“百一”表示“101”，十位空缺不予表示。《宋史·律历志十七》：“三十二万五百五十五。”不用任何符号表示空位。这种空位不表示的方法一直在古代文献中沿用不绝。

②空位法表示。

春秋时期，我国数学发展较快，当时用竹制的算筹计数，做加、减、乘、除等计算时，遇到空位便实际地空位，不用其他符号表示。如“3 704”表示为“≡╥ ||||”；“3 760”表示为“≡╥⊥ ”。这种方法在魏晋南北朝时的书面语言中得到运用，如《宋书·律历志下·元嘉历法》：“七日，十三度七分，益 ，盈七万五千九百五十二。”“益”后用空白表示该处为“0”。这

是我国数学筹算中“0”概念在书面语言中的表现。

③用“空”、“初”、“端”或“本”等一些汉字来表示零。

如用“空”表示。唐代书面位值计数中将“益”、“盈”等空位来表示“0”概念的方法变成了在空位上直接写上“空”字来表示。最早用例见于《新唐书 · 历志 · 戊寅历》：“冬至，益八百九十六，盈空。”这种方法一直延续到明朝。

祖冲之在《大明历》中用“初”，刘焯在《皇极历》中用“初”、“端”或“本”。

④用“零”表示。

“零”可以表示“零头，整数以外的小数部分”，最早见于南宋代赵彦卫《云麓漫钞》：“金人渡江，遂并力兴筑……城成，周六里半零六十五步，高三丈。”这种含义沿用至今。用汉字“零”来表示“0”概念，到19世纪已十分明确。清代华蘅芳《学算笔谈》：“名位之数，既俱可用自一至九之各数记之，则其空位当以零字记之，或作一圈以代零字亦可。”又“二〇〇八”读作“二千零零八”，这里的“零”确实是指“〇”而不再作“零头”了，否则不必用两个零字了。“零”以后逐渐取代“单”，成为现代汉语表空位数的统一方式。

⑤用“〇”表示。

金朝《大明历 · 金史 · 历志下 · 步月离第五》“迟三度七十八，益三百〇九”中，书面符号“〇”作为数字表示“0”概念，这在我国是首创。到宋元时期，数学家已普遍采用“〇”表示零。清代继承了元、明两代主要用“○”表示“数的空位”的用法，并在天文、历法和数学等著作中普遍使用了“○”字。从而使筹算码成为一套完备的数学书写系统。

⑥用“□”表示。

南宋蔡沈的《律品成书》中，把“118 098”用文字表示为“十一万八千□□九十八”，这里的□□与表数字的“○”功能相同，表“0”概念。但这里的“○”与阿拉伯数字“0”有实质性的不同，它既表示系数词，也表示位数词，因此，一个系位结构得用两个“○”，而阿拉伯数字只用一个“0”表示。用“□”表示零，标志着用符号表示零的新阶段。

⑦用汉字“单”、“丹”表示。

宋元之交，开始用“单”、“丹”表示“0”的概念，限于个位数之前。元明普遍应用“单”，但仅限用于话本。如宋《梦粱录》:“另沽散卖，或百单四、七十七……是也。”元《三国志平话》:“帝接文状于御案上展开看之，乃二百单五年事。”用“单”代表“0”概念。“单”本是单个数位的意思，表示后边还有单个数位。用“单”的例子总是缺十位数位，末了是个位数。这种方法至今也时有使用。

到清代，上述七种表示“0”概念的方法中，只有“○”和“零”被保留下来，并进入中国第一套数字系统和作为第一套数字系统的“大写”的第二套数字系统。

⑧明季崇祯末年方以智正式介绍了印度—阿拉伯数字系统，

并使其自1至9的九个形体首次在我国刻本书上出现。清光绪十九年朱葆深译《对数表》，采用了印度—阿拉伯数字“0”来表示“0”概念。“○”、“零”和“0”表示汉语“0”概念的三种方法在清朝得到肯定，成为我国“0”概念书面表现的标准形式。

（2）中国数字“○”的起源及相关汉字。

①起源。

作为一个单独使用的符号，“○”在我国五千年前的远古时代已经出现。在甲骨文和金文中，“○”用作文字符号的构件，而没有独立用为一个汉字符号，如董作宾《殷墟文字甲编》中“星”作“[illegible]”（一期）。

西汉时有三个符号“、”、“L”和“○”。关于“、”，《说文解字》卷五：“、，有所绝止，、而识之也……知庚切。”可以看出“、”是用来表示文句中较大停顿的古标点。《说文解字》未收“○”，但当时的古星图常见。我国迄今发现的年代最早的天文书卷是长沙马王堆三号汉墓出土的西汉《五星占》（前246—前117），书中列有从秦始皇六年到汉文帝三年间木星、土星、金星的位置，其中“○”是表示“星”的符号。武则天自造18个字，其中之一的“○”，音“星”，用以表示星辰，正式成为一个有音、有义、有形的汉字。

甲骨文中“员”作“[illegible]”（库一八○七）、“[illegible]”（佚一一），也有作“[illegible]”（乙四四三）、“[illegible]”（中大一○七），有“o”和

“ㅁ”两种构件符号。《汉语大字典》引林义光《文源》解“員”：“口，鼎口也。鼎口，圓象。”（按：“員”是方圆的“圓”的本字）《淮南子·原道》：“圓者常转。”可见“〇”有yuán音。

从历史发展的角度分析，这个用为“星”的汉字和“員”的构件的“〇”及后来用为表示位值计数空位的“〇”在语义上并没有必然的联系。

隋唐时期我国宫廷乐部使用的《燕乐半字谱》，亦称“觱篥谱”，或称“龟兹乐谱”。谱字即指“板眼”，使用我国民间传统的记谱方法。强拍击板记作“丶”，称为“板”，次强拍击鼓签记作“〇”，称为“中眼”。所以，谱字“〇”在隋唐觱篥谱中表示乐谱中的空位，即音乐过程中的一个停顿。

敦煌残乐谱上的谱字“〇”在功能上已经很接近于位置计数时的空位，但唐代天文历志在表示“0”概念时多写一个“空”字，而不用“〇”表示“0”概念。

宋代中叶，借西汉通用的“、”和“〇”作为圈点刻本书的符号，“、”读若点，用以标点文句；“〇”读若圈，表示段落与段落间的空位。北宋仁宗时，丁度《集韵》收入汉字“零”，零：“《说文》：余雨也。又姓。”古姓氏曾写作符号“□”，快书写作“〇”，故读若“圈”。南宋郑樵《通志·氏族六·避仇第十二》：“圈氏去□为圈氏，章氏避仇为章仇氏。”由此可推断，“零”、“圈”、“□”、“〇”四个符号在北宋时已经有某种联系。

金朝《大明历》的两个作者都是汉人，在《大明历》中首次用“○”来表示天文历法计数中的空位，“○”首次成为表示“0”概念的中国数字。“○”表示“0”概念应与宋代刻本书上表示段落之间空位的“○”有关。

我国古时也常把“○”作为一种记号来使用，在自己的姓名下画个“○”作为签押用。亦作为圈阅公文的符号，表示此文领导已经看过。清朝殿试的考官称为读卷大臣，看到好文章时即在卷面上加上一个“○”。派出 8 个圈卷大臣，最好的一本卷子就是 8 个“○”，便是压卷之作。慈禧太后曾亲手点过两次状元，划过两次“○○”，所以那时不看文章，只看“○○”即可。

在清代，中国数字“○”成为“0”概念表现形式中的标准形式之一。“五四”以后，符号“○”的其他用法渐渐废止，“○”成为一个纯粹表示“0”概念的中国数字。

②汉字“○”。

我们说汉字没有“○”这样的形态结构，这是就楷书而言。其实作为汉字，“○”的字形早已存在，古汉字以“□”、“○”表示“方”、“圆”。如果不是用作记号，有以形表意的作用。“○”是这样演变的：○→貟→員→圓（简化作“圆”），只表形，不表数。“圆”字从“□”“员”声。按照相传的音读，“□”和“围”同音。“围”、“圆”二字古音相近（二字阴阳对转）。古文字中的圆形结构，无一例外地都变成了方形：如“⊙/日”、“車/

車”等。圆形演进为方形，是隶变的结果。

我国历史上的各类字书、韵书、类书、辞书均不认为“〇”是汉字，都不收录。直到20世纪70年代初，严敦杰指出中国数字“〇”是一个汉字。1978年12月出版的新版本《现代汉语词典》首先收录了“〇”，读音为líng，释义为“数的空位（同零)”;《辞海》对“零”的释义有两种：数的空位；整数系统中一个重要的数。“零”的两解也适合“〇”，即“〇”也有这两义。《新华字典》、《新华词典》、《现代汉语规范字典》、《现代汉语词典》均解析为“数的空位，同‘零’”。

目前，我国有二十几种中小词典将“〇”作为一个汉字收入，但由于“〇”的字形，这些词典在笔画和部首的安排上不统一。汉字字符集——国家标准GBK和国际标准的“单位符号”和“特殊符号”中也收入了“〇”。但是，在近年修订出版的我国四种主要大型辞书如《辞海》（上海辞书出版社1989年版)、《辞源》(商务印书馆1988年版)、《汉语大字典》（湖北辞书出版社1986年版）和《汉语大词典》（汉语大词典编纂处1986年版）中，数字“〇”没有收入。

“〇”字形只有一种笔画，这是多数人的共识。《现代汉语规范字典》和《现代汉语词典》在难检字笔画索引中均为一画。《现代汉语词典》、《新华词典》已将“〇”收到它的原方块型“囗”部首一画里。“〇”和“囗”之间的笔画是有关联的。古文字中圆形在隶变的过程中无例外地都变成了方形；宋以前既用

“□”，也用“○”表示余数和空位；到了宋代，数学家们多将“□”改为“○”，字形趋圆，可见“○”与“□”的字形是相关联的。目前在计算处理时，于“○”的前面有“v”的特殊记号，显然与众不同。由此看来，“○”既是一个数字（自然科学），也是一个现代汉字（社会科学），属于跨学科的边缘学科的对象。

“○”字的笔画是一条相接的封闭性弧线，笔顺规则为从右到左再回右的封闭性圆。

作为数字，“○”的读音是 líng。líng 原本并非“○”的读音。从中国数字“○”的历史发展来看，“○”这个汉字在我国文明史上曾代表多种不同的意义，有多种读音。

甲骨文时期“○”形可读作 yuán；西汉时期“○”作为星的符号；武则天时“○”是一个有形、音、义的汉字，“○”的义为“星”，音 xīng。南北朝时期用空位表示历法中“0”概念，唐用空位表示，隋唐时期记谱的谱字用“○”表示乐谱中的空位，“○”为“空”义；宋时“○”作为圈点刻本书的符号，读若圈（quān）；把“○”作为一种韵音符号来使用的，如《康熙字典》中用“○”作为字母切韵。

此外，“○”还叫“洞”、“环”等，都有其特殊的用法和功能。总之，“○”的起源比较复杂，“○”的用法多种多样。

金朝始用“○”表示“0”概念。根据数学史家的考证，13 世纪 40 年代，金朝数学家李冶在河北，宋朝数学家秦九韶在浙江，但他们在其著作中不约而同地使用“〇”表示数字的空位，说明“〇”作为一个数字在那时已被普遍采用。

数字“〇”为什么最终会读 líng 呢？

古人在表达数字、数量时，习惯大量在前，小量在后，中间使用“〇”、“空”、“单”、“零”等字，或者什么字也不用，只是空一位置，这些作用都是一致的，这为“〇”与“零”同音提供了可能。

钱宝琮《中国数学史》：中国古代原有用“□”形表示脱落文字的习惯，计数的时候就用“□”形表示数字的空位。后来为了书写方便，将这个“□”形顺笔改成“〇”形。在数字中间的“〇”形就是一个表示零的符号，这和印度阿拉伯数字的“0”是殊途同归的。

我国古代计算采用十进制，十是整数，十以下是零数。“〇”、“零”和“0”作数字时都能表示这种零数的意义。

明代刊刻的《算法统宗》在行文中经常将“〇”与“零”混而不分，如《算法统宗》卷二：

假如今有一百九十人，支银一两十九分两之一，问：该银若干？解题曰：十九分两之一，每人即一两〇五分二厘六毫有〇。

积二千四百五十步。税十亩〇二厘〇八。

对第一例，当代数学史家郭世荣先生注释说："有〇，12 卷本作'有令'，13 卷本作'有零'，即有奇之意。"对第二例的"二厘〇八"则注曰："'厘'为'分'之误，14 卷本作'二分零八毫'。"

"零"表"零头"一义本来该用"零"字的，却用"〇"代表，这是"〇"、"零"开始混用的明证，"〇"向"零"借音，本为空位标记的"〇"因此有了现在的读音"零"。

到了清代，印度—阿拉伯数字被刻本接受并使用，"〇"、"零"和"0"都可以表"0"概念，在这种情况下，"〇"、"零"和"0"皆音 líng，最终三者音同。

"〇"为指事字，正圆形，读 líng，表整数系统中一个重要的数和数的空位意义，它像其他汉字一样有自己的形、音、义。

（3）中国数字"零"的起源及相关汉字。

①起源。

汉语中表示"0"概念的数字"零"未见于甲骨文。金文中"零"首见于格伯敦。在春秋典籍中，"零"并不表示"0"概念。《诗经 · 鄘风 · 定之方中》："灵雨既零，命彼倌人。"毛传："零，落也。"又《诗经 · 郑风 · 野有蔓草》："野有蔓草，零露漙兮。"郑玄笺："零，落也。"屈原《离骚》："惟草木之零落兮，恐美人之迟暮。"王逸注："零、落，皆坠也。草曰零，木曰落。"这里"零"指"凋零"。

a.“零”引申为“零头”。

较早与数字连在一起使用见于宋包拯《包孝肃奏议·择官再举范祥》:“勘会新法……二年计增钱五十一万六千贯有零。”“零”的这个引申义后来一直沿用。

在明清文献中，为强调零头，即使没有空位也可以出现“零”字。如明朝冯梦龙《东周列国志》:“首尾三十有八主，八百七十年零四，卜年卜世数过之，宗社灵长古无二。”诗中为押韵而将“零四”二字缀后。如《红楼梦》:“共使银一千一百十两，除给银五百两外，仍欠六百零十两。”《老乞大新释》:“我这一百八十零一两，该多少牙税钱?”为了突出畸零的数目，有明显的强调作用。“零”后为分数，则“零”相当于“又”字，用于整数（古人又叫“全数”）与分数（又叫“零数”）相连时。如明李之藻《同文算指》:“于二十零四之三内，减六零二之一，是为一十四零四之一。”

b.“零”表空位。

“四位一级，个、万、亿三级”的汉语称数体系，在四位一级中，每一级中间或每级前面不管有连续几个空位，都可以只读一个“零”。“零”的这种用法多数语法著作以“空位”（zero）或“零位”称之。例如：八千零三，即 8 003；四万零二十一，即 40 021；六千零七十五万零九百零四，即 60 750 904。

这种用法的最早用例远在宋元时期就已出现，如南宋时秦九韶《数书九章》卷一“得率实十二亿零三百零四万五千八百四十”;《数书九章》卷二“并二雨积得一万一千八百零六寸二五”。

c.“零”表“0”概念。

用汉字“零”来表示“0”概念，到19世纪已十分明确。在清朝时，“零”逐渐取得和中国数字“〇”同等的地位。

②汉字“零”。

“零”这个字是用了13笔，横、竖、撇、捺、横、折、钩7种笔画类别和相接、相离、相交3种笔画关系及从上到下的规则构成的汉字。

从东汉的《说文解字》到现代的《现代汉语规范字典》都把“零”归入“雨”部。

《说文解字·雨部》说：“零，余雨也。从雨，令声。”“零”是合体的上形下声的形声字，“雨”形符，“令”声符，“落”是本义，动词，“余雨”是其造字义。如《诗经·豳风·东山》：“零雨其濛。”后来，“零”泛指“（草木花叶）落下，飘散”，如《楚辞·远游》：“悼芳草之先零。”“零”常常与“落”同用，在草曰“零”，在木曰“落”。继而，“零”又引申作“零碎、零散”讲，与“整”相对，成了形容词，如白居易《题州北路傍老柳树》“雪花零碎逐年减，烟叶稀疏随分新”句中的“零”。这个意义后来成了现代汉语“零”字的基本义。从“零碎”义，“零”又引申出“奇（畸）零、零头”，即“不成整数的，零星的”意义，如周密《齐东野语》：“若要知仔细，两时零五刻。”在19世纪后期正式成为一个数字，用以表示位值计数中的空位。

同时，可表示没有数量，即用“零”表示数字“0”，“零”成了数词，如“三减三等于零”。这种“0”的效力等于“零”。

（4）阿拉伯数字“0”的起源及传播。

“0”的出现是数学史上的一大创造，这项堪称人类伟大的发明出自印度人之手，是印度人的贡献，而阿拉伯人却是让它得以传播世界的功臣。

①“0”的起源。

在阿拉伯数字、罗马数字、中国现代小写体等数字中，最简单的也最常用的就是阿拉伯数字了。“0”是阿拉伯数字中的一员，它的起源要比其他数字晚得多。

印度人很早就懂得位值制的道理，“0”是何时、何人发明的，什么时候开始用“0”表示零，现在已不得而知。最初他们没有表示零的记号，空位是用空一格来表示的，如“307”表示成“3　7”，后来为了避免看不清楚，就在中间加上小点，如“3·7”表示十位上是空的。从目前掌握的资料看，最早确定无疑的“0”出现在瓜廖尔（Gwalior，印度中央邦西北部的城市）的一块石碑上（见下图）。

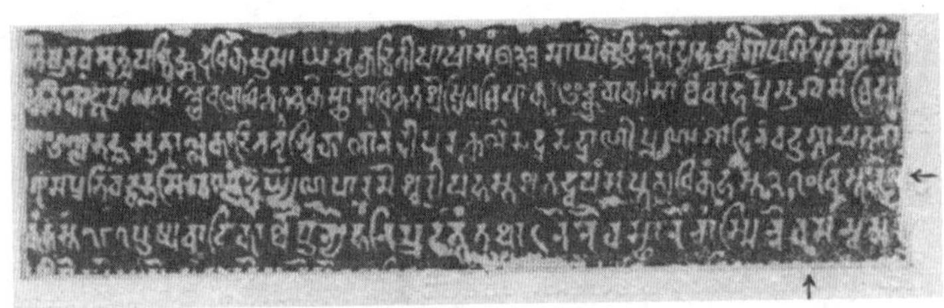

瓜廖尔的一块石碑

注：右下角箭头交叉处就是零，它和前两个符号合起来成“२७०”，表示“270”。第一行：下方的“९३३”表示“933”。

瓜廖尔石碑上“0”的形状和现在的“0”很相似，933 是当时的历法纪年，相当于公元 876 年。另一种说法是“0”在公元 870 年的石碑上就已出现。

不过据许多学者推断，大约在 6 世纪初印度人已经使用这种计数法。“0”之所以在印度被发现，今人推测是因为古印度有“绝对无”的哲学思想。起先，印度“0”的记号是“·”（读作“宾杜”)，而不是现在的圆圈——“0”。在一首印度古代诗歌中，诗人就曾这样写道：“她额上的宾杜（·）/使她的美丽增添了 10 倍/一如宾杜使‘数’成为 10 倍。”

有学者认为“0”的起源深受佛教大乘空宗的影响。大乘空宗流行于 3—6 世纪的古印度。正是在它流行后期，印度产生了新的整数的十进位值制计数法，规定出十个数字的符号。以前计算到十数时空位加一点，用“·”表示，这时发明了用“0”来代替。“0”的梵文名称为Sunya，汉语音译为“舜若”，意译为“空”。“0”乘以任何一个数，都使这个数变成“0”。大乘空宗由印度龙树及其弟子提婆所创立，强调“一切皆空”。“0”的这一特殊现象反映了“一切皆空”这一命题所留下的痕迹。

印度人对零的最大贡献是承认它是一个数，而不仅仅是空位或一无所有。阿拉伯数字较之其他计数法的优越，在于它有明确的“0”的概念和表达、计算方法，使人类表数、计数的文明面目一新。“0”的发现与使用，使我们可以用从“1”到“9”的数同“0”相组合，简洁明了地表示一切的数。今天，这种十进制的阿拉伯数字，已经成为通行全球的表计数字，几乎在生活的每一个角落都能感受到它的贡献，成了全世界的公共财富。

②“0”的传播。

在印度，“0”这个词读作“苏涅亚”，表示空位置的意思。继而“0”这个数字从印度传入阿拉伯，阿拉伯人把它翻译为“契弗尔”，仍然表示“空位”的意思。后来，又从阿拉伯传到欧洲。英语中的“cipher”，直到现在还被解释为零的意思。

尽管印度的数字很早就传到阿拉伯和欧洲，然而“0”却迟迟没有被广泛采用。热尔贝（Gerbert）是法国有名的学者，他将印度—阿拉伯数字介绍到欧洲去，但却不知道“0”。

12世纪初，欧洲人大量翻译阿拉伯文的书籍为拉丁文。阿德拉德（Adelard of Bath，1120）翻译花拉子米（Al－Khowarizmi，约820）的天文表，在译本中出现三种表示零的记号：“θ”、 “ἱ”、“ō”。第一个可能是希腊字母“θ”的变体，第二个是字母“τ”的变体。

正式介绍包括“0”在内的印度—阿拉伯数字到欧洲的是斐波那契（Leonardo Fibonacci）。他在《算盘书》（*Libe Abaci*，1202）中写道：“印度人的九个数字是987654321。使用它们以及阿拉伯人叫作 cephirum 的符号，任何数都可以写出来。”

6～8 世纪，印度梵文的“空”（相当于零）称为 sunya，9 世纪时译成阿拉伯文“as－sifr”，13 世纪转成拉丁文“cifro”，“cephirum”（这就是斐波那契用的字）或“zefirum”，希腊文写成“**τξiφρα**”（所以有时用“τ”表示零）。以后又变成英文、意大利文的“zero”，法文的“zéro”。英文“cipher”也同出一源，有零的含义，后来引申为数字特别是阿拉伯数字，和它意义相当的是德文“Ziffer”、意大利文“cifra”和法文“chiffre”。这些字的发音也很相近。

虽然经过斐波那契的提倡，但是“0”并没有很快传播开来。例如 15 世纪拜占庭的手稿（现保存在维也纳）有时用“●”表示零，有时又用“**γ**”表示零，如“**βγ**”表示 20，“**αγγγ**”表示 1 000。直到 17 世纪，洛尔（Michael Rolle，1652—1719）还习惯地使用“**θ**”来表示零。

印度的“0”何时传入我国？

唐开元年间，“0”数字通过历书传入中国。由于中国人早在西安半坡时期已经自创了数字，“0”在我国古代也遭到了顽强的抵抗。因此，在唐宋时代，我国官私文书中概不采用“0”数字。至元朝，“0”数字又由伊斯兰教徒从中亚再度传入我国，仍未被我国采纳。直到明季崇祯末年，方以智作《通雅》，才将阿拉伯数字（1～9）正式用于汉语，而“0”仍然未被中国人采纳。1892年狄考文（美国人）和邹立文合著的《笔算数学》正式采用阿拉伯数字，后来得到广泛的传播和应用。清光绪十九年（1893），朱葆琛译《对数表》采用了印度—阿拉伯数字“0”来表示“0”的概念。

（二）“〇”、“零”和“0”的运用

在“〇”、“零”与“0”的运用中，对其意义、作用和性质了解是必要的；同时在运用中注意它们之间混用的现象和不同的读法也是十分必要的；至于言语中出现不少“零”构成的新词，我们也要引起注意。

1. 数字“0（零、〇）”的意义、作用和性质

（1）“0”的意义和作用。

“0”的一般意义是什么呢？“0”的最初的和一般的意义是表示“没有”这个概念。“树上三只鸟，用石头砸去，三只鸟全飞了，树上还有几只鸟？”小学生都会算：3－3＝0。当然这个“没有”是有对象的，即树上没有鸟。正如恩格斯所说：“‘0’是任

何一个确定的量的否定，所以不是没有内容的……但是，任何一个量的无，本身还有量的规定的，并且仅仅因此才能用零来运算。”

自然数是用来表示物体个数的，但常常遇到一个物体也没有的情况。如教室里一个学生也没有，书架上一本书也没有时，我们说教室里学生的集合是空集，书架上的书的集合也是空集，并用一个新的数“0”来表示这一类集合中元素的个数。因此，在自然数的基数理论中把“0”作为空集｛｝的基数。

“0”的内容很丰富，不仅初等数学讨论它，而且在高等数学中也经常遇到它。如零点是变量的一个值，在这点该函数的值等于零。关于“零点集”的问题，在高等代数、复变函数、代数几何、微分拓扑中都是一个重要的研究课题。

“零”在特定条件下的意义是什么呢?

在绝对真理的长河中，人们对于在各个一定发展阶段上的具体过程的认识只具有相对的真理性。数学上的概念也不例外。

“0”除了表示“没有”这个概念外，还有其他深刻的意义。也就是说，“0”在特定的条件下还有它特定的内容。如，“今天的温度是摄氏 0 度”，并非说今天没有温度。

温度计上的摄氏 0 度是表示水和冰的分界温度。在一个标准大气压下，0℃的一克水放出 81 卡热量结成0℃的冰。反之，一克0℃的冰吸收 80 卡热量溶化为 0℃的水。而 0℃对于华氏温度计来说正是 32 度。因此，0℃并不表示没有温度，而是表示一个特定的温度。

在位值计数法中，“0”占有数位。一个数中的“0”，我们不能随意增添或去掉。把一个自然数末尾添上一个“0”，对十进位制计数法来说，就使这个数扩大到原来的十倍；同样，把自然数的末尾去掉一个“0”，就使该数缩小到原来的十分之一。在十进位制中，数字后面有了“0”，身价就不同了，故古人把“0”称作“金元之数”，异常珍视。

“0”在数轴上的意义是什么呢？因为“0”是计算量的起点，是正负数的分界点，它是唯一的一个中性数。所以，在数轴上，“0”对应一个特定的点，即原点，由这点决定了其他点的位置。同样，在平面直角坐标系上，“0”对应于原点（横轴与纵轴的交点）；在空间直角坐标系中，“0”也对应于原点（X 轴、Y 轴、Z 轴的交点）；在极坐标系中，“0”对应于极点。虽然数轴、坐标系中的原点可以由我们任意选定，但是一经选定后，由这点就规定了其他点的位置。正如恩格斯说：“零是一个非常确定的数，而且它本身比其他一切被它所限定的数都更重要。”道理也就在此。

物理学没有绝对的“0”。

“0”是我们认识世界的基础和方法，没有“0”点，就没有数学、物理学，也没有哲学。人类只有通过设置“0”点才能认识世界，而且人类正是以自己为原点（中心或“0”点）认识世界的。

绝对的“0”是不存在的，平衡只是相对的，随着时间的流逝，将不断产生出新的不平衡，这是物质世界和社会发展的必然，即：“0”体现了客观规律的作用；“0”是一种平衡关系，是“秩序”的表现形式；“0”绝不是简简单单的一个数。

“0”本身充满着矛盾，或者说它本身包含了相对性。它有时毫无用途，有时作用巨大。比如任意多个数与“0”相加，“0”并不改变它们的值，仍得原值；在一系列的因数相乘中，不管数字有多大，只要其中有一个因数是“0”，结果必定是“0”。7 世纪初，印度数学家葛拉夫玛格蒲达对“0”的性质作了阐述：任何数乘以“0”，结果总是“0”；任何数加“0”或减“0”，其结果不变。

在电子计算机中，由于采用“0”与“1”这两个基本数的二进位制，“0”的作用就更大。在这个世界里，任何数字都由这两个基本数组成。

(2)“0”的性质。

①“0”与几种数集的从属关系。

“0”是整数；是一切正数和负数的分界线，它既不是正数又不是负数，而是唯一的一个中性数；是偶数，能被 2 整除。

人们在划分有理数或整数时，可能出现的错误是：

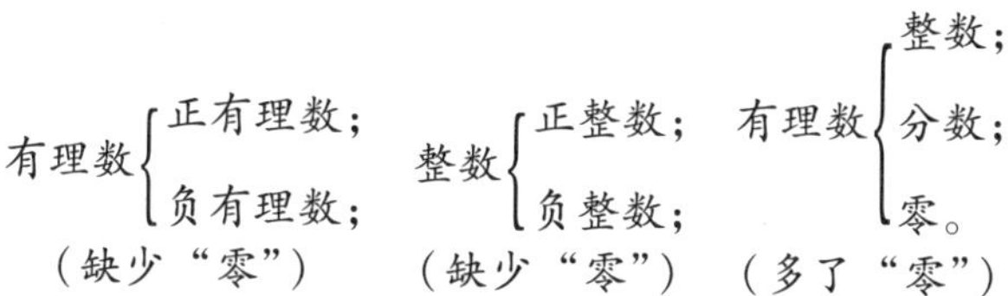

“0”属于整数集合，属于中性数集合，属于偶数集合，当然也属于有理数集、实数集、复数集等。

②“0”在运算中的性质。

a. $0+0+0=0$，$0-0-0=0$，$0\times0\times0=0$。任意多个“0”的加、减、乘的结果皆为“0”。

b. 在整数、有理数、实数、复数集中，“0”加减任何数都得到原来的数，即 $a+0=a$，$a-0=a$，$0-a=-a$；“0”乘、除任何数都得“0”（其中除法中的分母不能为“0”），即 $0\times a=0$，$0\div a=0$（$a\neq0$）。

c. 在高等数学中，一切无穷小量的极限都是“0”，“0”是可以作为特殊的无穷小的唯一的一个数。$\frac{0}{0}$表示两个无穷小量的比，它可以表示从 $-\infty$ 到 $+\infty$ 之间的任何一个实数。

“0”的极限是“0”，“0”的导数、微分、定积分都是“0”。

d. “0”不能参加的运算是：“0”不能作除数；“0”不能作分母；“0”不能作比的后项；“0”没有倒数。“0^0”无意义；“0”的任何负实数次幂没有意义；在对数运算中，“0”不能作真数，也不能作底数；在三角运算中，“ctg 0”与“cosec 0”均无意义。

③“0”的其他特性举例。

a. 由于“0”能被任何整数整除，因此，“0”是整数集中约数有无限多个的唯一的整数，是任何整数的倍数的唯一的一个整数。

b. 由于与“0”相对应的“0”向量的方向不确定，因此数“0”是幅角可以任意选定的唯一的复数。

c. 在一般运算中，小数末尾的“0”要省去；在近似计算中，小数末尾的“0”不能省去。如 1.6 与 1.600 0 两数，在一般运算中没有什么区别，但在近似计算中却是两个不同的数，因为 1.6 表示 1.55 至 1.65 之间的一个近似数，而 1.600 0 却代表 1.599 95 至1.600 05之间的一个近似数。近似数 1.600 0 比 1.6 的精确度高得多。一般在近似数计算中，小数末尾的“0”越多，该近似数的精确度就越高。

d. “0”可以比较两个数的大小。两个正整数，后边所含“0”的个数越多，值就大；在正的纯小数中，小数点后面“0”的个数越多，其值越小。如 30 000 > 800，0.001 > 0.000 014。若想比较两个数 a、b 的大小，只要看（a − b）与零的关系即可。

“0”在电子计算机上用途很广。因为“0”作为一个符号和数字，在电子计算机中，用“0”与“1”分别表示开、关，或表示断路、通路，再利用二进制，就可用电子计算机解题了，用途极广。

2. 数字“○”、“零”与“0”的混用

中文出版物现存四套常用的数字形式：汉文小写数字（一、二、三、四……）；汉文大写数字（壹、贰、叁、肆……）；阿拉伯数字（1、2、3、4……）和罗马数字（Ⅰ、Ⅱ、Ⅲ、Ⅳ……）。其中使用频率高的当属汉文小写数字和阿拉伯数字。

汉字数字写法与阿拉伯数字有如下对应关系：

0 1 2 3 4 5 6 7 8 9（阿拉伯数字）

○ 一 二 三 四 五 六 七 八 九（汉字小写）

零 壹 贰 叁 肆 伍 陆 柒 捌 玖（汉字大写）

中国数字“○”和“零”与印度—阿拉伯数字“0”是三种表达“0”概念的形式，被广泛用于书面表达和与数字相关的领域，由于三者之间既有相同之处，又有相异之点，容易混淆。如2006年出现的四种写法：2006年、二○○六年、二00六年、二零零六年。

依据国家有关部门的规定及较为权威的工具书，可以肯定2006年有三种正确写法：用公历（或阿拉伯数字）是“2006年”；用夏历（或汉字）则为“二○○六年”；若大写则应是“贰零零陆年”。至于“二00六年”和“二零零六年”则绝对误写，“0”与“○”只能在同一文字系统中与其他数字连用，而不能混用。

这种混乱局面中国内地存在，中国香港、中国台湾、南亚、北美的任何一个使用汉语的地方也普遍存在。这影响了汉语表数的规范性、准确性。

(1) 中国数字“〇”和印度—阿拉伯数字“0”的混淆。

把中国数字“〇”和印度—阿拉伯数字“0”混杂使用，如：

王力《汉语史稿》：“因为演算时用筹式（即数字），碰到有零位的数字，用笔写下来的时候，容易引起差误，所以创造一种‘0’号以代零位。例如6020作⊥〇二〇。‘0’号的应用，最早见于宋代数学家的著作。”“0”号是由印度人创造的，在我国的普遍使用是清光绪之后；“0”号应是“〇”号；汉字“〇”表示“0”概念最早见于金朝而不是宋朝。

科普作家赵易林在我国青少年科普读物《十万个为什么》及其他杂文中曾不止一次地将中国数字“〇”和印度—阿拉伯数字“0”混淆，从而在科学表述中产生重大误解。例如：“1减1等于〇……数字后面跟的‘〇’越多，这个数也就越大。10是一十，100是一百，1 000是一千……我在《十万个为什么》一书中曾提到，罗马数字没有‘〇’，只得用X代表10，C代表100……有一位罗马学者在手册里记载了印度用‘〇’的情况，教主大发雷霆，硬说学者对‘〇’的记载是玷辱了教会……不过，‘〇’最后还是被全世界所采用。”

不能把印度—阿拉伯数字“0”和中国数字“〇”看成一个

字，混为一谈。“1减1”不等于“〇”而应等于“0”；后面不能跟上任意个“〇”而只能跟上任意个“0”；印度使用的是印度人创造的“0”，而不是中国人创造的“〇”；全世界使用的是印度人创造的“0”，而不是中国人创造的“〇”。

邵汉瑾曾著文讨论“〇”的起源地，他说：“印度在公元八七〇年才发现‘〇’的记载。……中国古代……为了书写方便，逐渐将‘□’写成‘〇’，从而与印度、阿拉伯数字‘0’殊途同归。……所以，这个‘〇’的首创是印度人，还是中国人，有待于深入研究。”邵汉瑾将印度人创造的印度—阿拉伯数字“0”和中国人创造的中国数字“〇”当作一个数字符号来看待，这是不对的。印度发明的是“0”，数字“〇”为中国人创造。

（2）中国数字“〇”和“零”的混用。

这种将中国数字“〇”和“零”混用的情况主要表现在五个方面：

①年份表示。

在表示年份时将数字“〇”和“零”混用的现象遍见于国内外。例如：

下次横贯中国大陆的日中心食是在二〇〇八年。（《人民日报》海外版）

公元一八六零年，清政府割让港岛及九龙半岛予英国……一九六零年代初，港府又计划将一万名城寨

居民徙置。（香港《星岛日报》）

两例中表示年份分别用了数字“〇”和“零”。表示汉语年份出现了明显的不统一。

②号码表示。

在表示号码时，容易混用数字“〇”和“零”，如：

五月三日，越军从我老山以东一〇九高地南侧向我发射炮弹三千余发。（上海《文汇报》）

有愿意捐款者，可寄至中国人民银行市民政局账户上，账号八八零四六。（《深圳特区报》）

在表示高地号码和表示账户号码时分别用数字“〇”和“零”，其用法显然是任意的、不统一的。

③计分表示。

由于数字“〇”和“零”的混用，现代汉语在计分表示时也出现了书面上的混乱局面。例如：

第十届省港杯首战香港，广东队三比零客场获胜。……赛后双方教练对三比〇战果皆表有点意外。（《人民日报》海外版）

在同条新闻报道中有时用“三比零”，有时用“三比〇”。

④百分数表示。

在百分数表示方面，也出现了数字“〇”和“零”严重混用的情况。例如：

> 美十一月商业存贷下跌百分之零点二……美国商业部表示，美国商业存贷去年十一月下跌九亿五千万美元，相当于百分之〇点二……（美国《中报》）

例中出现“百分之零点二”和“百分之〇点二”，混乱使用，毫无规则。

⑤计数统计。

计数统计是数字的最主要功能。现代汉语中数字“〇”和“零”在计数统计的混乱使用，如：

> 刘云鹏（男子跳高第一名，二米二〇）……蒋树玲（女子八百米跑第一名，二分十一秒零七）。（《人民日报》海外版）

例中同时出现“二米二〇”和“二分十一秒零七”。

（3）中国数字“〇”的一字多用。

中国数字“〇”本身的运用也存在着极为混乱的情况，主要表现在以下两个方面：

①中国数字“〇”和“圈”的混用。

在现代言语的实际交际中，中国数字“〇”经常不作为“0”概念的书面符号来运用，而被当作一个圆圈来使用。

其读音也不是读作 líng，而是读作“圈”。例如《划〇丢0有感》：

近闻本市对外贸易中发生一桩划〇（圈）丢0（零）的事件。（《解放日报》）

在上例中，中国数字“〇”均不作“0”概念的书面表示，也不读作 líng，而是用一个圆圈表示，读作“圈”，破坏了数字“〇”在语音、语义上的稳定性及其在表现“0”概念时的明确性和严格性。

②中国数字“〇”的任意替代。

比以数字“〇”来代表圆圈并读作“圈”更为严重。如：

我去北站附近一家伙食店就餐……菜单上“〇”真不少，有脚〇汤，炒鸡〇，鱼〇汤等，这么多的“〇”字使我有点愕然……而新造字者居然还将

“〇”字更大众化地代表“汤团”、“大饼”……（上海《新民晚报》）

这里，数字“〇”被用作多种替代。“脚〇汤”中之“〇”代表“圈”字，“炒鸡〇”中之“〇”代表“蛋”字；“鱼〇汤”中之“〇”代表“圆”字。“〇”居然还用以表示“汤团”、“大饼”。中国数字“〇”在现代言语交际中的混乱使用、任意替代使这个数字丧失了有效表数的功能。

（4）中国和印度—阿拉伯数字系统的不规则交替。

由于现代汉语中有两套数字，所以混用的情况呈现复杂局面。如：

今天上午举行的政协七届全国委员会第46次主席会议决定，10月26日在北京举行政协第七届全国委员会常务委员会第21次会议。主席会议建议，这次常委会议的中心内容是学习和贯彻中国共产党第十四次全国代表大会精神。（《人民日报》海外版）

例中无理由、无规则地交替出现了“第46次”、“第七届”、“第21次”、“第十四次”，在同一篇文章中交替使用两套数字系统，影响了汉语表数的恒定性。在用数字来表示年份或年代时，频繁交替使用中国数字和印度—阿拉伯数字，表达数概念时影响了正常交际，影响了书面语表数的精确性。

（5）数字“〇”、“零”与“0”的规范。

①谱系规范。

现代汉语中通用的印度—阿拉伯数字“0”与中国数字“〇”和“零”在语言谱系上分属于完全不同的两种语言。数字“〇”、“零”是中国数字，而“0”则属于印度—阿拉伯数字系统。

a. “〇”与小写数字。

从历史语源和演进变化来看，中国数字“〇”和小写数字系统中的数字较为相近，而与中国大写数字相去甚远。“〇”在系统的分类上应归属于中国小写数字系统，而使其完善为“〇、一、二、三、四、五、六、七、八、九、十、廿、卅、卌、百、千、万、亿、兆”。

b. “零”与大写数字。

从中国数字“零”的起源、发展，及其字形来看，这个表示“0”概念的数字应归属于中国大写数字系统，从而使其完善为“零、壹、贰、叁、肆、伍、陆、柒、捌、玖、拾、百、千、萬、億、兆”。

c. “0”与印度—阿拉伯数字。

数字“0”属于印度—阿拉伯数字系统，其全部数字为“0、1、2、3、4、5、6、7、8、9”。在现代汉语中使用印度—阿拉伯数字来进行位置计数时，应当用印度—阿拉伯数字“0”来表示

“0”概念。印度—阿拉伯数字“0”不应取代中国数字“〇”，也不应与任何一个中国数字连写混用，因为它属于不同语言的文字书写系统。

d. 在一定场合下，罗马数字仍在现代汉语中担负计数、表数的功能。现代汉语用“Ⅰ、Ⅱ、Ⅲ、Ⅳ、Ⅴ、Ⅵ、Ⅶ、Ⅷ、Ⅸ、Ⅹ、L、C、D、M”等罗马数字表达。罗马数字没有0概念的书面表现形式。中国数字“〇”和“零”，以及印度—阿拉伯数字“0”在系统上不属于这套罗马数字，因此不能与之混用。

②“〇”与“零”的规范。

“〇”与“零”的分工虽然没有谁去作严格的规定，但人们在实践中还是形成了一些约定俗成的“章法”。

a.“读位法”用“零”，“读数法”用“〇”。

对在汉字数字中使用“〇”还是使用“零”的问题，有人归纳为读位法和读数法。如果汉字数字中出现数位，是读位法，就用“零”；如果汉字数字中不出现数位，是读数法，就用“〇”。例如，提到《水浒传》里英雄好汉的数目，要写“一百零八将”，不要写“一百〇八将”。因为“一百”的“百”是“数位”，采用的是读位法，所以应当用“零”。

2010年6月23日通过结项鉴定的《数字用法（修订）》，对1995年发布的成为国家标准的《出版物上数字用法的规定》进行了修订。拟将上述“〇”和“零”用法简洁地概括为：“〇”只用于读数，“零”只用于读位。

b. 我国发明的代表0概念的数字“零”是我国数字“〇”的大写，而不是繁体。在表数时，数字“零”没有简体；“〇”没有繁体。在用繁体字书写或排版时，中国数字“〇”不可写作（或印作）“零”。中国数字“〇”和“零”为两个字，不可混用。

c. 用“零”不用“〇”。

（a）在表示整数以外的零头时，现代汉语应用数字“零”而不能用数字“〇”。如“三时零五分”不应写作“三时〇五分”，“一年零三个月”不应作“一年〇三个月”。在这种场合下，汉字“零”表示“零头”而不是数字。

（b）“零”本身是个单音节词，并能作为语素构成一些词语，这类词语虽然意义上与数字相关，但不能换作“〇”。如“零时四十分（0时40分）”不写作“〇时四十分”。再如：

从零开始‖零点方案‖零岁教育‖这里的气温长年在零下‖零上四五十度‖工业出现零增长。

（c）百分比数目有空位横写时用“零”而不用“〇”，如百分之十二点零三，不能写成百分之十二点〇三。

③“〇”、“零”与“0”的规范。

表摄氏温度计上的冰点时，只能用“0℃”，而不能用“〇℃”表示。其次是在具体数学运算过程中，书面上只用阿拉伯数字，而不用汉语数字。

总之，“〇”、“零”和“0”既有文字系统的区别，又有大小写的不同，使用时一定要注意辨别。

3. “〇”和“零”的读法。

（1）中国小写数字标计数字时，“〇”和“零”的读法。

在计数时，“〇”和“零”主要表示数的空位。写“〇”还是“零”，跟数目的读法有关，而读数法又依基数和序数有所不同。

汉语数目的读法有两种，一种可称作“读位法”，一种可称作“读字法”。像“3 008.300 8”这个非纯小数，读作“三千零八点三零零八”。其整数部分采用读位法，即十进制整数的读法；其小数部分采用读字法，即依次读出各个数字。

①基数词与序数词。

a. 基数词。

基数词一般采用读位法，如“1 070”读作“一千零七十”。用汉字标记，除了旧时的统计表格，一般与它的读法一致，即写作“一千零七十”，而不写作“一零七零”或“一〇七〇”。不过，基数词偶尔也采用读字法，但应看作是一种特例。如珠算演练课上，老师出题：“九〇八乘上七〇六。”学生答：“六四一〇四八。”1958年大办钢铁，提出钢产量要翻一番，为生产1 070万吨钢而奋斗。在报刊和人们口头上，这个基数词大都是用“一〇七〇”，因为它比“一千零七十”显得简捷明快。

b. 序数词。

序数有时按读位法，有时按读字法，因此常出现书面形式和口语形式脱节。如北京“202 中”，在生活中可读“二百零二中”，也可读“二零二中”。如果按口语读法写成汉文数字形式，按理说应分别作“二百零二中”和“二〇二中”，但习惯上不写作“二百零二中”（也不作“二零二中”）。

（a）读字法。

读字法主要用于序数、序号、代码。如：

（第）二〇二中、（第）三〇六页、（第）八〇七号决议、（第）二〇九师、二〇七号牢房、一九〇五年、九〇级学生、三〇八路汽车、五〇四三〇部队、电话号码五〇一三〇六四。

〇〇七在东京、一六〇五（农药对硫磷）、二〇三首长、五二〇声明（5 月 20 日声明）、一〇一〇案件（10 月 10 日发生的案件）、二〇一高地（本身来自基数，表示标高为 201 米）。

上面第一组例子虽然也有用读位法的，但习惯上还是采用读字法。而第二组和第三组的例子一般只能采用读字法。

上面这些数字如果用于基数，则完全不同了，需要按读位法处理数目，如：一百零一所中学、共计三百零六页、八百零七份决议、二百零九个师、距今已有一千九百零五年。

采用读字法时，为了语音清晰，有时把“1”读作“幺”，把“2”读作“两”，把“7”读作“拐”，把“0”读作“洞”，如北京“一〇一中”（尽管不是阿拉伯数字形式），习惯读作“幺零幺中”。实际上，三位和三位以上的序数多采用读字法。像“1905 年”，人们现在习惯读“一九零五年”而不是“一千九百零五年”。

（b）读位法。

采用读位法的数字，如果中间有表示空位的“0”，读数时有“十”、“百”、“千”、“万”、“百万”、“亿”等标位数字。这时，这个数字用汉文数字标记时，中间的“0”必须写作“零”。如“一千零一夜”、“一千九百零五年”，而不写作“一千〇一夜”、“一千九百〇五年”。

序数一般习惯按读字法，如果中间有“0”，虽然也表示空位，但没有“十”、“百”、“千”、“万”、“百万”、“亿”等标位数字。

（2）小数部分“0”的读法。

小数部分“零”的读法，是学习者在学习中经常遇到的较难掌握的问题。如表示时间（时刻、年岁）、钱数、重量、长度和号码。

①表示时间。

a. 表示时间（几点几分）时，一般情况下除了“分”为“05”与“00”时不需要读出“零”和“分”以外，其他“分”为“01～09”的情况都要读出“零”，“分”可读可不读。具体情况如下：

（a）“零”的读出情况：第一，分是“05”时，“零”可以读出来，也可以不读出来，如“6：05”可读成“六点零五分”或“六点过五分”；第二，分是“05”以外的“01～09”的数字时，要读出“零”，如“3：06”读成“三点零六分”或“三点过六分”；第三，分是“00”时，一般读成整点，如“7：00”读成“七点（整）”。

（b）时间单位“分”的读出情况：第一，当分为“05”时，“零”没有读出，“分”一定要读出，即指“分”为05时的情况；第二，除“05”以外的其他分时，当“零”已经读出来时，“分”可读可不读，如“8：08”读作“八点零八”或“八点八分”。

b. 表示年岁。

表示年月以及表整数的年中“零”的读法不同。

（a）年月的读法，为强调零头，中间没有空位也可以用“零”，如“三年零六个月”。

（b）整数年中的“0”都要读出，如“2000 年”、“2008 年”、“1900 年”分别读作“二零零零年”、“二零零八年”、“一九零零年”。

②表示钱数。钱的零头的读法，因单位“元（块）”、“角（毛）”、“分”的不同而不同。

a. 钱的单位只有“元（块）”，没有“角（毛）”和“分”，其零数中的“零”需要读出来，如“204 元（块）”读作“二百零四元（块）”；如果有多个“零”，读一个就可以，如“20 004 元（块）”读作“二万零四元（块）”。

b. 钱的单位既有“元（块）”又有“角（毛）”而无“分”时，零数的读法。

（a）单位“元（块）”的末位数字为 0 数字，单位“角（毛）”的数字前一般要加读“零”，如“200.4 元（块）”读作“二百元（块）零四角（毛）”，单位词“角（毛）”要读出来。

（b）单位“元（块）”的末位数字为非“0”数字，单位“角（毛）”的数字前一般不加读“零”，如“102.4 元（块）”可读作“一百零二元（块）四角（毛）”，但有时为了强调零头也可加读零，读作“一百零二元（块）零四角（毛）”。单位“角（毛）”可读可不读。

c. 钱的单位有“元（块）”有“分”没有“角（毛）”时，零数的读法。

这类“分”前的“0”一般要读出，“分”也读出，如：“100.02 元（块）”读作“一百元（块）零二分”；“2 040.05 元（块）”读作“二千零四十元（块）零五分”；“102. 04 元

(块)”读作“一百零二元零四分”。

d. 钱的单位有既有“元（块)”又有“角（毛)”还有“分”时，零数的读法。

(a) 单位“元（块)”的末位数字为“0”数字，单位“角(毛)”、“分”的数字前一般要加读“零”，如“200.36 元(块)”读作“二百元（块）零三角（毛）六分”，单位词角(毛)、分要读出来。

(b) 单位“元（块)”的末位数字为非“0”数字，单位“角（毛)”、“分”的数字前一般不加读“零”，如“102.72 元(块)”可读作“一百零二元（块）七角（毛）二分”。单位“角（毛)”、“分”要读出。

③表示重量和长度。

a. 长度单位。

长度单位常用“米”，其次是“公分”（厘米)，“公分”以下的单位常省略。

(a) 零头后面没有“0”时，一般不加读零，如“1.5 米”多读成“一米五”或“一米五十公分”，或者直接读成“一点五米”，还可读作“一米半”；有时为了强调零头，也可以加读零，读成“一米零五十公分”。

(b) 零头后面有“0”时，一般要读出零，如“1.05 米”读作“一点零五米”。

b. 重量单位。

重量单位中"斤"和"两"比较常用，零头的读法同长度单位零头的读法。

④表示号码。

为了强调每个数字的相对独立性，读号码时有几个"零"就要读出几个"零"，以保证整体位数的准确无误。例如"100 024"读作"一零零零二四"。末位为零时，也要读出"零"，例如"800—810"读作"八零零—八一零"。

4. "零"构成的新词及原因

除了常用的方法，值得注意的是，近年来，"零"频频以新的面貌出现，如"零距离"、"零接触"、"零报告"、"零消费"、"零口供"等。

(1)"零"构成的新词。

零组合的新词，报刊上、电视媒体已十分常见，如：

学校教育的一个最高境界是零拒绝。"一个都不能少"，这个边远山区代课老师都能发自内心的呼唤，绝不应该成为现代教育体制中的一个盲区。(《北京日报》2002 年 4 月 10 日)

明尼苏达、南达科他和依阿华东北部的很多道路

因为路况差和零能见度都已关闭了。（《武汉晚报》2002 年 12 月 17 日）

2002 年 5 月，广州电信宽带维护捷报频传；城域网零故障！ATM 网络零故障！宽带接入服务器零故障！ADSL 后台零故障！广州电信宽带骨干网络设备均达到零故障，实现了当月为零故障月的奇迹。（《人民邮电报》2002 年 7 月 10 日）

何为“零距离”？《现代汉语词典》（第 6 版）收入了“零距离”、“零增长”。“零距离”的解释为：（名）指没有距离（多用来强调距离极近，可以忽略）：~接触。“零增长”的解释为：指增长率为零，即数量上与原数量相比没有增长。与之对应的则有“正增长”、“负增长”。它们被收入第 6 版《现代汉语词典》与其使用频率高不无关系。

“零”表示“没有数量”义，是个数词，其构词能力并不强，《汉语大词典》只收了“零度”、“零位”、“零声母”等几个词。然而，近年来，“零”变得十分活跃，具有超强的构词能力。如：

与名词组合：零距离、零基础、零主题、零空间、零首付、零话费、零尾气……

与动词组合：零增长、零拒绝、零排放、零换乘、零接触、零接待、零监控……

与单音节词或词组组合：零调、零价、零铅、零能见度、零职业病、零所得税、零增值税、零死亡率、零负债率、零放射性、零流动资金、零流动资产、零运营资本、零不满意项、零安全事故、零重大事故率……

（2）“零”成为构词语素的原因。

时下流行的“零”字，虽源于数词“零”，但在语义上远远超出了计量的范围，在词性上也突破了名词的束缚，在用法上更大大超越了旧有的惯例。

①从语义角度看。

“零××”构式里“零”主要有两个意义：一个是“空、无”，另一个是“起点”。

a. “零”在汉语中用于数学领域较晚，之前主要以空位表示。随着“零”使用频率日增，“零”的“空、无”义使用范围渐广，作为一个计数的空缺符号，后来被用来表示一无所有，如“从零开始”；用于新闻语言中，描述没有或最低状态，如工业上把污染降到没有或最低称为“零污染”；没有地域上的距离称为“零距离”。

用“零”表示数量的限定，如“零出口”、“零增长”，在数的客观性与明确性下，较之用“没有”表示的数量的限定，语义鲜明了许多。如“零风险”尽管是指没有风险，却比“没有风险”、“无风险”更让人放心。“零距离接触”比说“亲密接触”给人感觉更亲密，因为“亲密”还是有距离感，“零”没距离，数字“零”的概念转化成绝对的关系或强硬的态度，人的情感量化后呈现出毋庸置疑的终极状态，语气坚决，不留余地。

b. 中国自古就以“零”表示量度的起点，起着划分一个数量界限的作用。“从零开始”就是指从一个新的起点重新开始的意思，“零”很自然地表“起点、开始”义。如0岁是人生的开始，有“零岁教育”、“零岁教养”、“零岁课堂”等说法。

②从语法角度看。

在句中，“零”可以单独作主语或宾语，如“零是一个数词”（作主语），“产品销量为零”（作宾语）。又如：“一切从零开始”，“零”作介词“从”的宾语；“零的突破”，“零”作定语。这两个“零”，作为独立的实体概念，它们的语法意义和作用，相当于一个名词。

由于“零”在“零”结构（词或短语）中处于修饰语的位置，主要起区别作用，如区别于“有”（正、负相对于原点、原态也是“有”），久之，逐渐有了区别词的功能。“零××”是目前最流行的词语之一，“零”也成了颇具能产性的构词语素，具有否定副词的性质和作用。

③从语用角度看。

“零距离”指亲密无间，“零首付”指无须付首付款，“零口供”指犯罪嫌疑人没有向公安机关作供述。这些用法的“零”，语法上具有形容词的修饰作用，语义上与所修饰的词整合，产生了很强的意义张力，使词语获得了超大的容量。而其丰富的语义内涵，远非“零”与被修饰词义的简单相加。这是一种极富表现力的用法，超常运用语言的结果往往是语言的活化，能够产生言简意赅、意内言外的表达效果；用法上新颖、活泼、鲜明、形象，常给人耳目一新之感；较传统语言简捷畅达，颇具现代语言的明快与效率特性。

七、数字崇拜与禁忌

希腊毕达哥拉斯学派的宇宙中心论影响较深。该学派认为："万物有灵，'数'是中心，'数'是人类思想的向导和主人，没有它的力量，万物就会处于昏暗混乱之中。"数字是观念和符号的结合，来自于人类对客观世界的观察和探索以及对物质世界的认识的总结。数字有构成、能量和运行。它的能量中有好的，也有不好的，在运行中必然要反映出来。"语言之'名'是完全等同于物质之'实'的，因而作用于语言上的任何'力量'，也完全等同于作用在实际事物之上的力量。"

在现实生活中，人们赋予数字某种跟数字符号本身不相干的、具有褒贬吉凶的象征性的神秘意义。

中国非常讲究数字，且讲得很神秘。凡是高人，对数字研究是很透彻的，关于研究数字的书，在民间流传的很多。这个数字好，那个数字不好。我们出行、选车牌号、选手机号、选各种各样日子，都是要选好的数字。于是形成了对数字的崇拜和禁忌，产生了凶数和吉数。

（一）数字崇拜与禁忌概说

1．数字崇拜

“数字崇拜”中的“崇拜”，指的是“灵物崇拜”，即对数字的吉凶联想。苏金智《数的灵物崇拜》：“数的灵物崇拜包括两个方面：一方面是数的拜物教，它把数看成是能给人带来幸福和财富的源泉；另一方面它把数看成是能给人带来贫困和灾难的祸根。”陈原《社会语言学》：“‘灵物崇拜’就是‘语言拜物教’，在‘语言拜物教’者的眼里，语言被赋予了一种它本身所没有的、超人的感觉和超人的力量，社会成员以为语言本身能给人类带来幸福或灾难，竟以为语言是祸福的根源。谁要是得罪这个根源，谁就得到加倍的惩罚；反之，谁要是讨好这个根源，谁就得到庇护和保佑。”

远古社会的生活条件恶劣，生产水平低下，人们无法抵御自然灾害的侵袭和疾病的困扰，对不少现象无法解释，经过反复长久的验证，人们认为超自然的神灵能帮助他们渡过难关，因此，便对这些神灵产生了崇拜心理，赋予某些数字以“超人的力量”。

由于在某些方言中“8”与“发”的读音相近，近几年来有的人对数字“8”的追求达到了狂热的程度。例如尾数有一个“8”、两个“8”、三个“8”、四个“8”的电话号码或车辆牌号成了抢手货，被人不惜花重金买断。追求“8”成了一种时尚。

2. 数字禁忌

在此禁忌又可用忌讳、避讳等来表示。

禁忌是人类普遍具有的文化现象，国际学术界把这种文化现象统称为“塔怖”（Tabu 或 Taboo），现在已成为人类学、民俗学通用的词语。“塔怖”原是南太平洋波利尼西亚汤加岛人的土语，其基本含义是表示神圣的和不可接触的意思；否则必将受到超自然的灾难性惩罚，轻则危及个人，重则祸及民族。

在中国，禁忌一词早在汉代就见之于史籍。《汉书·艺文志·阴阳家》云：“及拘者为之，则牵于禁忌，泥于小数，舍人事而任鬼神。”

“数字禁忌”是禁忌中的一个小类，如数词“四”，由于它与“死”谐音，“死”是人们最忌讳的事之一，在有些场合，这个“四”就不便直说。不论是新中国成立前还是新中国成立后，上海公共汽车或电车，从来没有“四路”车。台湾修辞学家黄庆萱在《修辞学》中说，有一次他和三个同伴一起到台北一家饭店去吃饭，店员看到他们有四个人，就用闽南话说：“三位加一位。”正是为了避免出现“四”（死）字。

3. 吉数和凶数

吉数代表吉祥、如意，是能预卜平安、顺利、圆满、成功、长寿和兴盛的象征，以及对圣人、英雄的崇拜，人们喜而用之，甚至刻意追求。凶数被人们认为是不祥、灾难、死亡的征兆，人们避免使用它。因此，在部分人的眼里，数字成了主宰世界的救世主和吉凶祸福的象征，与人的前途和命运息息相关。数字的崇拜与禁忌反映出汉民族趋吉避凶、渴望发财致富、仕途通达、健康长寿等心理状态，寄托了人们对美好生活的向往。同时也反映了人们重含蓄、忌直言的文化心态。

一个数是“凶数”还是“吉数”，主要取决于它所处的文化氛围。“阴阳”学说中偶数属阴，奇数属阳，所以偶数就成了凶数，奇数就成了吉数；还有“黄道吉日”与“黑道凶日”之说，都是按照某项规则确定数字属性的。也有把“一”、“五”、“六”、“八”、“九”、“三十六”、“七十二”归为吉数；“三”、“七”、“二十一”归为凶数。数的凶吉性有时是飘忽不定的，一种文化氛围中的凶数到了另一种文化氛围之中，就可能成为吉数。像建筑设计之中偶数属阴，有不吉利的意味；但是在婚姻之中，礼节必成双成对，五、七、九这三个月份却成了凶月，不宜成婚。

4. 数字崇拜与禁忌产生的因素

不同的民族文化、不同的地域和不同的时代，受不同的民族文化心理、宗教信仰、语言崇拜和审美观念等影响，数字被赋予各种褒贬吉凶等神秘的象征意义，具有浓厚的民族、历史、地域色彩和特别的文化内涵。

（1）语言文化的语言特征。

任何语言的语音结构皆有限，而客观对象则无限，用有限的语音结构去表述无限的客观对象，就产生了同音词语，所以谐音现象普遍存在于各种语言之中。

中国是一个非常讲究“谐音文化”的国家。因此，具有美好谐音的数字，例如“六”谐音“禄”、“八”谐音“发”，而“九”则谐音“久”，在中国社会受到喜爱和追捧；“四”由于谐音“死”，“七”谐音“去”，因此受到人们厌恶甚至刻意的避讳。

在语言实践中，汉语数字体系的文化意义转移到相应的阿拉伯数字上，因而阿拉伯数字的运用也被深深地打上了汉民族的文化烙印。

在某些方言中，“2”因与“易”、“儿”谐音，“3”因与“生”谐音而被认为是吉利数。数字“6”因与“福禄寿喜”的“禄”字谐音及民间流传着的“六六大顺”说法而被赋予“大福大贵、高官厚禄”的文化内涵。数字“9”因与“久”谐音而受到人们的青睐，再如“8”与“发”，“4”与“死”谐音等。

（2）数字与传统宗教、哲学文化。

对中国数字文化内涵影响深远的是道教和佛教。老子在《道德经》中写道：“道生一，一生二，三生万物。”佛教文化中“三生有幸”中的“三生”指的是佛教里的前生、今生和后世。受此思想的影响，数字“三”在中国文化中就成了一个十分神圣、圆满的数字。

（3）来自一定文化的宇宙观、方法论。

汉民族自古就崇信阴阳二元学说，强调和谐统一，认为统一体内部各种对立因素的均衡与和谐是保持统一体稳定、生存的根本条件。

《易·系辞上》云：“易有太极，是生两仪，两仪生四象，四象生八卦。”这些话语中的数字运用，精辟地表达了宇宙间对立统一的朴素辩证法哲理。中国传统文化认为，事物都由阴和阳两方面构成，只有阴阳交合，才能滋生万物。在这种文化观照下，事物都是从一化为二、二化为四、四化为八的几何梯级发展。因此，双数在汉语中蕴含着吉祥的文化内涵。中国人喜欢双数的偶合义，追求好事成双，渴望双喜临门，以及作为文学形式的春联和作为修辞格的对偶，无不体现出汉民族对偶数情有独钟。汉语习语中形容处事有方是“四平八稳”，形容交通便利为“四通八达”，百事顺心为“六六大顺”，称美不可言的境界为“十全十美”，极有把握为“十拿九稳”等。由此可见中国人对于双数的崇拜。

（4）数字与民族文化心理。

从文化渊源和民族心理上看，汉民族“特别容易耽于语言幻想，语言可以反映现实，也可以构造幻境，所谓‘语言幻境’是指把愿望寄托在语言的幻境中”。语言幻想对每个民族来说，或多或少都可能有，但汉民族在这方面表现得特别普遍、执着。汉民族喜联想、善比附、喜爱讨口彩，有强烈的趋吉避凶心理。

（5）神话传说。

在汉文化里，数字的文化内涵与古代神话传说有着十分密切的联系，如牛郎织女的传说。传说织女为天帝的孙女，偷偷地下凡到人间，与牛郎婚配，后被迫离开人间，一年之中，牛郎与织女只能在七月七日相逢一次。在有些地区描绘得更神，若七月七日下雨，那雨就是牛郎织女的眼泪。一年相逢一次，这比两地分居还要痛苦，所以，忌七月七日婚嫁。在我国某些地区，农历的七月七日为凶日，绝对禁止嫁娶，因此有“七月七日，迎新嫁女避节”之说。

（二）数字崇拜与禁忌的寓意

数，作为一种文化形态，不只是简单的数值符号或数学概念，它在人类文明发展的长河中是各种宇宙观、哲学观、宗教观、价值观、审美观等的反映和象征。

叶舒宪在《中国古代神秘数字》一书中认为，中国上古时期，人们认为奇数是高贵而神圣的，对奇数的喜爱要偏重于偶数，而中古之后，这种情况逐渐改变，逐渐倾向于喜爱偶数。《周易》阴阳五行文化里，奇为阳，偶为阴。在男尊女卑的封建社会，男为阳，女为阴。但在中古时期以后，受儒家的中庸和谐文化影响，人们逐渐开始喜欢“成双成对”、“均匀平衡”的偶数，这种转变一直持续到今天。

数字的吉凶观念是相对的，因时、因地、因民族、因行业和场合等因素而有差异，不能一概而论。

1. “一”

《素问》曰：“天地之至数，始于一，终于九焉。”《说文》：“惟初太始，道立于一，造分天地，化成万物。”《淮南子》：“一也者，万物之本也。”“一”被我国古代哲学家称为“太极”，万物始于太极，太极是自然界万物之始，一切生命之源。万事以“一”开头，“一”象征开始，意味久远，给人以希望；独一无二，上通九天、下与地连，具有圆整、博大、圆融、和谐等含义，中国文化里的“一”受到人们的崇敬，为吉祥之数。在皇子中排行第一，就是太子，是要做皇帝的。在家庭中排行第一，就是长子，享有着除母亲以外最大的权利，俗话说：“长子如父，长女如母。”学校考试第一，那么在老师眼里就是最优秀的学生了。可见在中国，“一”就是成就、地位和荣耀的象征，是成功人士追求的目标，代表着事业和人生的巅峰。

“一品当朝”的一品为封建王朝官员之最高等级，其吉祥图案一般为仙鹤立于岩石（潮水）之上，常用作一品官补子的图案。鹤性清高，被称为“一品鸟”，故用鹤以表一品，表“一人之下，万人之上”的地位，仅次于“凤”（皇后），借喻人臣之极。仙鹤当潮水而立于岩石，“潮”与“朝”谐音，寓意“一品当朝”表示官位极高，主持朝政。

一品当朝图

“一路平安”、“一帆风顺”比喻人生顺利；“一片冰心”、“一琴一鹤”比喻人之清廉；“一元复始”、“一路荣华”、“一登龙门”、“一品当朝”、“一本万利”等，“一”都是表示吉祥。

在中国以偶数为吉的习俗观念中，“一”作为单数及奇数之本，又象征孤单、孤苦伶仃。是个须小心避讳的禁忌数，如在给结婚或者祝寿人家赠送礼品的时候，一定要送偶数，以寄予好事成双的愿望。

2. “二”

汉民族自古就有偶数崇拜的民族心态，认为数逢偶为大吉大利之兆。同时，讲求对偶对称、平衡之美，并喜欢事物成双成对大吉大利。

数字“二”作为偶数之首，表成双成对，好事成双，阴阳调和，象征幸福、祥和。其“双双对对”之义倍受喜爱。例如“两全其美”、“二龙戏珠”等。

在古代维吾尔萨满信仰中，“二”代表着天神与地神、善灵与恶鬼、光明与黑暗、母亲祖灵与父亲神灵、灾祸与洪福、强壮与孱弱、善与恶。可以说，崇奉“二”应该是古代维吾尔萨满信仰观念在对宇宙和人的认识与探索过程中产生的。

“二”的吉祥含义运用最多的是男女的阴阳结合，即“二”的“和合”之美，取其阴阳协调之美的吉祥含义。在传统婚礼习俗中，男女结为夫妇，成为一体，是对“合二为一”的“和合”崇拜。“和合”为中国神话中象征夫妻相爱的神，原为一神，后改为两神，也称作“和合二圣”。两神一个手持荷花，一个手捧圆盒，谐“和合”之音。

“二”是偶数之始，所以在男女二人结合婚姻的礼数中，偶数占有绝对的统治地位，成婚的日期以双月、双日为吉；有“彩凤双飞”、“二人好合”、“双凤朝阳”、“紫燕双栖”等吉祥语；凡物都是成双成对，表示幸福美满，如婚礼上用“双喜”字，客人送礼要成双成对，迎娶和送亲的傧相、押车的人数、殿堂中的陈设等均取双数，甚至婚筵中用碗、碟等的数目也要是偶数，这种数礼的礼俗至今仍在广泛沿袭。总之，由二人成婚的礼数产生了数字“二”的吉祥化，进而使偶数成为婚姻中的吉祥数字。

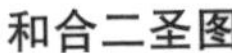
和合二圣图

双喜图

但中国古代曾忌数字“二”，认为“二”是偶数，是阴性之数，含有不吉利的意味；给病人或丧家送礼忌送双数；忌双日出殡，其用意很明了，不希望不幸或痛苦再次降临，坏事成双。

3. “三”

“三”是一个非常吉祥如意的数字。在《周易》里有预示凶吉的神秘的巫术意味。如“阳遇阴则通”、“阳遇阳则阻”，“阳”指阳爻，简约为数字“一”，“阴”指阴爻，简约为数字“二”，阳遇阴即一遇二，一与二相加，得三，为吉数，阳遇阳即一与一相加，得二，而非三，不是吉数。“三”成为占卜中决定凶吉的条件或因素，趋吉避凶，视三而断。《易传》中注者有云：“三极，三才也。兼三才之道，故能见吉凶，成变化也。”

在中国远古神话和民间传说中，我们经常看到许多有神异色彩的人、物、事等均与“三”相关，如《山海经 · 海外南经》：“三首国，在其东，其为人一身三首。”《史记 · 司马相如列传》：“载胜而穴处兮，亦幸有三足乌为之使。”《宋书 · 符瑞志中》、《宋史 · 仪卫志一》、《元史 · 舆服志二》等典籍，均记述了古人以三角兽为祥瑞之兽，故帝王仪卫绘其形于旗帜。可见“三”是中国人心目中极具魅力的灵性符号，由视“三”数为神灵，发展为视“三”数为祥瑞。

三元报喜图

“三”是奇数、阳性之数，有吉祥如意的意味。例如，“三阳”指属于春季的三个月，而春天是与幸福、成功相联系的。因此，在绘画中常用三只羊或三群羊来表现吉祥如意。农村的长者或城镇的创始人称“三老”。“竹报三多”因竹叶有三片，即多子、多福、多贵之义，寓意吉祥。“华封三祝”：古时唐尧游华封，华封人祝他多寿、多富、多男子。“三友”指松、竹、梅，有耐寒高洁之意。“三元报喜”是因为明朝科举制度，朝廷考试前三名，谓之“三元”；图案一般表现为春满花枝树下，一妇女手捧内有圆桔三个的果盘，另一簪花妇人手拿佛手坐于竹榻上，旁边有一儿童，上面还有喜鹊穿庭。这种表现形式是借盘中三元和空中喜鹊，组成“三元报喜”，寓意儿童读书成人后，必能考取前三名。

在工艺美术的造型上，三足器是最牢固的，如三足鼎，就是具有安定之意，象征平安、稳定。联合国成立五十周年时，江泽民主席代表我国赠给联合国一只三足世纪宝鼎，祝愿未来世界和平、发展、繁荣昌盛。

藏族人常把美好的事物和“三”联结在一起。在偶数中，只有6这个数被视为3的倍数，在使用时也可以不忌讳。如果，一位嗜酒的牧人和朋友碰杯，第一次碰三杯，第二次再碰三杯，连碰三次，各饮酒九杯，这才是朋友间的尊重。藏传佛教中用“三”表示无量寿佛、尊胜佛母和白度母，是谓“长寿三尊”；为表达对佛诚心归依而终日礼忏南无佛、南无法、南无僧的祷告，这佛、法、僧是谓护佑平安的“三宝”。藏族人对数字的使用以奇数为吉祥。在藏历新年，寺院的僧人要向活佛、经师等人呈献用干果混装的礼包，包内的干果可以是一种、三种、五种、七种、九种、十一种，最多为十三种，但绝不取双数。

由于“三”是单数，且音近“散”，所以尤其忌讳“三”。如给抽烟的人点烟，如果有三个或三个以上的人抽烟，那一根火柴或一次打火不能先后点燃三支烟，因为三次点火让人想到“散伙”。所以，使用火柴点烟时，当点完第二支时，尽管火柴还有余力点完第三支烟，但也要将火熄灭，然后再划一根火柴，用打火机点烟时，这个规矩也照样遵守。又如席上如果只有三个菜，那就表明主人要和朋友断交，或者是和亲戚断亲。朋友或亲戚看到如果只有三个菜，他以后也就不会再来了。广东潮州人在说话时忌讳说“三”字，称“三点钟”为两点六十分，以避祸患。

也有相反的情况，龙岩方言音“三”为“生”，表示希望、顺利、有活力，因此龙岩人喜“三”，婴儿出生“洗三朝”，邻里街坊平日来往小礼多为三件。逢三也是好日子。

香港话中“三”谐音“生”，是个很合商人口味、赶时代潮流的好数字。

鄂西土家族在招待客人时打三个或四个鸡蛋，忌讳其他的数字。当地习俗是一个（鸡蛋）为独吞，二个为骂人，五个销五谷，六个是赏禄，七、八、九个则应了“七死八亡九埋”的不吉语。

扬州人做寿时忌讳“三”这个数。所谓男不做“三”，女不做“四”，指的是男人三十岁和女人四十岁都不应该做寿，一是因为“三”和“散”、“四”和“死”谐音，非常不吉利；二是“三十”岁和“四十”岁年龄不大，不应该做寿。可是那里的女人能做三十岁寿，男人也能做四十岁寿，因为这是为了破“三（散）”和“四（死）”。

4.“四”

“四”自古是个吉数，在“易学”中，先天八卦中的“四”与震卦对应，蕴含着积极向上、奋进、茂盛等意思；后天八卦中“四”与巽卦对应时，蕴含着自由、活泼、昌盛等意思。

我国古人信奉天圆地方，而“方”则由四边构成。“四”数字的意寓是方正，东西南北四方，礼义廉耻四维等，象征稳帖、完善、对称、和谐、至尊等。如北京人钟情于“四”，“四世同堂”形容一个家庭兴旺的最高境界，“四平八稳”、“四通八达”中将对称、完整之美综合在一起。“四”是地数、偶数，是个吉数，“四世同堂”被认为是家庭最佳结构。东北有“四盘礼”，闽南有“吃四色”等。在我国传统民俗中，婚庆礼品就讲究“四”字，称“四礼”。

民间广为流传的“四喜娃娃”，其中的“四喜”有两种说法。普遍的观点认为，由两童组合形成四个，该娃娃造型在我国古代民间婚嫁中作为吉物，“四喜娃娃”由此得名。还有一种解释：明代有个解晋，有一次皇帝召集众才子，让他们每人制作一个手工艺品，并解释自己作品的内涵。解晋灵机一动，构思了这个“四喜娃娃”造型。皇帝问他何为“四喜”，解晋随口答道：“洞房花烛夜，金榜题名时，久旱逢甘霖，他乡遇故知。此乃人生四喜，故名‘四喜娃娃’。”

“四喜娃娃”运用共享、重合的方式组合成有趣的图案：四个娃娃一共两个头、四只手、四条腿，或行走，或侧卧，手持祥瑞之物，活泼可爱，喜气洋洋，代表祥瑞喜庆。

“四季平安”指将月季花或四季花卉，如梅、兰、荷、菊等插入瓶中，寓意一年四季，月月平安。

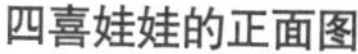
四喜娃娃的正面图

四喜娃娃反面图

《金瓶梅词话》中写道，西门庆为其儿子订亲准备喜礼时，特别吩咐要“四盘蒸饼”、“四盘鲜果”、“四盘羹肴”，还要“四个金宝石戒指儿”。古人待客，也同样讲究“四”，这在古代作品中也时有所见，如《醒世姻缘传》三十四回：“正说，一面四碟小菜，四碟案酒，四碟油果，斟上烧酒。”个中原因，除了因为“四”是双数，更主要是“四”与“事”皆音，寓“事事如意”之义。

现代人忌讳“四”的主要原因是其与“死”谐音，特别是在一些方言中，“四”有时直接念成“死”，于是就被视为晦气、倒霉、不吉利的数字，避而远之。“四”是中国多数医院禁忌的数字。不管是医院里的建筑物或其楼层，还是病床都跳过了数字“四”。医院是生的希望地，若患者住在一张带数字“四”的病床上，听其发音像“死”，自然心里犯别扭。广东人把四说成“两双”或“两个二”。

“四”又可谐音为“水”，如在上海方言中，“4”与“水”谐音，它象征着“有水有财”、“水到渠成”，广东人最忌讳的尾数为“4444”的电话号码在上海却卖至几万元；在音乐家看来，“4”即“花”，“花”与“发”谐音。这些都给数字“四”附上了一层美好的寓意。

5. “五”

在中国人心目中，“五”是奇数、阳性之数，本身就具有吉祥的意味；具有和谐、优美的特征，特别受人喜爱。特别是五行的理论提出后，人们对五的崇拜发展到了顶峰，直到现在，中医还以五行相生相克作为其理论基石。

人们对人生幸福的最高追求称“五福”。《书 · 洪范》“五福：一曰寿、二曰富、三曰康宁、四曰攸好德、五曰考终命”，是古人追求幸福生活的愿望；后来民间又从这五福观念中衍化出福、禄、寿、喜、财之说；今人五福泛指为快乐、幸福、长寿、顺利、和平，是民间吉祥文化的典型内涵。北京奥运会吉祥物“五福娃”是充满中国传统文化意蕴的隐喻符号，“五福娃”的设计与中国古代的五行学说相对应，京燕为金、熊猫为木、游鱼为水、圣火为火、藏羚羊为土。“五福娃”对应五福说，象征并传达了吉祥的内涵。

五福娃

五福捧寿

有关“五”的吉祥图还有《五子登科》、《五子夺魁》、《五谷丰登》、《五福捧寿》。

远古有女娲炼五色石以补苍天的神话。现在的广州市别名“五羊城”，相传古代有五位仙人乘五色羊负五谷至此。《三国志·吴志》、《陈书·徐陵传》、《旧唐书·郑肃传》等，均记述了古人以五色气、五色云为祥瑞，故古籍中每谓杰出人物诞生，常有五色气、五色云出现，可见古人以“五”为祥瑞之数。成语“五彩缤纷”、“五世其昌”、“五光十色”等，都寄托着美好和希望。

在许多民间的丧俗及信仰习俗中，看到经常使用的五谷包、五色镇墓石、五色祭纸、五色布条，以及端午习俗中的五色彩丝，婚育习俗中的五彩蛋。如永宁纳西族地区，每年正月初八喇嘛大寺跳神时，要由五人扮演五方神，每人所戴面具和服饰为青、白、赤、黄、黑，一人一色。壮族在农历三月三或清明节还流行着吃“五色饭”、“五色蛋”的习俗；农村也有“逢五不下田”的说法，因为逢五耕作谓之“破五”，破则不吉，是以为忌。五行观念模式在民间的广泛使用，体现了民间信仰意识和吉祥心理。

关于数字“五”的禁忌不多。古人认为五月不吉利，谚曰“善正月，恶五月”，自周代以来，中国民间就流传着“五月五日生子不举”的说法，忌讳“五月子”。据《史记 · 孟尝君列传》记载，战国时齐相孟尝君因出生于夏历五月五日，他的父亲认为这一天生下来的子女是“不肖不孝”的，不打算养他，他的母亲只好偷偷把他养了起来。孟尝君长大后十分能干，最后才说服父亲打消了抛弃他的念头。旧民俗还认为，出生年月日中若有两个数字是五则不吉，若有三个数字是五则可以化解。到了现代，相信这一点的人已经不多了。

究其原因，“五”在古文字中作“X”形（所谓交午），而叉形的寓意则是悖逆、抵牾（现代仍然如此），因此古人认为五月五日出生的孩子将不利于父母。

粤语“五”的读音与“唔”很接近，而“唔”是“不”、“没有”、“无”的意思，所以“58”则变成“唔发”，也就是“没有发财”，因此商界最忌“五”。

6. “六”

《周易 · 乾卦》曰：“六爻发挥，旁通情也。”意思是说，由六爻构成的卦，发挥舒展，广通天道、地道、人道。中国古时就有崇尚“六”的传统观念。考古发现秦始皇的铜车马皆以“六”及其倍数为度。

人们赋予“六”顺利通达之意，“六六大顺”意味着百事顺心，带六的日子，“六”、“十六”、“二十六”象征着万事如意、一切顺利，若阴历和阳历都带“六”，六六双全，那就是大吉大利。民间办喜事，多选择带“六”的日子，有“六月六”回娘家的风俗；贵州地区也有“六月六”过小年的风俗。“六六顺”是酒桌上劝酒时常用的招数，划拳时“六六顺”不离口。

农历六月初六俗称“天贶节”（意为天赐节），传说唐僧历尽八十一难终取来西天佛经，回国时途经大海佛经堕入海中，为水所湿，皇天感其虔诚艰辛，便于六月初六日赐以炎晴天气晒干佛经，并定为天贶节，后成为民间曝衣之日，寺庙为神佛像更换新袍也选此吉日，称“晒袍会”。

农历初六、十六日、二十六日被视为举行婚礼的黄道吉日，一方面寓意“吉祥”，另一方面“六”是双数，寓指新婚夫妇成双成对，白头偕老。

“六”、“禄”同音，是“有福有禄、吉祥如意”的征兆，可以引申为高官厚禄。人们把“六”作为福禄的象征。有风俗把胡子留成“六”的形态，是嘴上有“禄”的吉祥意义，反映出人们对福禄的渴望。云南大理白族地区赠送礼品必带“六”字，订婚送钱是“一零六”、“二零六”、“六六”，祝寿送礼送一百六十六元。

“六”也可用来表示空间意识，有“六合”的概念，即“天、地、东、西、南、北”，有“六合相应”、“六合同春”、“六合通顺”等吉祥语。在吉祥图案中，六合同春是常见的题材，寄寓了天下同春，普天同庆的愿望。另外，猪、狗、牛、羊、马、鸡成为“六畜”，泛指家畜，有吉祥语“六畜兴旺”。

六畜兴旺图

在香港，“六”谐音“路”，这样“六”在一定的数字环境中，也成了一个吉数，如“168”谐音“一路发”。

在某些地方，“六”又有不吉祥的意味，成了一些人的禁忌。所以，有民谚说“别凑六人出远门，别用六石起火灶”。指的就是，六人一同出远门，办事会不顺利，用六块石头起灶，起灶人要倒霉。

在湖北天门，“6”因与“禄”谐音而被认为是个凶数，做菜（特别是吃鸡蛋）、送礼物等数目绝对不可能是“六”，因为“满禄”在当地是“死”的委婉说法，所以人们百般避讳。并且还由此而演化出骂人话，如“六点”，本来指钟表的“半转”，引申为“差乎”（不成人的意思），类似于北方话的“二百五”。在山东的某些地方，做衣服时钉扣子一定不能是六个，因为当地人认为这时的“六”不是为人设的，六个扣的衣服不是给人穿的。

但总的说来，人们尚“六”并喜用“六”，“六”作为一个吉数深入人心，在当今社会中，“六”的魅力依然不可抗拒。“六六顺”、“六六大顺”、“六六全双”这些说法，几乎已是妇孺皆知的吉祥话语了，当人们在选择数字、号码或日期等的时候，只要是有六，总会自觉或不自觉地与“通顺、顺畅、顺利”联系起来。

7. “七”

古人对“七”字的崇拜应该是起源于原始天文学，与北斗七星有关。先民由从事狩猎、游牧、农耕等生产及商旅活动中，很早就发现了北斗七星有指引方向、计算时辰、辨识气象等实用功能，这就是人们崇拜北斗七星的原因。人们相信日月行星给人间带来光明、温暖和生命，使人感觉数字“七”象征生命和幸福。

在中国古代神话传说中，“七”这个数字大量出现，往往和“神仙”、“伟业”、“壮举”等连在一起，是吉祥、崇高和幸运的象征。如：中国古代神话传说中女娲用七天完成了开辟鸿蒙和创造万物的开天辟地的过程；七仙女化彩虹出现，人们认为是祥瑞之兆；太上老君炼丹需要七七四十九天等。

在中国传统文化里，“七”被定义为是阴阳与五行之和，即儒家所谓的“和”的状态，也是道家所谓的“道”或“气”，都与“善”、“美”有着密切的联系。在对自然万物包括人类生活的长期观察中，先民发现了以七日为周期的运动节律，《周易·复》中有“反复其道，七日来复，利有攸往”之说，“七”是天道循环往复运行的周期数，自然万物从阳气灭绝到阳气来复，存在着一个七天的周期，七与七相交便使这个过程带有了代表神圣天意的终极意义，这个过程也因而具有了圆满、吉祥、生生不息的象征意义。

中国古代有七日创生论，《北史·魏收传》引晋议郎董勋《答问礼俗说》：“正月一日为鸡，二日为狗，三日为猪，四日为羊，五日为牛，六日为马，七日为人。”因此汉民族认为正月初七是人类的生日。《荆楚岁时记》：“正月七日为人日，以七种菜为羹。剪彩为人，或镂金箔为人，以贴屏风，亦戴之头鬓。”人日的习俗有将五色绸缎剪成人形以祈求人丁兴旺，用七种蔬菜制成七菜羹以祛病辟邪等。如果正月初七天气晴朗，则主一年人口平安，出入顺利。

中国佛教对“七”也非常推崇。佛教认为世间万物是由地、水、火、风、空、识和根七种本原组成；人生有七大灾难，即水、火、鬼、罗刹、刀仗、枷锁和怨贼。佛教认为在释迦牟尼佛之前共有七佛；佛教信徒通称七众弟子；中国的佛塔多为七层，佛家有一句话说：救一众生，胜造七级浮屠；轮王七宝，指金轮宝、神珠宝、玉女宝、臣相宝、白象宝、绀马宝、将军宝，其图案象征四方归一统，黎民百姓生活幸福安康。

人日图

轮王七宝图

“七”又常常是人们忌讳的数字。主要有以下两个原因。

一是与中国人崇尚偶数的心理有关。给人送礼时忌讳七件或七样，饭桌上的菜绝不能是七盘，人们在挑选良辰吉日时，不挑七、十七或二十七；在某些地区，农历的七月初七为凶日，忌婚嫁，有“七月初七，迎新嫁女避节”之说。扬州有“七不出”，指妇女出门和归家不能选在逢七的日子；“逢七不归”的俗话，这是封建社会对妇女有“七出”的戒条，犯了七条就要被休回娘家。

二是与“七”的字形寓含切断义有关。《易经》把数字“七”当作冬夏的分界，而民间则把“七”之“切断”义和砍头、死人联系起来。如：古人把处斩犯人选在七月，故七月死人特别多，也就被人们认为是阴气最重的月份，于是又被附会为鬼节。“七”与死人有关，又与丧事相联系，中国传统中的“做七”，指去世后每隔七天举行一次祭礼，一共举行七次，即“七七”四十九天，因此在日常生活中人们很忌讳数字“七”。

但福建人更喜欢“七”，开业、开幕一般不选带“八”的日子，因为相信“七上八下”。

七的谐音“气”、“弃”，是婚庆行业的忌讳，每月七号酒店的婚庆喜宴、婚纱影楼的结婚照、婚庆公司的婚礼庆典几乎都没有订单；人们在日常生活中诸如选车牌号，电话号码时也忌讳“七”；但它又谐音“起”，寓意升官、做官、仕途光明；在医院里“七”也被认为是好数字，可能与“祛”谐音，有除去、驱逐疾病之意。

总之，通过以上分析，我们可以看出人们对待“七”这个数字的感情还是比较复杂的，但总的来说，“七”在中国古代社会中还是以崇拜的情况居多。

8. “八”

在古代中国人的观念中，“八”常见的是用来表示方位：四方和四隅称为“八方“，或称为“八区”、“八维”、“八镇”；八方之地称为“八寓”或“八宇”；四面八方所到之处称为“八到”，或称“八达”，如成语有“四通八达”。做生意要笑迎八方客；在几何纹样中有八达晕，即以八方形为中心向外延伸，填以各种几何纹如锁子、连钱等，取“四通八达”的吉祥意义。

中国人认为“八”两倍于“四”，是偶数、阴性之数，但也是一个“阳”元素，因为它与男性的一生密切相关，男性 8 个月时长乳牙，8 岁时换牙，16 岁时变成成年人，64 岁时丧失生殖能力。所以“八”意味着更周到、圆满、祥和、尊贵。如过年过节要吃八宝粥；把坐八个人的桌子叫“八仙桌”；招待客人要上八道菜；形容人有才干是“才高八斗”；功名显赫的人要坐“八抬大轿”以显“八面威风”；做人讲究“八面玲珑”；而关系密切的朋友称为“八拜之交”等；神州处处有八景，如西安有“关中八景”，广州有“羊城八景”，山西有“太原八景”，甘肃有“天水八景”，河南有“洛阳八景”，四川有“丰都八景”，安徽有“芜湖八景”，江西有“临川八景”，吉林有“吉林八景”，台湾有“新竹八景”，湖北有“当阳八景”等。

清雍正年间建于银川的“八”建筑物，是当地驻军的一座兵城。它的周长、墙高、垛口数、炮眼数、炮台数、药楼数、水沟数，皆为“八”的倍数，城墙和女墙的截面均呈梯形，面积亦是“八”的倍数，城内官兵衙署房屋的排列栋数、将军及副都统衙门房屋间数、协领以下衙署数及房屋间数、兵房间数，也无一不是“八”的倍数，当时驻防的八旗军队为满蒙八旗，其官兵数目亦均为“八”之倍数，这种独具匠心专以“八”计的建筑，虽尚无从考核，但设计建造者强烈的崇“八”观念和心理是毋庸置疑的。

八仙传说中，神仙组合的人数确定为“八”，体现了对于数字“八”的崇拜意识。“八吉祥”（或称“佛八宝”）指佛教用轮、螺、伞、盖、花、罐、鱼、长这八种器物来象征吉祥。吉祥图有《八仙过海》、《八仙庆寿》、《八宝》。

八吉祥　　八仙庆寿图

北京奥运会开幕式的具体时间选在二〇〇八年八月八日晚八点。

“八”在中国古代民俗中也有表示不吉利的含义。《说文》：“八，别也。象分别相背之形。”清代段玉裁注：“今江浙俗语，以物与人谓之八，与人则分别也。”因为“八”含“分别相背”之义，因而带来了一系列传承至今的有关“八”的禁忌。如河北的一些老人到了逢“八”的岁数时，都不愿说出自己的真实岁数，因为他们害怕在这期间有与世人分别的可能；江西宜昌的老人忌“八”，尤其是忌讳别人送有数字“八”的礼物。有的地区把离婚说成“打八刀”，是因为“八”与“刀”合起来是个“分”字。河南、湖南、福建等地也有“七不出、八不归”的说法。有些地方习惯由八人抬棺材，“八”便意味着丧事，那里的行为处事，特别是对待喜庆之事，必小心翼翼不跟“八”沾边。

当代中国人把“八”看作一个吉利数，源于广东人把“八”与“发”谐音的缘故。“发”即是发财，广东人在改革开放中先富了起来，广东人的吉祥数字“八”也因此传遍全国各地。所以民间有“要想发，不离八”的俗语，很多生意人都会选择含有八的数字和日子作为他们的房间、门牌、车牌、电话号码和开业庆典的日子等。但在医院，谁也不想“发”病，有些人坚决不住带“八”的病床。

有些地方忌讳“八”，一因其谐音“巴”，“巴”指走不动，不能前进。二是见到“八”，就联想到王八，所以郸城一带待客不用八盘菜，所谓“三个盘子待鳖，八个盘子待王八”。三是“八”与“扒”谐音，盖房铺根脚时，忌用八层砖，不吉利；“八八八”在上海话中可说成“败败败”，苏州话可说成“不不不”；北方人“八”谐音“扒”，表凶狠，引申为扒皮。尽管许多方言的“八”并不像粤语那样谐音“发”，但是，当“八”带上一种神秘的力量时，人们便毫不迟疑地认定“八”是“发”义，“八”因而带有了象征义。

“八”的崇拜与禁忌，杨振华的相声《八字迷》便很好地表现了这一关系：电话号码选八，汽车牌号选八，楼层选八楼八层八号，生孩子在一九八八年八月八日，养八哥，喂小巴儿狗，用八仙桌，戴八角帽，吃八角螃蟹，喝八宝粥，做王八。一语道破人们的心声，数字既有“吉”的时候，也有“凶”的时候。

9. “九”

“九”在中国历史上，是人们非常崇拜的一个数字。

“九”是天子、帝王之数，原因有三：

第一，《周易》六十四卦的首卦为乾卦，代表天，由六条阳爻组成，是极阳、极盛之相。从下向上数，第五爻称为九五，是乾卦中最好的爻，在卦象“九五”的位置，飞龙就会在天上，伟大的人物就会出现在人间，因而以“九”和“五”象征帝王的权威，通常称天子、帝王为“九五之尊”。

第二，甲骨文、金文的“九”为曲折之形与“龙”形相似，有的学者提出“九”即象龙之形。

第三，“九”是个位数中最大的数字，在中国为“天数”，天有九层，九重天是天的最高处，象征着皇帝至高无上的尊严和权力。

因此，与皇帝有关的许多事物往往与九相连。《周礼》上规定：都城的面积，天子方九里，公方七里，侯伯方五里，子男方三里。城墙的高度，以城隅处计算，天子为九雉，公为七雉，侯伯以下为五雉。与皇帝有关的许多事物往往与“九”相连，如：

天子祭天，一年九次，行三跪九叩大礼；玉帝的生日即天诞日为正月初九；象征九州的九鼎，代表王权至高无上、国家统一昌盛。皇帝有关的建筑一般都不离“九”，所有皇宫内的建筑都要是“九”或“九”的倍数，如：北京的城门有九座；故宫内三大殿的高度都是九尺九；颐和园内的排云殿也是九尺九，其昆明湖上的“十七孔桥”的孔为十七个，也是由于无论从桥的哪一边数起，数到中间最大一个孔时都为“九”的缘故；紫禁城房屋数为九千九百九十九间；紫禁城宁寿宫区皇极门外的故宫内宫殿九龙壁，壁身用九条龙的琉璃制品组成；大小城门上的门钉都是横九排、竖九排；宫殿台阶的级数都是“九”或“九”的倍数。

“九”是个位数中最高的单位，为阳数之最，是最为吉祥的数字，如“九秋同庆”，画面绘桂花、菊花、秋葵、鸡冠、芙蓉、秋海棠等九种秋季花草，寓意农业喜获丰收；“九年之储”，寓意国家富足；“九世同居”，寓意和睦团聚、家族兴盛；“九如”（或称“三多九如”），表示吉庆意义；器物之华丽称为“九华”。“九阳启泰”，画面上画九只羊，牧童握鞭在一旁观羊，其吉祥意义为新的一年开始，象征吉祥。“九重春色”是从杜甫《早朝》诗“五漏残声催晓箭，九重春色醉仙桃”引申而来的，意指桃花当春盛开，为春天之象征。“九重春色”极言春意之浓，寓意大吉大祥。因此，人们以盛开的桃花喻作“九重春色”。

汉族人喜欢“九”还因为它与“久”谐音，取“长久、永久”义，喻天长地久，象征吉利，人们都希望一切美好的事物能长久。因而“天长地久”便成了数字“九”的另一层含义，“九”也被人们视为一个吉祥的数字。

在许多地方，人们过生日，尤其是老年人过生日，一般庆九不庆十。年逾百岁，往往不说实话，只道九十九岁，这自然是因为“九”的谐音意味着永久、永远，希望讨口彩，图吉利；恋爱、结婚的人们希望爱情、婚姻地久天长、牢不可破，相爱的人永不分离，有些地方就有了礼金九百九十九元，猪肉和面各九十九斤，红包要九、十九、二十九等带“九”数的习俗。

重阳节在九月初九，与“九”文化关系最密切，在魏晋南北朝时期，重阳节已被赋予长寿的主题，魏文帝曹丕《与钟繇书》即云：“岁往月来，忽复九月九日。九为阳数，而日月并应，俗嘉其名，以为宜于长久，故以享宴高会。”

“九”是阳数之极，九月初九恰巧是两个阳数之极相叠加，所以称为“重阳”。两个“九”连在一起在读音上和“久久”谐音，蕴含着“天长地久”的意思。古人在九月初九重阳节这一天登高处，力求与天通而得人寿年丰，并避免与地下相通以遭灾祸死亡。佩茱萸、食蓬饵、饮菊花酒等是为了免灾呈祥。今天我们将重阳节定为老人节，同样也突出了重阳这一节日的长寿主题。

据记载 1987 年英国女王伊丽莎白二世访华就选择在农历九月初九重阳节。又据 21*st Century* 报道，1999 年 9 月 9 日，在新加坡有 165 对新人结为伉俪，在世界各地华人区有数千对新郎新娘举行婚礼，希冀永结同心，白头偕老。

现代医学提出一种“黄金分割作息”，认为每天睡眠达九小时者，寿命最长，可见“九”与长寿的关系隐含科学依据。

关于“九”的忌讳亦有。在古人的观念里，“九”为阳数之极，物极必反，代表由盈而亏、由盛转衰的不吉数字。清人董含《莼乡赘笔》：“古人逢九，云是年必有灾殃。”中国民间有“明九、暗九，非死即病”的说法。这里的“九”是指人的带“九”的岁数。“明九”指九、十九、二十九、三十九等岁数。“暗九”是指十八、二十七、三十六、四十五等岁数。据说“暗九”的不吉利比“明九”更甚，逢此岁数的人更容易生病死亡。所以清时燕人，即现在北京地区的人们，讳言四十五岁。当被他人问及这一岁数时，常以“四十六岁”作答。直至今天，北京一带仍有一些人迷信“明九”、“暗九”主凶的说法。特别是老年人，一般六十九、七十九、八十九、九十九岁或六十三、七十二、八十一岁生日都避而不过，因害怕过不了人生之“坎”。

畲族某些集居地禁忌书写“九”字，遇“九”字一律都改写作“仸”，据说与畲族祖先为神犬的神话传说有关，“犬”与“九”形近，故忌之。

10. “十”

数字“十”是十个数中最大的偶数。在中国人的审美观念中，自古就有追求完美、圆满的审美心理，“十”具有吉祥、完整、圆满等褒义的象征，所以，凡事都喜欢以“十”作为标准数量。人们追求十全十美，生日祝寿、喜事庆典都以“十”为大庆，这已成了中华民族的传统习惯，并成为民族性格的一部分。

有学者认为我国古代十进位值制的发明和运用，在一定意义上是华夏民族崇“十”的一个重要源头。如：古贤有“十圣”，花有“十大名花”（一般指兰花、梅花、牡丹、菊花、月季、杜鹃、荷花、茶花、桂花、水仙十种名花），兵书有“十大兵书”，北京有“十里长街”，南京有“十里秦淮”，上海有“十里洋场”，古曲有“十面埋伏”，现在年年都要选“十大新闻”、“七运十佳”、“十大杰出青年”等。由此可以看出中国人对“十”的钟爱程度。在工艺美术中有“十样锦”，即长安竹、天下乐、雕团、宜男、宝界地、方胜、狮团、象眼、八搭韵、铁梗衰荷十种纹样。

“十”的字形也具有审美意义，这使得“十”进一步得到推崇。《说文》:“十，数之具也。一为东西，丨为南北，则四方中央备矣。”“十”横直相交，笔画简省、对称、和谐，以最简单的方式，体现了几何图形和方块汉字的完美。吉祥图案有“十全十美”、“十年寒窗”、“十万八千里”等。

11. “十二”

“十二”在古代是十分神圣的吉数。《礼记·郊特牲》：“祭之日，王被衮以象天，戴冕十有二旒，则天数也。”孔颖达疏：“象天数十二也。”十二为天数，自然是一个十分神圣的吉数。除皇冠冕上垂十二旒外，秦始皇所铸金人数也取十二，与人们生活密切相关的还有十二星次、十二地支，历史上有春秋十二国。

“十二”在命理学中是个象征完美、圆满的吉祥数字，如一昼夜分十二个时辰；钟表的表针一圈是十二个小时；属相有十二生肖；人身分为十二属；度量中十二件为一打；一年有十二个月，因为一年中满月或圆月有十二次等。“十二”的倍数也被认为是吉数，如二十四节气、三十六计、四十八宿、六十甲子等。

《石头记》中有金陵十二钗，十二个大丫鬟、十二个小优伶；大观园有十二处馆苑榭；冷香丸的配方药味剂量，无一不是十二为数；周瑞家的送的宫花是十二支；女娲炼的大石方经二十四丈，高经十二丈；秦可卿出殡时送殡的富贵王孙隐着十二生肖等，体现了对“十二”的崇拜。

“十二章纹”见于《尚书·益稷》的记载：“予欲观古人之象，日、月、星辰、山、龙、华虫，作会（绘）。宗彝、藻、火、粉米、黼、黻，絺绣，以五采彰施于五色，作服。”其饱含了至善至美的帝德，象征皇帝是大地的主宰，并贯穿着儒家伦理道德之义。每一件吉祥纹样都来源于传统的吉祥观念。

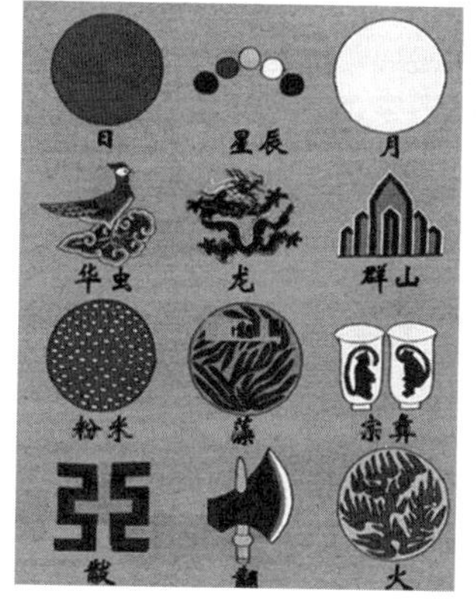

十二章纹图

十二个月正好是一个回归年，人们就会联想到十二生肖，进而把这种自然规律同人类自身的生命相联系并认为和草木的生、长、熟、亡相类似。一个人从出生的那一年起，每 12 年就是一个人的一次生命周期，而度过这一周期的最后一年，也就是“本命年”。“本命年”为凶年，因此人们忌讳“十二”的倍数，常扎红腰带以辟邪。

12. “十三”

十三层玲珑塔

在中国古代“十三”是一个非常吉利的数字，龟共有六十块甲片，其中背甲为十三片，古人“货贝而宝龟”，这是取象于龟甲，寓有“龟龄鹤寿”的吉祥意义；西周琴体上有标示琴弦音位的十三徽；秦朝以前的古秤，根据七星北斗定向、六甲古星定阴阳，合六七共十三星，一星作一两，一斤为十三两；河南信阳出土了春秋末期的十三枚铜钟；汉武帝设十三刺史，分行政区为十三部。唐宋时期的筝有十三根弦，称史籍有十三史，还把有功之臣封为“十三太保”；金朝元好问《续夷坚志》记载有池莲一茎开十三花，谷禾一茎结十三穗，都被视作吉祥之兆；元明两代有十三布政司；许多建筑是十三层、阶；北京人爱养鸟，最多的叫口为“十三套”；北京同仁堂药店有十三种最有名的中成药，号称“十三太保”；晚清时代，十三位著名的京剧和昆曲演员被称为“同光十三绝”；京剧是北京人最喜爱的表演艺术，近代形成了著名的十三大流派，表演形式又有十三板式、十三辙、十三咳、十三调之分；北京的国子监是古代最高的学府，里面的“十三经碑林”，共 189 块，64 万字，为古人治学的经典“文本”；道教文化里有“玲珑宝塔十三层”。

西藏史诗《格萨尔王传》中出现了一系列的十三，具有吉祥、神圣的寓意：在首部《天界篇》中，提到十三位护法天神、十三位护藏地神、西藏的十三位山神，礼物有“此有藏身宝十三件，夜光宝珠十三只”。格萨尔在降生时手执十三朵白花，向前走了十三步，并发誓十三岁时成为菩萨，果然在十三岁时赛马得胜，娶珠牡，登位称王等。

现在，我国江浙一带吴语区流行称不懂人情世故、做事不上路的人为“十三点”；上海话形容某人“十三点”，亦是损话，指举止蠢傻或行为处事不得体之类；在香港，由于中西文化习俗兼容，“十三”也是不吉利的数字，因此不少楼房编号缺十三层，也没有十三号房。

13. “三十六”

“三十六”可表广泛、极多、圆满、神圣的意思。这种意思的表达据说是取象于《易经》，取老阴六六积数，也是老阳“九”

的倍数，还是“六”和“九”的最小公倍数，因为它不仅包含阴，而且还包含阳，因而具有无限玄机。也有人认为三十六是太阳历月份的天数，太阳历一年是十个月，每个月是三十六天。

如“三十六雨”是五谷丰登的征兆。《论衡》：“儒者论太平应瑞，风不鸣条，雨不破块，五日一风，十日一雨。”又《春秋说题辞》：“一岁三十六雨，天地之气宣，十日小雨，十五日大雨。言其均匀也。”亦即国有明君，中悉清官，下皆良民，世界无歹人，因而全无坏事，如此圣王之世，天必降瑞，因此，五日一风、十日一雨，年有七十二风、三十六雨，此即风调雨顺、阴阳交泰、天人和谐，则自然国泰民安。秦始皇统一中国后分天下为“三十六郡”，皇帝宫殿称“三十六宫”；鲤鱼的别名叫“三十六鳞”；道教在祭祀时常用三十六钟、七十二鼓以示隆重，“七十二”、“三十六”之数寓意“风调雨顺”，故道庙有事，亦必以此为祷，并于祭祀中行之，以钟鼓之数象征圣世；道家有“三十六洞天，七十二福地”、“三十六真人”、“九霄三十六天”；武当山上有三十六座道教庵堂；道教称北斗丛星中有三十六颗天罡星，小说家即以之附会于梁山泊中的三十六位头领等，这些都说明“三十六”是个吉数。

体示古人智慧的“三十六计”，人人皆知，家喻户晓；还有三十六禽；《西游记》里有围攻悟空的三十六员雷将；猪八戒本来有三十六般变化本领；托塔李天王有三十六把天罡刀。

古人在运用“三十六”的同时，有时为了对仗或加重语气，会用“三百六十”或“三千六百”等，这些都是由“三十六”延伸而来的，意思和“三十六”是一样的。唐太宗的宫中有彩女三千六百人，他为了做善事，将她们全部放出并允许她们结婚；天庭有蟠桃树三千六百株等。

人们忌言“三十六岁”，认为这个岁数是人生的一大关口，因为“三十六”是三国东吴大将周瑜的享年。这类的年忌还有“四十五”、“七十三”、“八十四”。“四十五”据说与大清官包拯有关，“七十三”是被世代奉为“圣人”的孔子的享年；“八十四”是儒家另一大圣孟子的享年。人们认为圣人都难以逃避的年岁，一般人更不用说了，所以人们都很忌讳这几个年龄。

14.“七十二”

“七十二”这个数字也是广泛被人们引用，被人崇拜。

究其受尊崇的原因，可能有以下几个方面：

第一，“七十二”是五行的化身。“七十二”是一年三百六十日的五等分数，这个数字是由五行思想演化出来的一种术语。古人认为一年是三百六十天，五行各管七十二天。如《史记 · 高祖本纪》：“高祖为人，隆准而龙颜，美须髯，左股有七十二黑子。”又《正经 · 合诚图》：“赤帝体为朱鸟，其表龙颜，多黑子。”高祖七十二黑子，应火德七十二日之征。

三百六十日，五等分之为七十二，然后以五方帝各配一等分。黄帝是五帝中的中心人物，也就是五分中第一分“七十二”

的代表。汉也在年谓五德系统之中，高祖当然也得到一分“七十二”，所以高祖有“七十二黑子”。

后稷是农业之祖，所以祭仪“舞者七十二人”；明堂封禅是五行思想形式化的具体表征，所以有“七十二代”。

第二，由于“三十六”是一个神秘、重要、尊贵的数字，“七十二”是“三十六”的倍数，自然也就是神秘、尊贵的。如“三十六雨，七十二风”是国泰民安、五谷丰登的征兆。

第三，“七十二”是天地阴阳相积之数。古人认为天圆地方，圆者一而围三，方者一而围四。还认为天为乾、为阳、为九，地为坤、为阴、为八，那么天九地八，天地乘积就是七十二，因而“七十二”就代表了天地交泰、阴阳合德、至善至美。

第四，“七十二”是太阳历的计数方法。古人的十月太阳历，把一年分为十个月，一个月为三十六天，一年为五节，一节就是七十二天。

《管子·封禅》讲古时泰山封禅七十二人；皇帝有三宫六院七十二妃；天上有七十二地煞星；孙悟空有七十二地煞变化，还有七十二洞盟友；幽冥界有七十二处草寇；道教有七十二福地等；孔子的高才弟子有“七十二子”；一年二十四节气共“七十二候”；旧时各种行业通称“七十二行”。

15.“一〇八”

“一〇八”在中国传统文化史中有着神秘的文化色彩，象征着平安、吉祥、圆满，从古至今受人青睐。

安海龙山寺的木雕千手千眼观世音菩萨像，向四面八方伸出救苦救难的一〇八只手，寓意赐给人们一〇八个吉祥。在北京大钟寺、苏州寒山寺和杭州灵隐寺等全国各个寺庙，每逢除夕，总是敲钟一〇八响。

为什么“一〇八”会表吉数，有下面几种说法：

第一，据《周易》，“九”数含有吉祥之意。“一〇八”是“九”的倍数，将“九”的吉祥之意推向了极限，象征至高无上。黄烈芬认为：“一〇八”也是一种文化运动的象征，是《易经》中思想的演化。在易学中，天一地二天三地四天五地六天七地八天九地十。天为阳，地为阴，阳中九为老、七为少，阴中六为老，八为少，老变而少不变，故阳爻称九，阴爻为六。“一〇八”，其数字之和为“九”，九九归一，而“一”主至高无上的天。

第二，佛教中农历每月“初九为吉祥日”，而一年有十二个“初九”，十二与九的积是一〇八，寓意一〇八个吉祥。佛教认为，人有一百〇八个烦恼，撞钟一〇八下，念一〇八遍经，可消除烦恼，可迎得天赐的吉祥，能逢凶化吉。

第三，明代郎瑛《七修类稿》有解释：“扣一百零八者，一岁之意也。年盖有十二月，二十四气，七十二候，正得此数。”“古以五日为一候，积六候而成月，故一年七十二候，三数加之一起，恰为一百零八。”可见，一〇八象征一个年轮，表示在一岁或一年内，月月、日日、时时天赐一〇八个“吉祥”。

第四，清麟庆的《鸿雪因缘图记》：“钟声之数取法念珠，意在收心入定。”该书又载：“素闻撞钟之法，各有不同，河南云：前后三十六，中发三十六，共成一百八声任；京师云：紧十八，慢十八，六遍凑成一百八。”撞钟一〇八响是给一〇八位神佛歌功颂德，并可以消除人们一〇八桩烦恼忧愁，因此，“一〇八”成为佛的象征。

第五，认为是“三十六”和“七十二”两数汇流的结果，体现了我国传统美学观和民族欣赏心理。如梁山一〇八将的组成，就反复强调来自“三十六天罡”和“七十二地煞”。“天罡”、“地煞”本是北斗丛星中一〇八个星座的名称，是道教信奉的星神。梁山起义英雄就是神仙化成星宿下凡，借以表明起义的合理性和正义性，同时也使一〇八增添了神秘崇高的色彩，深受人们喜爱。《封神榜》中封了一〇八位神；从《红楼梦》中正副九册、每册十二钗来看，“情榜”上正好也是一〇八巾帼，且曹雪芹的全书原稿是一〇八回；北京雍和宫法轮殿内的大藏经一〇八部。

在佛教里“一〇八”得到淋漓尽致的体现：敲钟一〇八下；念经文一〇八遍；佛教法身有一〇八个菩萨；捻佛珠一〇八颗等。“一〇八”被认为是最吉祥的数，表示对佛的虔诚。因此，“一〇八”在佛教里已作为佛的象征，而在民间也作为吉祥幸运之数广为流传。

据说，丰子恺画佛，不论大小，总共画一〇八笔。

清代的满汉全席有满族点心和汉族肴馔组成，共有一〇八件，其中南菜五十四件、北菜五十四件。

拉萨大昭寺殿前廊下的雄狮伏兽雕形就是一〇八个；青海塔尔寺的大经堂中粗大高直的巨柱有一〇八根；宁夏白塔群总计是一〇八座；北京天坛最下层的栏板是一〇八块，祈年殿每层有石栏也是一〇八根；中国古律学中“微”的律数为一〇八；泉城济南古有泉点一〇八处；在中国武术中，有制人的穴位一〇八个；源于佛教等影响，汉语词汇中便有“百八牟尼”、“百八烦恼”、“百八钟”、“百八丸”（指一〇八颗佛珠）等用语（“百八”指“一〇八”）。

可见，数字“一〇八”与中国文化有着密切的关系，具有神秘色彩，象征“神圣”、“吉祥”。

16. 其他数字

（1）“十八”。

“三十六”是“十八”的两倍，佛教有“十八罗汉”、“十八重地狱”，武术有“十八般武艺”。“十八”是当今人们认为很吉利的数字，它谐音“要发”，表达了人们希望发财致富的讨彩心理。但同样是“十八”这个数字，在畲族却被列入禁忌，尤其是青年人的婚嫁喜庆之日，绝不能选在十八日举行，否则，将会像生前犯有罪孽的亡灵进入冥界一样遭受十八次磨难。

（2）“百”。

“百”作为具体数字是十的十倍，有圆满、吉祥的寓意。“百福”、“百寿”是以不同的一百个“福”字和“寿”字组成；“百子”是以一百个儿童为题材的纹样，有百子图、百子帐；“百鸟朝凤”是以凤为主配以百鸟，具有美好吉祥之意。吉祥图有《百寿图》、《百福图》、《百子图》、《百子闹春》。

百寿图

（3）“千”。

“千”的吉祥意义有长久、贵重等。如“千秋”指岁月长久；“千金”指贵重；“千金剑”指名贵之剑；“千金裘”指珍贵的皮衣；“千角灯”是宋代八角宫灯的形式，有一千个角，缀有一千盏灯，灯身为多个不同的立体三角形组成，集书画、剪纸（刻纸）、刺绣等优秀民间手工艺于一体。在东莞方言中“千角灯”和“千个丁”语音相同，寓意百子千孙、传宗接代的意思。

（4）“万”。

“万”多表示祝颂。民间常以万年青表示长青之意；“万象更新”、“万事如意”均为祝颂之词；“万字流水”和“万字不到头”则取连绵不断之意。“万寿藤”纹样流行在明代，是“缠枝纹”的别名，寓意吉庆。因其结构连绵不断，故又具“生生不息”之意。“和合万年”的“和”指和气、和睦，其图案中的“百合”喻百事和合，做什么事都协调顺利。“万年青”喻万年，寓意世世代代人事和睦，事业兴旺，繁荣昌盛。

万寿藤图

从数字的崇拜与禁忌文化，我们可以看出中国人有着祈盼吉祥，向往美好的民族文化心理，也体现出中国人生活中的辩证法。任何事物都有双重属性，中国人更多地赋予事物好的属性，展示出民族美好、和谐的心理。

八、数字与隐语

旧时商界的各行内部，隐语纷繁复杂，但凡人物姓氏、商品物品、用品用具、环境地理、经销手段、管理方式、文字数字等，无不用隐称代之。

隐语中最为丰富多彩的要算数词了。在经济活动中，出于行业保密的需要，不同行业、不同地域，往往有不同的表数方法。宋代以来，各行各业的表数法多达几百套。

有数字隐语和数码隐语。从数字隐语的编纂上看，有相当部分是对数字的形体进行变形，或取数字的谐音，或他物替代法等，有的也取材于典故或成语用语，但相比之下较少，这类隐语是数字被隐含在材料中，称为数字隐语；还可利用一个或几个数字组编数字隐语指代别的事物，这类隐语是数字隐含所要表达的事物，称为数码式隐语。

（一）数字隐语

1. 字形隐称数字

以汉字为材料，可通过字形的离合、字形的平面转动、字形的相似、笔画的减少、偏旁的取舍等，隐称数字一至十，这是汉语隐语形态歪曲的一种传统的手法，在数字隐语演进过程中多见。

（1）拆字。

利用汉字的结构特点，通过拆解、离析、改装、变形等手段达到隐称数字的目的。如《绮谈市语》辑录的数字隐语：

“丁不钩”、“示不小”、“王不直”、“罪不非”、“吾不口”、“交不叉”、“皂不白”、“分不刀”、“馗不首”、“针不金”，即为析字法，意为“丁”字不要“勾”，“示”字不要“小”，“王”字不要直……这样处理之后，剩余部分即为“一”、“二”、“三”……

皮革业：“旦底”、“抽工”、“眠川”、“杀西”、“缺丑”、“断大”、“毛根”、“入开”、“未丸”、“约花”。“旦底”描述隐指数字“一”的位置；“断大”断开“大”的一撇，不与一横交叉，隐称数字“六”；“眠川”把“川”字180度异位，隐指数字“三”等。

玉器行以“旦”、“竺”、“清”、“罢”、“语”、“交”、“皂”、“未”、“丸”、“章”等字隐指数字，它们隐指数字的方式应是上述“旦底”类的简略式。

这种拆字法，在明清商界中常见。

有的以大写数字“壹”、“贰”、“叁”、“肆”、“伍”、“陆”、“柒”、“捌”、“玖”、“拾”的一个偏旁或部件，隐指数字一至十。如旧时老虎灶用“豆”、“贝”、“台”、“长”、“人”、“耳”、“木”、“另”、“王”、“合”分别表示一、二、三、四、五、六、七、八、九、十。其中，“叁”因不能截取出成字部件，以上面部件与“叁”相同的“台”代之；“长”表“肆”以形近而借用。

有的用大写数字形近的字表大写数字，如“臺”和“壹”、“式”和“贰”、“参”和“叁”、“肄”和“肆”、“位”和“伍”、“睦”和“陆”、“染”和“柒”、“捌”和“捌”、“玫”和“玖”、“抬”和“拾”。

传说清朝乾隆皇帝曾经写过一首数字谜语词，原词如下：

下珠帘焚香去卜卦，
问苍天侬的人儿落在谁家？
恨玉郎全无一点直心话，
欲罢不能罢，
吾把口来压！
论交情不差，
染成皂难讲一句清白话！
分明好鸳鸯却被刀割下，
抛得奴力尽才乏。
细思量口与心俱是假。

这是一首绝情词。每句隐含一个数字。第一句，“下”“去卜”，即“下”字去掉其中的“卜”，就是“一”字；第二句“天”字去掉“人”，就是“二”字；第三句“玉”字去掉一点和中间的一竖，就是“三”字；第四句“罢”（“罷”字的简体字）去掉“能”，剩下的就是“四”字；余句类推。

与乾隆帝的绝情词类似的还有宋代著名女词人朱淑真的《断肠词》：

下楼来，金钱卜落；
问苍天，人在何方？
恨王孙，一直去了；
詈冤家，言去难留；
悔当初，吾错失口；
有上交，无下交；
皂白何须问；
分开不用刀；
从今莫把仇人靠；
千里相思一撇抛。

据说，多才多艺的朱淑真，在婚姻上遭遇不幸，由父母包办，嫁了个“市井庸夫”。由于两人没有共同语言，所以一直郁郁不得志。这首《断肠词》是在她丈夫变心之后写的，可以说也是首绝情词。

这两首词的作者巧妙地把一到十的十个数字，隐含在一首谜语词里，确实是煞费苦心，耐人寻味，绝妙有趣。

（2）用物件、手势隐称数字。

①用物件隐指数字。

有些事物的外貌很像数字，有的东西的部件可表数字，因此可用这些事物隐指数字，如：

扁担隐指“一”，扁担的形状很像一；筷子隐指“二”；撑脚架有三只脚，隐指“三”；耙头一般是四齿，隐指“四”；抓老子指用一只手抓，五指隐指“五”；两头翘形似“六”；小弯钩形似“七”；“八”似眉毛；大弯钩似“九”。

②用手势隐指数字。

用一定的手势表示数目这是体态语中较常用的方法，具有保密的作用。如清末天津典当业用“道子”、“眼镜”、“炉眼”、“叉子”、“一挝”、“羊角”、“镊子”、“扒勺”、“钩子”、“拳头”分别代表数字一至十。伸一根手指表示“一”，叫“道子”；伸出食指和中指表示“二”，以“眼镜”代之等。

（3）用笔画数隐称数字。

①以全字的笔画数隐指数字。

如旧时布匹业用“主”、“丁”、“丈”、“心”、“禾”、“竹”、“見”、“金”、“頁”、“馬”表示一至十。其中“主”字不是一笔，当是以“主”的古字形“丶”的笔画数计算的。

②以汉字中所含某一种笔形的数量隐指数字。

如清代浙江杭州旧衣业用“大”、“土”、“田”、“東”、“里”、“春”、“軒”、“鲁”、“藉”为一至九的隐称，其理据是以各字中横的笔画数来暗指数字，大字里有一道横，土字中有两道横，依此类推。

③有的商号还采取汉字笔画露头个数隐指数字。

旧时北京帮会用“由”、“申”、“人”、“工”、“大”、“天”、“夫”、“井”、“羊”、“非”分别表示一至十，根据笔画露头的数目暗指数字。如“由”字，露头的笔画有一个，即为“一”数；“申”字，竖笔上下露了头，即为“二”数。

2. 藏词隐称数字

藏词法是指把习语或典故词语、成语等固定语言形式中的某个或几个词隐匿起来，而用所剩余的部分表达隐匿部分的一种方法。如明清戏曲艺人把数目一至十分别称为“江风”、“郎神”、“学士”、“朝元”、“供养”、“么令”、“娘子”、“甘州”、“菊花”、“段锦”，这就分别是“一江风”、“二郎神”、“三学士”、“四朝元”、“五供养”、“六么令”、“七娘子”、“八甘州”、“九菊花”、“十段锦”的藏头。

藏尾的如四川东部集市贸易“摸手语”中用“接二连”表“三”、“颠三倒”表“四”。旧时上海人有表示暗数的藏词法，如以“大年初”代“一”、“十中八”代“九”。

藏词法的保密性不够严密。所以，不会被用在有严格保密要求的言语交际之中。

3. 借词隐称数字

有的借用的词语或为行当内的常用语，或为山川河流名称、典故，有的用句子形式隐称数字。如：

旧时麻雀赌行称一至九为："项张"、"子张"、"吃张"、"出牌"、"对煞"、"成功"、"清一式"、"砌牌"、"抓牌"。

旧时文王课称十个数字分别是："流寅"、"月卯"、"汪辰"、"执已"、"中马"、"人未"、"辛申"、"朔酉"、"受戌"、"流执"。

星家称一至十为："留"、"越"、"汪"、"则"、"中"、"仁"、"信"、"张"、"爱"、"足"。

药行称一至十为："羌"、"独"、"前"、"柴"、"梗"、"参"、"苓"、"壳"、"草"、"芎"。这当是"羌活"、"独活"、"车前子"、"柴胡"、"桔梗"、"人参"、"茯苓"、"枳壳"、"甘草"、"川芎"之简略。

旧时北京瑞蚨祥号绸布洋货店以山河之名隐称一至十："汉"、"泗"、"淮"、"汝"、"济"、"恒"、"衡"、"岱"、"华"、"嵩"。

借用《论语》中篇名"学而"、"为政"、"八佾"、"里仁"、"公冶长"、"雍也"、"述而"、"秦伯"、"子罕"隐称数字一至九。

有的用典故隐指数字。比较有意思的是旧时金店，用“蚨”、“飞”、“去”、“复”、“返”、“祥”、“瑞”、“自”、“天”、“来”为一至十的隐称，取材于典故“青蚨归来”。青蚨原是一种昆虫，后常演化为钱的代称。相传青蚨有保护幼虫之本能，不管老虫飞出多远，只要幼虫受到伤害，老蚨定会及时飞回保护幼虫。人们如果将老雌虫的血涂在钱币上，再将幼虫之血涂在另外的钱币上，然后只花涂有老虫血的钱币，留藏涂有幼虫血的钱币，不久之后，所花出去的钱一定会自己飞回来，母子团聚，这样货币之主人便会发财。因此，旧时一些钱庄商号每逢过年，都要在柜房内贴上写有“青蚨飞入”或“青蚨归来”的方形红纸，用以祈求吉祥。

旧时商业领域用一副对联的句子形式表达从一到十的隐称，按句中字的排序分别指代数字，即首字表一，次字表二，依次类推。例如：

（1）久旱逢甘雨，他乡遇故知。（旧北京古书店荣货堂货价暗码）

（2）诵读闻国政，讲易见天心。（旧北京古书店通学斋货价暗码）

（3）归田千日后，仗国十年前。（旧北京古书店会文斋货价暗码）

（4）是非终日有，不为自己身。（旧北京古书店文奎堂货价

暗码）

（5）月到天心处，风来水面时。（旧北京通学斋书店货价暗码）

（6）瑞蚨交近友，祥气招远财。（旧时北京瑞蚨祥号绸布洋货店常用货价暗码）

（7）孔门德森严，群居和为先。（旧时北京孔群书社货价暗码）

例（1）—（5）是根据所经营行业选一副内容相合的对联，十个字各表示一个数字，以次序编排。例（6）—（7）则是根据自己的店号编写。

4. 字音隐称数字

主要有谐音和反切两种方式，这种方式容易被人掌握，因此这类形式的数字隐语不是数字隐语的主流。

（1）谐音法。

字或词的音相同或相近叫作谐音，语音与原词一般只是相近而不相同，这是因为隐语以口耳相传为主，语音相同不能起到保密作用。

明代田汝成的《西湖游览志余 · 委巷丛谈》载："有曰'四平市语'者，以一为'忆多娇'，二为'耳边风'，三为'散秋香'，四为'思乡马'，五为'误佳期'，六为'柳摇金'，七为'砌花台'，八为'霸陵桥'，九为'救情郎'，十为'舍利子'。"

这些固定词语的头一个字与隐称的数字读音相同或相近。

清末江苏扬州钱庄用“夜明珠”、“耳边风”、“散花”、“狮子猫”、“乌梅果”、“隆冬”、“棋盘”、“斑毛”、“舅子”、“省油灯”暗指数字一至十。“夜”谐“一”，“耳”谐“二”等。

四川哥老会用“依苗子”、“耳子草”、“散钱花”、“狮子头”、“乌供起”、“留支皮”、“凄凉冈”、“巴地虎”、“舅普子”、“柿子园”暗指数字一至十。

清末旧货业将数字一至十分别叫作“幺”、“按”、“搜”、“臊”、“料”、“俏”、“笨”、“脚”、“勺”。又如旧时北方地区典当业则叫“摇”、“柳”、“搜”、“臊”、“外”、“摞”、“撬”、“奔”、“巧”、“勺”。

南货铺，一为“吉”，二为“如”，三为“甘”，四为“利”，五为“古”，六为“竹”，七为“兴”，八为“法”，九为“有”，十为“王”，大多以同韵字为数字暗码。

（2）反切法。

这是利用一个音节的声母和另一个音节的韵母及声调，拼合出所要表达的音节的方法。如清代缝纫业用“欲记”、“饶记”、“烧者”、“素之”、“鹤根”、“落笃”、“徐”、“博氏”、“觉尤”、“拆”表示一至十，便是运用反切式。其中“徐”、“拆”的反切当是由左右偏旁分别为反切上字和下字而拼出“七”和“十”。

在澳门博彩业职员中流行一定数量的反切隐语。这类反切语一般是用两个字音中上一字的声母与下一字的韵调（或相近的声调）拼合而成一个要表达的字音，或取一个字音或两个字音其中的一个字音的韵调，与要表达的字韵调相同。例如：

博彩数字隐语表

反切型博彩语	数字	构成
如此 $jy^{21}tsi^{22}$	二 ji^{22}	取“如”之声母［j］和“此”之韵调［i^{22}］切成
升金 $si\eta^{55}g\text{ɐ}m^{55}$	三 $s\text{ɐ}m^{55}$	取“升”之声母［s］和“金”之韵调［$\text{ɐ}m^{55}$］切成
色里 $sik^{5}lei^{24}$	四 sei^{33}	取“色”之声母［s］和“里”之韵调［ei］切成
云古 $w\text{ɐ}n^{21}gu^{35}$	五 η^{35}	取“云”［$w\text{ɐ}n^{21}$］音韵尾 n＋“古”［gu^{35}］之声母 切成［η^{34}］
猎畜 $lip^{2}tsuk^{2}$	六 luk^{2}	取“猎”之声母［l］和“畜”之韵调［uk^{2}］切成
升吉 $si\eta^{55}g\text{ɐ}t^{5}$	七 $ts'\text{ɐ}t^{5}$	取“吉”和“七”之韵调［$\text{ɐ}t^{5}$］相同
必发 $bit^{5}f\text{ɐ}t^{3}$	八 $b\text{ɐ}t^{3}$	取“必”之声母［b］和“发”之韵调［$\text{ɐ}t^{3}$］
居有 $gey^{55}j\text{ɐ}u^{24}$	九 $g\text{ɐ}u^{35}$	取“居”之声母［g］和“有”之韵调［ɐu］切发
立十 $mou^{24}lap^{2}$	十 sap^{2}	取“立”和“十”之韵调［$\text{ɐ}t^{2}$］

5. 多种手段隐称数字

有的数字隐语的形态歪曲，已不是单一手段的运用，而是综合运用了各种修辞方式。如：

“形式逻”隐指数字“七”，即“形式逻辑”中的“辑”隐藏并与数字“七”谐音；“紧牢固”（紧牢固实）隐指数字“十”；“东化西”（东化西散）隐指数字“三”；“自念自”（自念自唔）隐指数字“五”。

这种类型的特点是隐语的里层意义不仅隐去不说，而且还须通过谐语才能把里层意义揭示出来。这种类型的隐语保密程度较高。

宋代圆社锦语“宣”、“远”、“收”分别代数目四、九、十，是“宣示”、“久远”、“收拾”的藏词谐音。

又如以音相扣的数字谜：

终生念伊减姿容（谜底：一）

在字谜中，“终生”、“念伊”、“减姿容”，分别以三种方式扣底。“终生”是指出“一”在“生”字中的位置，“终”表示最后一笔的意思；“念伊”是以“伊”音扣“一”；“减姿容”比较特殊，使用到了数学符号，即“一”的“姿容”（形状）与减号相同。

减负之声犹在耳。（谜底：二）

此谜采用符号借代法与音扣法，分成“减负”和“声犹在耳”两部分，前半以减号和负号拼合描述谜底字形，后半用“耳”字的读音扣合“二”来进一步指示谜底。而谜面所述的是当代中国的一个社会热点问题——农村中要减轻农民的负担，中小学要减轻学生负担，但虽然三令五申强调减负，实际情况却鲜有真正的改善。谜面虽只有一句，但一个“犹”字就足够引起读者对众多问题的联想和思考。

6. 指称无理据的数字隐语

传统暗数的构成手法五花八门，然而在形、音、义三方面，只要暗数还存在着某些理据性的可分析成分，它与语言底座的联系没有最终割断，其秘密性就受到一定程度的限制，所以，不少的数字秘语是集团或组织内部一种任意的强制性的重新契约，无任何理据可讲。

昆明收买旧衣的小商贩，其数词隐语为“逗”、“信”、“母”、“长”、“拐”、“土”、“兆”、“财”、“湾”、“分”，与通用数词发音相去甚远，字意也毫不沾边，根本没有规律可循，看来是一种硬性规定了。越是让人不着边际，它的保密性也就越高。

福州闽剧界设计的从一到十的数目字为“丑”、“乃”、“羊”、“碎”、“戊”、“笼”、“血”、“歹”、“巧”、“加”，外人很难听懂，他们对价格、库存等信息高度保密。

人们很难理解为什么偏偏用“促包俚”指代“七”，用“湾”指代“八”，用“不要”指代“九”等。同样是“六”，却可以歪曲为“申”、“滚”、“臭”、“土”、“龙”、“直肚俚”、“高数”、“大”、“鞋”、“伸干”等各种形态。可以说，并不是每一个数字隐语的歪曲形态都能讲出贴切的意义来。把某一个数字与多方面的事物都建立起必然的联系，既不可能，亦无必要。

下图为清代河北地区会票，其汉字代码用毛笔写在票据的右下角，有的还盖上一个印章。

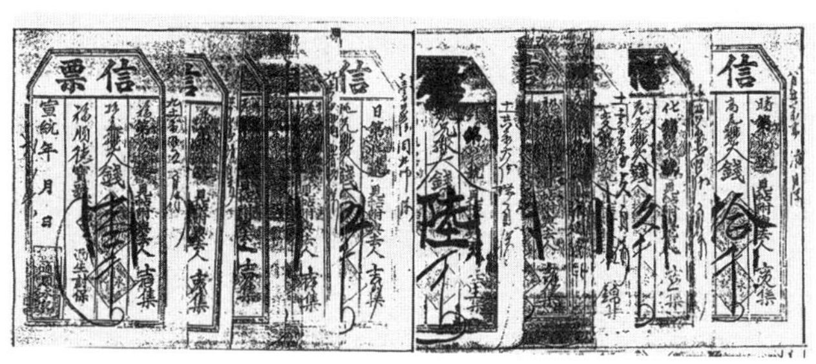

永兴货店兑票

注：通顺永信票上的号码以及写的字迹都有密押的性质。用“福”、“飞”、“虎”、“腾”、“日”、“龙”、“钱”、“变”、“化”、“时”代表数额的一、二、三、四、五、六、七、八、九、十。

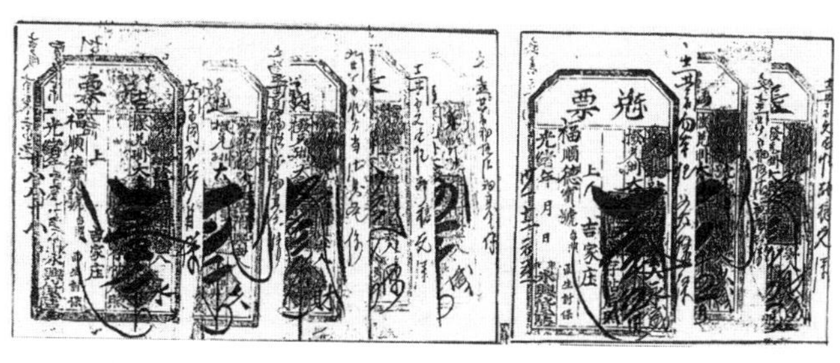

永兴货店兑票图

注：永兴货店兑票的后三张右下角为双汉字：“永盛”、“久盛”、“财盛”。由列表所知，“永”为一，“久”为二，“财”为三，“盛”为五。则“永盛”代表“一五”（1 500 文）；“久盛”代表“二五”（2 500 文）；“财盛”代表“三五”（3 500 文）。

清末民初，各行各业的数字隐语更是五花八门，纷繁杂出。择要列表如下：

数字隐语表一

行业＼数字	一	二	三	四	五	六	七	八	九	十
丝铺	汪提	宝儿	纳儿	箫守	马儿	木儿	才儿	古儿	成儿	药花
金银铺	口	介	春	比	汪糙	位	化	利	文	成
绸缎业	夏	料	推	钱	文	头	病	花	礼	痨
金线业	欠丁	挖工	横川	侧目	献丑	断大	皂底	分头	少丸	田心
成衣铺	口	月	太	土	白	田	秋	三	鱼	无
南货铺	吉	如	甘	利	古	竹	兴	法	有	王
古董业	由	申	人	工	大	王	主	井	羊	非
皮毛店	坦底	抽工	眠川	杀西	缺丑	劈大	毛根	入开	未丸	约花
米店	只	祥	撑	边	母	既	许	烘	欠	阿
旧货业	只	人	工	比	才	谓	寸	本	金	首
戏班	只	蛋	阳	梨	模	龙	赐	扒	秋	
铜锡行	旦	农	寸	口	丁	龙	青	戈	欠	田
海鲜行	了	足	南	宽	加	满	青	法	丁	料
山果行	集	道	听	西	来	滚	限	分	宿	色
裱画行	意	排	昌	肃	为	龙	细	对	欠	平

现当代从事正当活动的一般社会集团和从事非法社会活动的特殊社会集团，以及某些地区使用数字隐语的情况，择要列表如下：

数字隐语表二

数字 流行 区域、范围	一	二	三	四	五	六	七	八	九	十
旧时“洪门” （秘密结社组织）	流	月	汪	则	中	神	星	张	爱	足
旧时“江相派” （秘密诈财集团）	流	月	汪	则	中	神	星	张	爱	足
旧时“穷家行” （乞丐组织）	柳	月	望	在	中	神	兴	张	爱	居
港澳“三合会” （黑社会组织）	流	月	汪	则	中	晨	星	张	厓	竹
台湾“竹联帮” （黑社会组织）	流	岳	王	折	中	神	兴	张	爱	局
澳门博彩业	贵仙	如此	升金	色里	云古	猎畜	升吉	必发	居有	袴立
江苏吴语区	流	月	汪	折	中	陈	新	张	爱	代
东北地区	柳	月	汪	折	中	申	星	张	乃	车
山东	箕	道	听	西	末	滚	现	分	需	纪
山东 （赌博用语）	如	快	别	下	倒	臭	赢	打	不要	
长沙	宜末子	耳边子	伞箱子	狮子头	乌锤子	鲁智深	妻娘子	巴陵桥	纠头子	
晋南 “言话区”	溜干	月干	王干	知干	中干	伸干	星干	张干	侯干	跑干
江西大余县	头	贝	戊	长	人	土	线	才	足	麻
江西东乡县	远	平	尖	方	马	龙	操	架	园	
江西遂川县	一只俚	任行俚	向前俚	烂苍俚	东苍俚	直肚俚	促包俚	别只俚	勾股俚	一撩俚

续上表

数字 流行 区域、范围	一	二	三	四	五	六	七	八	九	十
广西富川县	一下俚	叉下俚	撑数	最数	托数	高数	钩数	迷数	弯数	梗数
广西生意人	担	工	申	肥	丑	大	毛	开	勾	
广西岑溪县生意人	摇	田	纳	么	闹	鞋	敲	湾	收	
广西岑溪县江湖药贩	流	月	荒	仄	中	神	占	张	瓦	足

（二）数码式隐语

数码式隐语即用数字符号做暗语密码，使用者有的以某种文书材料（诸如电码本、字典、词典、文学名著）为载体，选择其中有关数字加码以编排，将特定信息包含其中；有的互相之间自行约定数码隐语等。

1. 据某种文书材料设定的数码式隐语

如用我国公开使用的《标准电码本》作为制作暗语密码的底本，从中挑出所需要的数字组成句段。

有的对选用的电码形式作变异处理，或者增减数字，或者变动数字位序。经变异的电码必须还原方得确解。如江苏某市两起挂钩信，作案人在信中写道：“我名 21346、3007、7954，地点

9205、17056、2389、7918、5089、18241、1084、10372……”采用明码电报编号乘三加一的方法，分别将其减一除三还原，解译为：“我名陈士林，地点启东建设公社八大……”

也有用四角号码字（词）典做暗语密码底本，查出语句单字四角号码编入文中。底本若有几个相同号码的字，一般在四位数字后加上该字序数。如“9502、5704、7721、1023、3718、2026”，这一组号码代表：“情报见下次信。”

还有以某本书为暗号密码底本，将特定语句的单字在底本中的位置（页次、行序、字序）用数码表示，依次将之排列起来。如冀鲁某两市发现为同一人所写的三封挂钩信，内分别写有“1690、0017、4090……”，数字为《新华字典》页码，译解为“河北省津浦路南霞口河东王……”。

2. 自行约定的数码式隐语

1999年4月，深圳市华富派出所破获了一个庞大的“聋哑帮”盗窃同伙。当夜，十一个哑巴被带往派出所，福田公安分局抽调民警，并请来特殊学校教师做手语翻译，连夜进行讯问，但讯问人员感到一种可怕的力量在聋哑团伙中起着关键作用，那是像宗教情绪一样的东西，他们共守一种默契，任何外力都似乎不起作用。最初讯问时，十一个哑巴的手势出奇地一致，几乎所有问题都有标准答案，满手谎言，“守口如瓶”。双手反铐，他们靠什么串供呢？

讯问人员发现，这些聋哑人用表情和眼神在交流，他们交换信息的方式竟是“暗送秋波”。几天之后，贼首王智礼的防线终于被攻破，很快哑巴们纷纷“开口”招供。这个“聋哑帮”是如何通过外人意想不到的隐语形式来互通信息的呢？原来哑巴们人手一枚密码卡，这枚卡片一半是人员代码（标志），一半是口令代码。人员代码将成员编成不重复的数字码（用手势作出的九字来作为人员的标志），如贼首王智礼，代号是“92 礼”，小头目均是这样的两位数代码加单字代号，小贼们则全是三位数代码加双字代号，如“024 水江”就是这次擒获的聋哑贼之一。在口令代码卡上，“警察”就是“80”，“已走”是“79”，“出事”是“62”，“出发”是“28”，“开会”是“29”，“成功”是“77”，“失败”是“76”等共 80 个口令。其中动词、名词、虚词都有，用数字就可传递各种信息，比如“警察来了”就是“8069”。

当代香港黑社会以“四八九”为“大路元帅”，“四三八”为“二路元帅”，“四二六”为“红棍”，即“打手”。凡此秘密语，多以回避外人而维持本行业或团体利益为宗旨，具有鲜明的群体性。

又如同性恋者使用的“数字式隐语”主要包括：

（1）数字“1”：指男同性恋中担当一般夫妻角色中的丈夫一方。

（2）数字“0”：指男同性恋中担当一般夫妻角色中的妻子一方。

（3）数字“0.5”：可以做 1，也可以做 0。事实上很多男同性恋者是没有 1、0 角色之分的，可以称为“0.5”。男同性恋者在与圈内人交流时会问：你是 0 还是 1？（百度同性恋贴吧）笔者有一次在资料收集中听到一位男同性恋者讲“形婚”现象：有个 1 和一个 T（女同性恋中担当一般夫妻角色中的丈夫的一方）结婚了，结婚那天晚上 1 和 0 打电话，0 哭得稀里哗啦……

上述用法是男同性恋者恋人之间在分配角色时产生的，含有对生殖器官的暗示，是汉语同性恋词语所特有的现象。

数字“419”是英语“four one nine”的直译，实际上隐含着的词是“for one night”，指一夜情。在网上经常会遇到“求 419”的帖子，表示同性恋者在寻找一夜情。

英语同性恋隐语网站 Matt&Andrej Koymasky 对“419”的解释为：（Chinese - English - ph.） “for one night” — a one night stand。可见，“for one night”是一种 Chinglish，或许是中国人发明的，并且还用“419”来代替。而“one night stand”才是正宗的英语表达。虽然“419”是 Chinglish，但已经被收录进英文的“同性恋隐语词汇表”（“Glossary of Gay Slang Terms”，http：//andrejkoymasky.com/lou/dic/dic00.html）。

目前，“419”在汉语中使用非常广泛，不仅同性恋者使用，明确其意思的异性恋者也使用，例如：某地男寻某地女“419”，同性勿扰。（××地区论坛）

这组数字词属于汉语中的新创词，使表达更隐秘、更委婉。

有一种隐喻联，利用数字的谐音，联语略作“加密”，密钥隐隐可寻。联语不是“一语中的”，但通过对联字句的描述，却又能领悟联语内容。这种隐喻联在中国古代极为普遍。

宋朝有个学识渊博的宰相吕蒙正，在没有发迹之前，家境贫寒，生活窘迫。有一年春节，家家户户张灯结彩，大摆酒宴。他家里缺衣少食，没有好的东西，很是冷清。他便在自家门口贴了一副春联“二三四五，六七八九”，横批是“南北”。

原来，这副春联的意思是：缺一（衣）少十（食），没有“东西”。

此联是自我解嘲，也是对当时“富连阡陌，贫无立锥之地”的社会现象的讽刺。

3. 旧时流行的一些数码隐语

二四：流行于元代。市井隐语。意指放肆，无赖。《董西厢》卷五：“一言赖语，都是二四，没性气闲男女！”王晔《殿前欢·再问》曲：“休葫芦提二四啦，相傒幸，端的接谁红定?”

二十四：流行于明代。市井隐语。意思是生气。因为一年有二十四个节气，叫二十四气，所以把二十四作为气的歇后隐语。《金瓶梅》五十三回：“莫不是我昨夜去了，大娘有些二十四么?”

千五六一：流行于旧时。赌博隐语。指一种赌博方式。

一撇头：流行于清代。绿林隐语。指一千。

二五：流行于旧时，盗贼隐语。土匪称年轻姑娘，尤其是未婚处女为“二五”。来源于掷骰赌博翻出来的数字，男人是值得赎的肉票，是骰子中的“六”。结过婚的女人是不值钱的，故为“幺”，即“一”。未婚姑娘作为肉票不值钱，但她们性感，赢得分数，介于二者之间，故谓之“二五”。

一：流行于清末。江湖隐语。指受欺骗、受愚弄者。

千：流行于清末，江湖隐语。意为刺激、责骂、恐吓；骗。

十六：流行于旧时。巫卜星相隐语。茶馆测字者称输为十六。

十五：流行于旧时。巫卜星相隐语。茶馆测字者称赢为十五。

一一：流行于旧时。商贾百业隐语。丝经业者谓减少为一一。

二千八：流行于旧时。商贾百业隐语。绸缎业者谓本钱为二千八。

三：流行于旧时。商贾百业隐语。衣妆业称八为三。

三十三：流行于旧时。商贾百业隐语。丝经业谓增添为三十三。

二百五：流行于北方部分省市。民间隐语。指好股斗之男孩。

三八六〇：流行于上海。民间隐语。街市上的卫生、交通监督员。因这种职务都由妇女及六十岁以上的男退休工人担任，故名。

万：流行于黑龙江。民间隐语。指很厉害。

二四六：流行于北京。犯罪隐语。指二角票面的人民币。

三二一：犯罪隐语。指公安局的内线耳目。

八三一：流行于台湾。娼妓隐语。指台湾当局在各大军营附近设立的为军人服务的妓院。同“军中乐园”。

双五百：小姐，“双五百”即一千，意为“千金小姐”。

四一五：十底，香港黑社会组织的军师，掌管文书、财务、计划等。四、一和五相加等于十。

四二六：十二底，香港黑社会组织的头目之一，也即打手的领班。四、二和六相加等于十二。

四三二：九底，香港黑帮小头目。四、三和二相加等于九。

四九仔：十三底，黑社会组织中的会众，即最底层的会员。四和九相加等于十三。

三六：狗肉，粤语“狗”、“九”同音。三和六相加等于九。

隐语行话数字虽然只是整个隐语行话系统中的一个相对独立的部分，但它“麻雀虽小，五脏俱全”，体现了隐语行话的特色，是语言与社会密切关系的生动反映，很好地代表了汉字的一种文化，代表了各行各业的特色。

后　记

从接到写作此书的任务到现在，一年的时间了。

做学问需要时间，再多的时间都不为过。家务活少不了，教学的任务重，生活中的琐事多，为了挤时间写作此书，感觉自己的生活像打仗，但在这匆忙中也能体会充实的生活带来的幸福和快乐。

这得感谢我的导师张玉金先生！先生信任我，给予我写作此书的机会；在写作的过程中，先生指点写作的方向，关心写作的进度，解答疑难问题等，为本书的撰写提出了不少宝贵的意见。

感谢我的爱人饶小敏对我各方面的照顾；感谢我依然留守在小山村的老父亲，我不能陪伴在他身旁；感谢我的兄弟姐妹，做了我该做但没能做的事；感谢我的同学和好友的帮助！

感谢给予帮助的暨南大学出版社的全体工作人员！

谨以此书献给母亲在天之灵！因为父亲体弱多病，母亲只有用自己超常的辛劳和智慧撑起贫寒的家，村里人说母亲“做了一辈子的人却做了三辈子的事”，把孩子培养成有文化之人是母亲的愿望，母亲给我起名“书芬”，让我这个资质愚钝之人与“书”结上了一辈子的缘。

希望读者能从此书中得到点滴的收获。

2014 年 2 月 24 日于南海寓所

参考文献

一、著作

[1] 戴兴华、杨敏：《天干地支的源流与应用》，北京：气象出版社2006年版。

[2] 杜石然：《数学·历史·社会》，沈阳：辽宁教育出版社2003年版。

[3] 甘肃省文物考古研究所：《敦煌汉简》（下册），北京：中华书局1991年版。

[4] 古文字诂林编纂委员会：《古文字诂林》，上海：上海世纪出版集团上海教育出版社1999年版。

[5] 汉语大字典编辑委员会：《汉语大字典》，成都：四川图书出版社、武汉：湖北辞书出版社1986年版。

[6] 何九盈、胡双宝、张猛：《中国汉字文化大观》，北京：北京大学出版社1995年版。

[7] 李迪：《中国数学通史》，沈阳：辽宁教育出版社1997年版。

[8] 李俨、钱宝琮：《科学史全集》，沈阳：辽宁教育出版社1998年版。

［9］李俨：《中国古代数学史料》，上海：上海科学技术出版社 1963 年版。

［10］梁宗巨：《世界数学通史》，沈阳：辽宁教育出版社 2004 年版。

［11］林立平、王玉德：《神秘的数术》，南宁：广西人民出版社 2004 年版。

［12］刘兴隆：《新编甲骨文字典》，北京：国际文化出版公司 1993 年版。

［13］陆德明：《经典释文》，上海：上海古籍出版社 1985 年版。

［14］潘庆云：《中华隐语大全》，上海：学林出版社 1995 年版。

［15］潘玉坤：《古文字考释提要总览》（第一册），上海：上海人民出版社 2008 年版。

［16］钱宝琮：《中国数学史》，北京：科学出版社 1964 年版。

［17］曲彦斌：《中国民间秘密语》，上海：上海三联书店 1990 年版。

［18］曲彦斌：《中国民间隐语行话》，北京：新华出版社 1991 年版。

［19］容庚：《金文编》，北京：中华书局 1985 年版。

［20］少光、林晨、陈一江：《中国民间秘密用语大全》，广

州：广东人民出版社 1998 年版。

［21］《数学辞海》编辑委员会：《数学辞海》，北京：中国科学技术出版社、南京：东南大学出版社、太原：山西教育出版社 2002 年版。

［22］孙一冰：《隐语行话黑话秘笈释义》，北京：首都师范大学出版社 1993 年版。

［23］（清）王先谦：《释名疏证补》，上海：上海古籍出版社 1984 年版。

［24］吴慧颖：《中国数文化》，长沙：岳麓书社 1995 年版。

［25］徐中舒：《甲骨文字典》，成都：四川辞书出版 1989 年版。

［26］（汉）许慎著，汤可敬撰：《说文解字今释》，长沙：岳麓书社 1997 年版。

［27］严敦杰：《中国实用数字的历史》，《科技史文集》（第 8 辑），上海：上海科技出版社 1982 年版。

［28］于省吾：《甲骨文字诂林》，北京：中华书局 1999 年版。

［29］张德鑫：《数里乾坤》，北京：北京大学出版社 1999 年版。

［30］中国科学院考古研究所编辑：《甲骨文编》，北京：中华书局 1965 年版。

［31］中国社会科学院语言研究所词典编辑室：《现代汉语词

典》（第五版），北京：商务印书馆2010年版。

[32]（元）朱世杰：《算学启蒙》。[历史刊物，中国元代数学家朱世杰撰，元大德三年（1299）刻于扬州，此刊已不存]

二、论文

[33] 袁庆德：《古汉语数词“三”的特殊意义与原始思维》，《大连大学学报》1991年第1期。

[34] 仓林忠：《我国传统文化中的数字“五”》，《盐城工学院学报》（社会科学版）2008年第1期。

[35] 陈年高：《整零结构中“零”的三种用法》，《江苏广播电视大学学报》2010年第6期。

[36] 陈烁、陶思羽：《汉语数词“四”、“七”的历史流变及其文化底蕴探微》，《甘肃高师学报》2011年第6期。

[37] 程邦雄：《释“五”》，《语言研究》2000年第4期。

[38] 代颖颖：《汉语数字吉祥语研究》，扬州大学硕士学位论文，2011年。

[39] 戴婕、郭常亮：《吉祥数字当代中国数字崇拜的文化解读》，《江西科技师范学院学报》2011年第5期。

[40] 范克春：《神秘的文化符号“九”》，《汉语学习》1996年第4期。

[41] 桂德怀：《数0探迷》，《湖州师范学院学报》2007年第1期。

[42] 洪永铿：《论“〇”与“0”的起源、演变及功能》，

《河南科技大学学报》（社会科学版）2008 年第 1 期。

[43] 侯海燕:《中国现当代小说的细节“尚三”性探析》，《绵阳师范学院学报》2011 年第 6 期。

[44] 胡凤国:《论罗马数字的规范化问题》，《北华大学学报》（社会科学版）2008 年第 6 期。

[45] 华珍:《也说“貳”字》，《中国语文》2002 年第 2 期。

[46] 黄涛:《谐音象征与吉祥民俗》，《河北大学学报》（哲学社会科学版）2006 年第 2 期。

[47] 吴继刚:《会计数目大写字源流考辨》，《中国社会经济史研究》2012 年第 2 期。

[48] 金景芳、吕绍刚:《甲子钩沉》，《传统文化与现代化》1993 年第 2 期。

[49] 孔繁侠:《阿拉伯数字词探讨》，《长治学院学报》2011 年第 6 期。

[50] 黎治娥:《数字“六”小议》，《汉字文化》2003 年第 1 期。

[51] 李琳:《汉语语境下数词“零”的读法》，《语言文字应用》2006 年 S2 期。

[52] 李文林:《中国古代大数系统及启示》，《中国科技术语》2013 年第 1 期。

[53] 李向平:《试论周秦时代的什伍制度》，《广西师范大学学报》（哲学社会科学版）1986 年第 3 期。

[54] 李艳：《财会教师应如何指导学生书写阿拉伯数字》《考试周刊》，2011 年第 85 期。

[55] 梁宗巨：《零的历史》，《自然杂志》1984 年第 9 期。

[56] 林达：《汉语中同性恋相关词语的释义及应用》，上海外国语大学硕士学位论文，2011 年。

[57] 刘瑞明：《民间秘密语理据试析》，《语言教学与研究》2002 年第 2 期。

[58] 龙朝阳：《浅谈"0"》，《安顺师专学报》（自然科学版）1997 年第 2 期。

[59] 龙景科：《汉语非真值数词"一"及相关格式研究》，上海师范大学硕士学位论文，2008 年。

[60] 陆精康：《"干支"记时概说》，《中学语文教学》1998 年第 6 期。

[61] 吕永进：《汉语隐语行话中的数字表示法》，《烟台师范学院学报)》（哲学社会科学版）2005 年第 3 期。

[62] 马丽娜：《试析中国神话中的数字"七"》，中国海洋大学硕士学位论文 2011 年。

[63] 马美玲：《浅论数词一至十至其大写的用法》，《社会科学》1990 年第 4 期。

[64] 缪正清：《中国纪数字一至十的天文背景—兼论〈洛书〉形成的最晚年代》，《上海交通大学学报》（社会科学版）1995 年第 1 期。

［65］莫道才：《“四六”指骈文之形成与接受过程考述》，《广西师范大学大学学报》（哲学社会科学版）2011 年第 3 期。

［66］彭幼航：《解读隐语》，《学术论坛》2000 年第 4 期。

［67］曲彦斌：《汉语民间秘密语语源探析》，《语言教学与研究》1999 年第 4 期。

［68］任珊珊：《中国传统数字文化思维与艺术设计》，中央美术学院硕士学位论文，2010 年。

［69］沈利华：《论中国吉祥文化的内涵及其生成方式》，《徐州师范大学学报》（哲学社会科学版）2010 年第 1 期。

［70］史锡尧：《“再”语义分析——并比较“再”、“又”》，《汉语学习》1996 年第 2 期。

［71］双木：《干支字在中国古代社会中的应用》，《新疆师范大学学报》（哲学社会科学版）1993 年第 2 期。

［72］眭秋生：《我国十进小数发展简史》，《南京师大学报》（自然科学版）1985 年第 2 期。

［73］唐建：《汉语 0 概念符号的历史来源和系统》，《中国语文》1994 年第 5 期。

［74］唐建：《说“〇”》，《汉语学习》1994 年第 2 期

［75］陶芸：《数字禁忌的文化内涵》，《江西社会科学》2013 年第 7 期。

［76］田桂玲、文雪飞：《罗马数字小知识》，《英语知识》2008 年第 9 期。

[77] 佟林：《也谈怎样写好数码字》，《珠算》1998 年第 2 期。

[78] 王卉、张晓蓉：《当代犯罪隐语的特点》，《当代修辞学》2010 年第 4 期。

[79] 王聚元：《数字吉凶联想的古今差异》，《语文学刊》1999 年第 1 期。

[80] 王志家：《当代一般社会集团的隐语》，《江苏公安专科学校学报》2000 年第 3 期。

[81] 吴慧敏：《略论概数形式“三五”“五七”》，《现代语文》（语言研究）2010 年第 10 期。

[82] 吴修喆：《汉字字谜的视觉化呈现与审美特征》，复旦大学硕士学位论文，2009 年。

[83] 萧国政、李英哲：《汉语确数词的系统构成、使用特点和历史演进》，《武汉教育学院学报》1997 年第 1 期。

[84] 谢洪欣：《汉语数变格的再认识》，曲阜师范大学硕士学位论文，2005 年。

[85] 谢耀亭：《“五”数发微》，《文博》2012 年第 1 期。

[86] 徐传武：《干支漫话》，《民俗研究》1987 年第 4 期。

[87] 徐丽慧：《浅谈吉祥图案中“数”的寓意》，《齐鲁艺苑》2012 年第 5 期。

[88] 徐向东：《阿拉伯数字的滥用及其他》，《中国出版》2002 年第 2 期。

[89] 徐秀花:《数词“二”和“两”古今用法之比较》,《山西大同大学学报》(社会科学版)2010年第3期。

[90] 闫文文:《特殊数词“一”的研究》,东北师范大学硕士学位论文,2010年。

[91] 杨丽华:《“〇”与“零”辨析》,《绥化师专学报》2004年第1期。

[92] 叶建明:《犯罪团伙标志语及隐语的研究》,《河南公安高等专科学校学报》2000年第4期。

[93] 易兵:《中国古代模式数字“九”》,《衡阳师范学院学报》(社会科学版)2001年第1期。

[94] 尹黎云:《干支字新证》,《北京联合大学学报》1992年第2期。

[95] 于广元:《释八》,《扬州师院学报》(社会科学版)1986年第2期。

[96] 俞鸿昌:《清代会票的汉字密押》,《中国钱币》2007年第4期。

[97] 张德鑫:《数“九”》,《中国文化研究》1998年第3期。

[98] 张竞艳:《从神话及宗教信仰解析神秘数字“七”》,《民族文学研究》2008年第3期。

[99] 张静静:《上古汉语“二、两、双、再”用法再考察》,《中国文字研究》2007年第1辑。

［100］张威、徐小婷：《阿拉伯数字词探析》，《宁夏大学学报》（人文社会科学版）2007 年第 3 期。

［101］张小峰：《试谈“百”、“千”、“万”的性质》，《辞书研究》2000 年第 2 期。

［102］张新立：《阿拉伯数码发展史》，《阿拉伯世界》1999 年第 3 期。

［103］张谊生：《释数词“兆”》，《辞书研究》1996 年第 1 期。

［104］张玉兰：《汉字金额大写溯源》，《审计理论与实践》1999 年第 5 期。

［105］赵连振：《汉字寓密系统研究》，山东大学硕士学位论文，2013 年。

［106］郑铁生：《数词“亿”考释》，《现代语文》2006 年第 9 期。

［107］钟盛常：《再谈阿拉伯数码字的规范化写法》，《珠算》1999 年第 3 期。

［108］周凤玲：《“干支”考》，《汉字文化》2006 年第 2 期。

［109］周日安：《数词“零”的缀化倾向》，《西北师大学报》（社会科学版）2003 年第 3 期。